沖縄の
子どもと
地域の
教育力

目次

序章 本研究の課題と方法

- 第1節 沖縄の集落における教育文化的営みと子育て………… 6
- 第2節 沖縄の社会教育研究の到達点　先行研究の検討………12
- 第3節 研究の課題と方法……………………………………………18

第1章 集落における教育力の土台形成
学事奨励会の成立と機能（前史）

- 第1節 沖縄の近代学校の設立と就学督促策の振興……………32
- 第2節 旧士族の学事奨励会と集落の就学督促策………………36
- 第3節 読谷山間切の就学奨励策と就学率…………………………39
- 第4節 読谷村における学事奨励会の結成と修学策の展開……42
- 小結……………………………………………………………………45

第2章 学事奨励会の再生と教育隣組の結成

- 第1節 戦後復興と学事奨励会の再生　読谷村の場合……………53
- 第2節 地域婦人会と教育隣組の結成………………………………58
- 第3節 学事奨励会をめぐる議論……………………………………65
- 第4節 教育隣組の結成の意義と性格　具志川村の場合…………67
- 小結……………………………………………………………………75

第3章 集落における子育ての共同事業
公民館幼稚園

第1節 幼稚園の義務化と廃止
　　　字公民館への幼稚園の包摂の背景 ……………………83

第2節 公立幼稚園の存廃問題と字公民館幼稚園の成立……86

第3節 具志川村内の字公民館と幼稚園経営
　　　区費運営の高江洲幼稚園の実態 ……………………… 90

第4節 字幼稚園の成立　自治会幼児園の前史 ………………92

第5節 自治会幼児園の成立と字の支援 ………………………98

第6節 字公民館幼稚園の閉園と幼児園の設立
　　　名護市宮里区の場合……………………………………103

小結 …………………………………………………………………109

補論　字幼稚園の「公立化」と保母の処遇をめぐる問題……119

第4章 集落の教育文化力の形成
字公民館図書館・文庫の設置、学習支援の事例研究

第1節 字公民館図書室の設立と展開　読谷村の場合…………141
第2節 読谷村座喜味子供文庫の設立 ……………………………154
第3節 宜野座村惣慶区の「学習会」………………………………167
小結 ……………………………………………………………………185

3

終章　研究の成果と課題

 資料1. 字公民館幼稚園関係者証言 …………………202
 資料2. 公民館図書館関係者証言 ……………………216

主要参考文献 ……………………………………………221
あとがき …………………………………………………226
初出一覧 …………………………………………………235
索引 ………………………………………………………236

序章

本研究の課題と方法

久高島　1961年（沖縄県公文書館所蔵）

序章　本研究の課題と方法

第1節　沖縄の集落における教育文化的営みと子育て

1. 沖縄の集落の「結」と相互扶助の精神

　沖縄の集落では、そこで生活を営む、区（字）民による生産や消費活動、子育て、相互扶助、福祉、納税、自警、祭祀等の様々な営みが日々行われてきた。区民は、地縁や血縁関係を基盤として生活を営み、区の諸活動を通して、より一層、強固にそして相互に結びついてきたのである。祖父母や親、兄弟姉妹、叔父（伯父）、叔母（伯母）、従兄弟（従姉妹）は、集落内に住み、同じ生活圏で暮らしていた。衣食住の文化は当然共有されていた。集落で生まれ、育ち、そして死を迎え、この地に骨を埋めることは、ごく当たり前のことであると考えられていた。産飯(うぶぎー)[1]から、龕(がん)[2]で運ばれる葬儀までが、農村の典型的なライフスタイルとしてみられたといってよい。こうした区民の姿は、沖縄の集落社会では一般的であり、幾世代にもわたりみられたものである。

　区民は、大地を耕して、糖業、甘蔗生産に精を出し、豚や牛、山羊等の家畜を養いながら生活基盤をつくってきた。自給自足の生活である。区民の生活は貧しく、そのため、借金のかたに土地を質入れしたり、身売りする農民もあらわれた。こうした状況のなかで、窮乏する農村のなかには、区民の総意によって、産業・農業組合や共同売店を運営し、区民の生活を維持・向上させようと努めてきた。生活の貧しさが、お互いの知恵を出し合い、支え合い、助け合う「扶助」の精神と「共同性」をつくりだしてきたともいえる。そして区の共同組合や売店は、区民の生活を支える機能を果たしながら、一種の社交場でもあり、区民の集う団らんの場であった。区民一人ひとりの生活の向上

は、区全体の安定的な生活を目指すものと考えられていたのであり、組合や売店等の相互に助け合う集落のシステムは、区民の知恵と工夫により出来上がり機能した。こうした区民の生活スタイルは、親の世代から子や孫の世代へと継承され、集落における独特な生活文化をかたちづくってきたのである。換言すれば、各集落それぞれの歴史や文化、風土に根ざしながら、集落独自の生活文化圏を形成してきたといえる。そのため、沖縄の集落（字）を語るとき、一括りにはできない、集落毎の息づかい、そして文化の多様性がみられるのは当然のことである。

　沖縄における集落の多くの営みは、集落の中心的な位置を占める、字公民館[3]で、区民の自治と共同にもとづいて行われてきたのが特徴的である。沖縄の字公民館は、我が国の現行法制度的には公民館類似施設（社会教育法第42条）として位置づけられるが、その歴史は古く、市町村の下の区（字・集落）単位の公民館として、これまで"むら"共同体的な地域社会構造のなかで確固たる存在感を示してきた。一方、戦後日本の初期公民館は、貧困・失業・無宿・授産・医療・生産等、住民のリアルな生活要求にトータルに取り組む課題意識をもって構想され[4]、その公民館構想の基本的な理念は、社会福祉的な事業の実現であり、公民館は「郷土振興を中核とした総合機関[5]」としての役割を期待されていた。この公民館に対する期待は、寺中作雄が述べたように、義務教育の中心が学校であるのに対して公民館は社会教育の中心機関であり、「図書館施設と青年学校とを綜合したものを基軸とし、公会堂、各種団体本部にも活用してあらゆる成人町村民の精神的教育的中心として運営[6]」されるものと考えられていた。このように戦後初期の公民館構想の理念をふまえると、沖縄の字公民館は、日本型公民館の理念を実現するかのように、区民の意向に沿いながら地域実践をひろく展開してきたものだといえるし、また地域密着型の社会教育施設として、私たちは、あらためて認識を深める必要があるように思える。その視点から、沖縄の集落社会における字公民館に注目し、そこで営まれる諸活動について明らかにする必要がある。

　集落（字）の営み（公民館）に注目すると、区民によって自治的に

運営されていると同時に共同的であり、そして営みの責任は、明らかに区民自身に帰着している。この責任の所在が明確な点が、沖縄の集落における様々な諸活動の根底にある。まさしく区民自身による公民館という意味であり、全国各地の類似の公民館が「自治公民館」と呼称されている、その典型のひとつに、沖縄の字公民館も知られるところとなっている。このような集落共同社会では、区の営みに区民が自覚をもって参画しているがゆえに、区に対しての愛着や誇り、連帯感やこだわりが生まれ出るものであり、これらが個々人を相互に強く結びつけている。そして、看過してはならないことは、先に述べたように、沖縄の集落社会では、地縁・血縁関係の強いつながりと合わせて、区民の生活は貧しく、集落内で相互に支え合いながら生活を営む必要があったことである。貧しさが区民を相互に強く結びつけたともいえる。

　宮本常一（民俗学者）は、共同作業において手つだいあいすることを「テマガエ」、「ユイ」と説明しているが[7]、沖縄の農村社会においても、必然的に相互扶助を意味する「結（ゆいまーる）」の精神が育まれ、それが、集落共同社会で根付いてきたといえる。「結」や相互扶助に関わる具体的な姿は、たとえば、農繁期の共同作業に端的に表れた。砂糖きびの植え込みや刈り取りの場面では、区民が協力して作業を行い、きびをかため、運ぶ。「結」の精神は、沖縄の集落生活の根底に流れ、貧しいながらも区民の生活を安定させ、区民の安心と信頼の基底に横たわっていたといえる。

　このようにして集落の様々な営みは、地縁・血縁関係を基盤としながら行われ、個々の集落の強烈な個性をかたちづくってきた。ここでは、集落の諸行事の運営や継承においては、区民相互が知古であるため個々人が自然にむすびつき、これからの地域活動の見通しと展望がみえるという利点を有している。また区民は、幼少の頃から、集落の諸行事を見聞きしたり、部分的に参加する機会があるため、行事を自分のウチに直接的あるいは間接的な体験イメージとして取り込み、長ずるとこれを手がかりにしながら行事や地域活動を展開したり、新たな地域創造の足がかりにしたりしている。いわば、区の生産活動から文化活動に至るまで、これまでの実践（経験）の蓄積が次世代の区民

に共有されているのである。集落での生活を営むなかで、日常的に生活をしている地の歴史や文化にふれ、そこに参加することはごく自然のことであった。

2. 沖縄の集落における教育文化に関わる営み

　ところで、区の生産や消費、文化活動の拠点としての字公民館は、戦前は村屋（むらや）とか、戦後一時期は、区事務所と呼ばれていたものである。そもそも、その館は、琉球王国時代の間切（まぎり）（現在の市町村に相当）内の村（字）を管理するための行政機構の末端に位置づいていたものである。髙良倉吉（たからくらよし）（琉球大学名誉教授、琉球史研究）は、王国時代の村屋では、「筆算稽古を積み間切行政を担当したところの役人たちが、将来において役人となるべき後輩たちを個人的に、あるいは集団的に教えるという慣行が存在[8]」し、また「行政の下働きの形で番所や村家に定期もしくは不定期に勤務し、行政実務を経験するかたわら勉強するという方法[9]」があったと指摘している。つまるところ、村屋は、首里王府の行政機構の末端組織としての性格を有しながら、区民に対して文字文化伝達の機能を早くから併せもち、村における教育文化の学びの場として機能していたといえるであろう。この点と関わって、上地武昭（うえちたけあき）（沖縄大学、社会福祉論）は、字公民館の戦前戦後の機能に注目し、次のように指摘している[10]。

　　「（字公民館は）集落の拠点として集落の中心地に存在し、集落の集会場としてばかりではなく、産業振興を協議したり、戦後はアメリカ軍から地域住民の安全を確保する自警団の拠点として、また、収穫期の子どもたちの保育所として、**地域住民の日常生活を維持していくために必要な拠点**であった」　　　　　（傍点－筆者）

　ここで、注目すべきは、字公民館は、「地域住民の日常生活を維持していくために必要な拠点」であるという指摘であり、区民の生活・安全・生産を担保するために様々な機能を果たすことが期待され、実際、それに応えてきた歴史的な足跡がみられることである。上地は、例示

的に、収穫期の保育所の設置を挙げているが、区民の生活の拠点としての字公民館は、幼少児を対象とした保育所を設けることで、区民が生産と勤労に一層励む環境をつくりだしていたのである。言い換えると、字公民館は、集落社会における保育・教育活動の拠点としても存在していたといえる。

　集落の「結（ゆいまーる）」の精神は、区民のなかで共有・継承されながら、集落の文化を形成してきたが、集落の教育文化活動のなかでも、特に、上記の保育所のような子育てに関わる習俗や活動に注目すれば、沖縄独特な地域組織の存在がみられる。たとえば、戦前から継承されてきた、区の生年合同祝い、学事奨励会、育英事業、守姉（ムリアニ）[11]を挙げることができるし、戦後においては、集落単位の教育隣組の結成と活動、子ども会活動、青年会を中心に運営してきた区立の図書館、婦人会や子ども会育成会及び子ども会による地域文庫活動、そして、先にふれた就学前の子どもを対象とした保育所である。これらの行事もしくは子どもや青年を対象とした地域教育組織による活動は、区民にとっては、総じて馴染みのあるものであるが、いつ、どのような目的で組織化され、活動を担ってきたのか、またその活動はどのような展開をみせたのかについては、区民においても十分自覚されているわけではない。

　集落内で子どもが誕生し、区民の一人として成長していく過程には、こうした様々な諸行事や教育的な営みをくぐり抜けながら、区民としての自覚と誇りが生まれるものと考える。"くぐり抜け"は、同じ集落の仲間と共に共通体験として鮮明に記憶に残るものであり、それが自分の住む区と仲間に対しての帰属意識と連帯意識を育むことにつながり、自分自身が区に受け入れられている、あるいは、区の仲間に受け入れられているという安心感をもたらすものとなる。そしてこれらの過程にあらためて注目したとき、"子どもは集落（地域）で育てられる"という側面をもつ一方、区民の熱い視線が子どもの成長と発達に注がれていることを意味している。今日的にいえば、集落のなかで区民が共同的に子育てに参画しているといってよい。こうして、沖縄の集落共同社会では、区民の自治と共同により子育てに関わる教育文化の営

みがみられるのであり、今日においても新たな、そして豊かな地域社会教育実践がみてとれるのである。

　ところで、周知の通り、沖縄は、1945年（昭和20）の敗戦から1972年（昭和47）5月の日本への施政権返還に至る27年間、米国の直接統治下にあった。米国政府の施政方針がストレートに沖縄社会に入り、それをもって沖縄を keystone of the pacificとしての位置をかたちづくろうとした時期である。他方、在沖米軍基地の存在や沖縄人の人権問題をめぐって、自治（権）を標榜する民衆との間で格闘し対峙した時代でもあった。こうした時代状況を背景とした当時のアメリカ世の沖縄では、当然の如く県外とは異なる独自の政治や経済、文化の歩みを刻み込んだ。本研究で取り上げる地域社会教育の組織や実践においても、他ではみられない実に独特な足跡を残してきた。対米国民政府に対して主義主張を貫く民衆の自治の精神は、歴史の葛藤状況のなかで一段と鍛えられ、しかも、沖縄の民衆や区民の「結」や相互扶助の精神と共鳴しながら、より強化されてきたのである。民衆の自治の精神は、区民の「結」や相互扶助の精神と結びつきながら、集落の自治的な教育文化活動を生み出し、次世代へと継承されてきた。こうしたなかで前述した学事奨励会や教育隣組、字幼稚園の活動がひろく展開したのであるが、これらの地域教育組織の設立やその後の展開過程においては、異民族による統治下という影が深く影響を与えている。そして、ここで見落としてはならないことは、集落の地域教育組織を支えてきたのは紛れもなく区民であり、その保護する対象は、第一に、集落の子どもであった。これらの地域組織は、沖縄の日本復帰後においても特有の存在感を発揮し、今日においても活動を進めている地域も存在しているのは、集落社会の自治と「結」、相互扶助の精神が色濃く残っている証左であるといえよう。

　沖縄の地域社会教育の組織や実践の基盤には、先述した集落の地縁・血縁関係と相互扶助の精神が息づき、区民を相互に結びつけながら、これらの地域教育組織を形成し豊かな実践を描いてきた。この集落の子育て組織とも呼べる教育組織の形成は、地域の子どもの教育が、区民の責任と意志、そして総意において行われていたことを意味する

のではないだろうか。このような沖縄の集落の子育て・教育に関わる実態を明らかにすることは、地域の子育て論について議論することであり、沖縄の集落（字）における、子育てに関わる自治の意味を問い直す作業でもある。

以上のことから、沖縄の集落における教育文化的営みがどのようにして生まれ、どのような地域教育活動を描いてきたのか、これらを把握することが、筆者の基本的な課題意識である。

第2節　沖縄の社会教育研究の到達点　先行研究の検討

第1節では、沖縄の集落共同社会における教育文化的な営みが地縁・血縁関係を基盤にしながら展開している状況の輪郭を描いたが、教育学研究のなかでこれらの沖縄の集落における地域社会教育実践を歴史的に把握し、その実践のもつ意味を日本社会教育史に位置づける作業は未だ十分ではない。日本社会教育学会の「子どもの社会教育」の分科会が設けられ、子どもと社会教育の議論が深まり始めたのは1990年代以降であるが、沖縄を視野に入れた本格的な議論はこれからである。それまで、子どもと社会教育に関わる議論は、主にPTAの分科会で議論され、また社会教育研究の主たる対象者は、青年期以降の成人に向けられていた。そうした状況のなかでは、沖縄の地域教育実践の遺産を子どもの社会教育の領域で議論し、戦後の社会教育実践史に位置づける作業についても、十分な深まりをみせなかった。日本の一地方たる沖縄の、それこそ米国統治下の子どもを対象とした社会教育の実態を明らかにしながら、これらの社会教育実践が子どもの成長と発達のためにどのような意味をもっていたのか、沖縄の社会教育研究のなかにどのように位置づけていくのかという課題は残されたままである。それゆえ、沖縄の集落における教育文化的機能を明らかにしていくことは、国内の一地方でありながら独自の教育文化圏を有していた沖縄の特異性を表出させると同時に、日本の社会教育の実践がより豊

かに営まれていたことを示すものとなるだろう。子どもの社会教育実践に関わる研究と蓄積は、青年期以降の社会教育の研究蓄積とをつなぎ、地域でひとが生まれ、日々生活し、地域社会の歴史と文化、風土をくぐり抜けて、区民として成長していく過程をトータルに把握していくためには必要なことだと思われる。

　では、これまで、沖縄の社会教育研究を対象としてきた研究者は、どのような視点から沖縄をみつめ、研究を進展させてきたのであろうか。沖縄への眼差しの実相である。まず、沖縄の社会教育史に関する本格的な研究は、沖縄の日本復帰後間もなくして、東京学芸大学内に設立された「戦後沖縄社会教育研究会」（代表・小林文人、1976年）に始まる。先に沖縄の公選制教育委員会制度を始めとする教育法制度に注目し組織的な研究を進めていたのは、沖原豊（広島大学）らの研究グループ、三上昭彦（明治大学）らであるが、沖縄の社会教育全般を研究の視野に入れて展開したのは、小林の研究会であった。沖縄の日本復帰後、県外の研究者の視線が沖縄の社会教育に注目し始め、平良研一（沖縄大学）、玉城嗣久（琉球大学）ら、在沖の研究者との共同研究を進めていく。同研究会は、研究の成果として1970年代後半からほぼ10年かけて『沖縄社会教育史料』（以下、『教育史料』と略）全7冊を編集刊行した。『教育史料』は、稀少史料の復刻と東京と沖縄での共同研究調査で収集した第一次資料の集成である。玉城の後任である松田武雄（現、名古屋大学）を含めた研究会は、『教育史料』を基礎に、小林文人・平良研一編著『民衆と社会教育－戦後沖縄社会教育史研究－』（1988年）を出版した。同書は、戦後から1980年代までの沖縄社会教育史を明らかにし、研究の到達点を示すものである。小林は、同編著のなかで、沖縄の社会教育史研究をとらえる視点として、民衆の側からとらえる視点の重要性を説き、沖縄の字公民館についても、民衆の生きる闘いと「自治」と「共同」の自力建設の歴史のなかからかたちづくられてきたと明確に述べている。

　小林の地域史・民衆史に立脚した沖縄社会教育研究の視点は、民衆が自ら生きるために積極的・主体的に努力を積み重ねてきた歩みを沖縄史全体のなかに位置づけ、刻み込むという点で重要な示唆を我々に

与えるものである。『民衆と社会教育』は、占領下沖縄の社会教育・文化政策や法制、琉米文化会館の展開、図書館・博物館、婦人団体・PTA・青年会等についての詳細な研究を収録しているが、とりわけ、末本誠の論考「琉球政府下、公民館の普及・定着過程－ムラと公民館」は、沖縄の字公民館について体系的に叙述した最初のものとして画期的な論文であり、字公民館の全体像を提示している。末本論文は、戦後集落の再建・復興・村おこしのなかで、戦前の事務所を戦後に再建したものが字公民館であることを指摘し、琉球政府の「公民館設置奨励について」(1953年11月)による公民館政策の展開と設置率の推移、字レベルにおける公民館体制の整備の状況等についても考察しており、目配りの利いた論文となっている。とりわけ、末本論文のなかでも注目される記述は、集落のなかで確立した公民館体制を通じて、「教育機関としての公民館活動が、いくつかの面で従来よりも活発に展開され、浸透していく」ものとして、字公民館主催の講座開催や新生活運動の推進、教育隣組と図書室の普及に言及している箇所である。末本は、次のように述べている[12]。

　「この時期には従来の公民館活動の中には見られなかった新しい活動が開始される。中でも特徴的なのは教育隣組と図書室の普及である。(略)前者の場合、すでに戦前から続けられてきた学事奨励会の伝統を基盤に、勉強以外にもその活動をひろげると同時に、集落の大人が総がかりでその字の子供全員の成長に責任をもつという体制がつくられていった点が注目される。本土復帰後、軍用地収入を活用して宜野座村惣慶区では子供のための「学習館」という公共施設を建設するが、これはこの時期からの教育隣組の活動を背景にしているのであり、字公民館の今日的評価との関係で注目に値すると思われるのである。
　また後者については、すでに触れたように公民館についての法体制が整備されるなかで、公民館政策の重点の一つに図書館の充実が位置づけられ、一定の補助金が毎年支出されていく。その額はむしろ運営費補助よりも多いが、このような公民館の図書館機能が充実

するには、集落ごとの自治的な努力が必要であった。」

　末本は、1980年代末の論文発表の時点で、字公民館における戦後の新しい活動として、教育隣組や字公民館の図書室、学習館の存在を指摘し、これらが戦前からの学事奨励会とのつながりを持つと同時に、同会を基盤とした地域教育実践の創出について言及している。換言すれば、「教育機関としての公民館活動」が、集落内の子どもの社会教育実践においても深く関わり、子どもの成長と発達において極めて重要な役割を果たしていることを示唆しているのである。次に、同書の続巻であり、1990年代以降の沖縄の社会教育実践に注目して編纂されたものが小林文人・島袋正敏編著『おきなわの社会教育―自治・文化・地域おこし―』（エイデル研究所、2002年）である。『おきなわの社会教育』は、沖縄の生きた社会教育の活動実践・運動の報告を中心とした内容であり、研究者や実践者、社会教育主事による地域社会実践を掲載している。同書は、一般書の性格ゆえ、それぞれの実践内容について詳細な検討を要しているものではないが、それでも、字公民館を拠点に活動を展開しているものとして、伝統芸能の復活・継承、文化まつり、各種講座の開催、字誌づくり、教育隣組・子ども会活動、文庫活動等を報告している。いずれの報告も、沖縄の新たな社会教育実践をかたちづくり、地域における文化活動発信地としての字公民館に寄せる期待は大きいものであることを語っている。

　上記の『民衆と社会教育』による沖縄社会教育の全体像の提示と今日の社会教育実践の様相を提供した『おきなわの社会教育』をふまえ、沖縄の集落社会における文化創造の主体者形成を青年会にみた労作が、山城千秋著『沖縄の「シマ社会」と青年会活動』（エイデル研究所、2007年）である。山城は、地域青年会の民俗芸能活動に焦点をあて、青年がどのように文化創造の担い手、あるいは地域自治の主体的な行為者へと成長していくのか、その活動実態を検討することで、青年教育における地域の実相を明らかにしている。とりわけ、山城は、同書の中で、子どもと関わる社会教育についても言及している点が特徴的である。山城は、浦添市の内間子ども会に注目し、地域行事を「見る

側」であった子どもが「見せる側」へと移行したことにより、地域文化に対して主体的に関わるようになったこと、また、「模倣」から「本物」への学習過程が、子ども会から青年会へと年齢階梯的に形成されているとみている[13]。こうした、地域の埋もれた伝統を創造することによって、地域の共同性を再構築し、これが、将来を担う子どもへの文化伝承を確立したと指摘しているのである[14]。山城の研究は、「シマ社会」における青年会活動を主眼におき、地域の伝統の継承と創造に子ども会が関わることを通して「共同性の再構築」がなされているものとみている。

　以上、子どもと関わる社会教育に関しては、管見の限り、上記の山城の研究と次に述べる小林文人の研究を除けば、ほとんどみられない。つまり、沖縄の社会教育研究は、これまで民衆の「自治」と「共同」の視座から解き明かされ、一定の研究蓄積がみられるものの、研究の対象として、幼少期を含めた子どもに注がれてきたわけではない。とりわけ沖縄の社会教育研究は、主に成人の社会教育を研究課題として掲げてきた。それゆえ、今後、子どもと関わる社会教育及び子どもを対象とした地域教育実践を明らかにしていくことは、沖縄の社会教育の全体像を描き、理解していくためには重要な課題として残されている。ではここで、沖縄における子どもと関わる社会教育研究の端緒となった小林文人の二つの論考を取り上げたい。

　小林は、野村千寿子との共同研究で、「戦後沖縄における『教育隣組』運動－戦後沖縄社会教育史研究（その4）」を著した（『東京学芸大学紀要』第1部門第36集、1985年）。同論文は、米軍統治下における沖縄の子どもの人権保障の観点から各集落で結成をみた教育隣組の展開過程を詳細に検討したものであり、先の『民衆と社会教育』の課題意識と重なるものである。同論文は、子育てにかかわる集落の「自治」と「共同」の論理が、防犯的な性格の濃い教育隣組を結成し、学習文化活動を支えてきたと指摘している。続けて小林は、沖縄で展開している様々な地域社会教育活動の諸相をふまえ、近年、沖縄の集落共同体の教育文化活動にかかわる重厚な論文（論文名「沖縄における集落（字）育英奨学活動の展開」）を発表した。同論文は、戦前、沖縄でひ

ろく展開した学事奨励会の歩みから、集落における学資貸付・奨学金貸与－集落育英奨学制度の基盤形成が図られた事例を紹介している。小林によれば、沖縄の集落の育英奨学活動から、シマ社会において「若い世代にかける思いや励まし、地域（社会）共同の取り組み、自発・自力・自治の精神、歴史的な蓄積の努力等によって育英奨学活動は支えられた」とし、沖縄独自の伝統的なゆいまーる精神や育英奨学制度を通して、集落の社会的結合に大きく寄与してきた側面についても言及している。この論文は、集落奨学制度の存在や機能について論究することで、集落共同社会がもつ教育的機能の新たな側面を照射し、沖縄の集落の性格を把握するための示唆を提供しているといえる[15]。

　以上のことから、1980年代から本格的に始まった沖縄の社会教育に関する研究は、集落社会のもっている様々な教育的・文化的営為を実証的に提示しつつ、これらを支えたのが、区民の「自治」と「共同」の力であることを明らかにしてきた。近年では、山城の研究にみられるように、「自治」と「共同」の視点に加えて、地域文化の「再生」と「創造」の担い手に注目し、その成長を描いていくことで文化の継承発展を実証的に明らかにしている。このように、沖縄の社会教育に関わる先行研究の分析対象は多岐にわたるが、子どもを対象とした地域社会教育実践の分野については、上記でふれた通り、限定的である。沖縄の集落社会では、子どもの社会教育に関わる地域教育実践が豊かに生まれ、展開してきたものと考えられるが、これらを丁寧に取り上げ、実証的にそのもつ価値を見いだす作業は重要な課題として残されている。これらのことから、沖縄の字公民館を拠点とする子どもと関わる地域教育実践を掘り起こし、地域社会教育実践のリアルな姿を明らかにすることが、本研究の基本的な課題である。

第3節　研究の課題と方法

　集落（字）で生まれた子どもは、そこでの教育文化的な体験をくぐり抜けていく成長過程を通して、自らを育んだ集落に対して愛着と帰属意識が生まれ、仲間や区民との共同体意識を育むものと考える。この愛着と帰属意識は、集落での生活を営み、生産活動や様々な行事等の共通体験を共にすることで培われるものである。こうした集落での生活体験は、子が成長し、独立した社会人として生きていく上で、精神的な拠り所＝"根っこ"の部分を形成していくものと思われる。その"根っこ"の部分を形成している集落での生活と教育文化的な営みとは、いったい何であろうか。

　本研究は、この集落での生活と教育文化的な営みのなかでも、集落共同社会における教育文化的組織に焦点をあて、それがいかなる社会背景のもとで成立したのか、またこれらの教育組織のもつ機能や実態を歴史的な文脈のなかで明らかにすることを目的としている。特に、これまでの沖縄の社会教育研究で十分論究してこなかった、子どもを対象に成立した集落の教育組織に注目するものである。この試みは、集落における子育ての実態の一側面を明らかにすることであると同時に、集落のもつ教育文化的な力とは具体的にどのようなものであるのか、集落で子どもが育まれるということは具体的にどのようなことを示しているのか、という問いに応えるものである。換言すれば、集落の教育文化的な力が、子どもの成長と発達にどのようにかかわってきたのかについて明らかにするものである。

　沖縄においても地域社会の崩壊や共同体文化の衰退が指摘されて久しいが、一方では、今日においても強い地縁・血縁組織で結ばれ、"結（ゆいまーる）"と呼ばれる集落共同体の性格を色濃く残し、集落の文化の生成と継承の努力を続けている地域も存在する。こうした沖縄の集落で成立している教育文化活動とは何か、それを支えている諸条件とはいったい何であるのか、また地域社会の変化に対応しつつ、どのような形で教育文化を残そうとしているのかについて検討する価値は十分あるものと考えている。これまで繰り返し述べてきたように、沖

縄の字公民館は、集落で生活を営む区民の生産・消費・子育て・相互扶助・福祉・納税・自警・祭祀等の様々な側面において深くかかわり、集落共同体の拠点としてその地域の生活史を刻み込んできた。したがって、本研究は、沖縄における地域教育文化活動の実態を理解するために、字公民館を拠点としながら展開している活動やそれとの関係で営まれている集落の教育文化活動についても視野に入れながら進めるものである。

　本研究は、上記の研究課題を明らかにするために、沖縄の集落社会で営まれてきた地域教育文化組織の事例を取り上げ、それらを個別具体的に検討する方法を採用する。分析の対象は、琉球政府時代の公文書、沖縄県及び市町村関係資料、個々の事例に関わる記事を掲載した新聞資料や史資料、個人記録、集落の歴史や文化を編纂した字誌、関係者からの聞き取り調査等である。これらの地域教育文化組織の成立の起点や機能、実態を検討することで、集落の教育文化的な力の実相を明らかにし、どのようにして子どもが育まれてきたのか、集落の子育てに関わるシステムはどのような経過を辿りながら形成してきたのかについて考察をする。同時に、区民が、子どもを対象とする教育文化的な営みにどのようにかかわり、また担い手としてどのような働きをしてきたのかについても考察を試みる。こうした作業は、「沖縄の集落における伝統行事や文化活動を始めとした様々な地域的な営みは、区民自らの責任と意思に基づいて行われ、子どもや青年を対象とする教育文化的な営みについても同様に言えるのではないか」という仮説に基づくものである。とりわけ、子どもを対象とした集落の教育文化的な組織は、それこそ、区民の自覚的な意思と行動、責任において行われ、次世代の成長と発達を見守ってきたのではないか。そこでは、子を育てるということは、集落の共同的な営みであり、共同事業としての位置づけがなされていたものと考えられる。このことは、単に、区民の子どもの子育てを含む教育的な関心が高いことを表すだけではなく、区民自身が、地域の子育ては地域の責任においてなすべきこととして深く認識していたのではないか。したがって、集落の教育文化的な組織の生成と運営には、当然、区民が主体者として関わり、これ

らの担い手として登場してきたものと考える。本研究全体を通して、集落の教育文化的組織の実態を明らかにするために、区民の自治的・共同的な働き具合をみていくことが大切であり、区民が責任をもってどのように子どもと関わり、そして区の子どもに対してどのような意思をもって接していたのかについて検討することが肝要である。

　以上の課題と方法を設定した上で、次に、本研究の内容について述べることにするが、その前提に、明治期の沖縄で集落の教育組織として結成された学事奨励会を地域教育力の端緒であり、土台としてみていることについて予め説明しておきたい。端的にいえば、学事奨励会は、沖縄における近代学校の設立と関わって、子どもを含め地域住民に近代教育へ関心を向けさせ、子どもを学校へ就学させる地域教育組織として初めて登場してきたものである。既に末本誠が指摘したように（「第2節　沖縄の社会教育研究の到達点　先行研究の検討」を参照のこと）、戦後の集落で生まれた様々な地域教育活動は、この学事奨励会を基盤にもつものであり、沖縄の地域教育実践を語る上で看過できない組織である。この集落の教育力の土台を形成した学事奨励会の成立過程と性格について明らかにすることは重要であり、本研究の前史的な位置を占める（第1章）。続いて、この学事奨励会の成立という前史をふまえ、戦後の集落社会において展開した様々な教育文化的な組織として挙げられる教育隣組の成立と展開（第2章）、就学前教育の組織として重要な役割を果たした字幼稚園と字幼児園（第3章）、そして、区立図書館や文庫、学習支援組織がみられる（第4章）。これらは、集落の教育文化を豊かにしたものとして特に重要である。では、以下、本研究の四つの内容のあらましについて述べることにする。

　本研究の第1章では、戦前から存在している学事奨励会なる地域教育組織に注目したい。学事奨励会は、明治期からその存在が確認され、集落のなかで定着・浸透している地域教育組織であるが、先述した小林文人の研究を除けば、同会成立の社会的な背景やその機能については、ほとんど明らかにされていない。しかしながら、かつて地域で教育を語るとき、学事奨励会の存在は避けることのできないほど、集落を代表する地域教育組織であった。現在でもなお、地域によっては、

その存在が確認され、子どものための教育組織として機能している。そこでは、ほぼ集落（字）の行事として、年度初めに区内の子どもに学用品を授与して、「学事」を奨励するという区の行事になっている。本研究は、この学事奨励会について取り上げ、その成立過程について論究する。なぜなら、学事奨励会こそが、地域の教育組織の代表格であると考えているからであり、同会の成立過程とその機能を明らかにすることは、沖縄における「地域の教育力」の土台形成を明らかにすることであると考えているからである。沖縄において、「地域の教育力」と呼ばれるものがどのようにして形成され、子どもに関わる教育的な営みが地域においてどのような過程を経て生成し、定着してきたのかについて、学事奨励会の成立過程と同会のもつ機能の分析をしつつ、考察を進める。

　沖縄における「地域の教育力」の土台形成は、明治期、沖縄の近代学校設立と密接に関係していると考えられ、特に集落共同社会において設立した学事奨励会の生成とその機能が沖縄の地域社会において有力かつ強固な教育組織として存在してきたとみている。こうした仮説に立脚するのは、明治政府の中央集権的統一国家形成の要求のために近代学校が設立され、そこへの就学督促が全国展開されていくなかで、沖縄では、これを支え、強力に支援していく地域の教育共同組織が新たに誕生していく過程がみられる。それが、学事奨励会の生成と活動というわけである。

　学事奨励会の生成と実際の活動は、本論のなかで詳細に検討するが、同会の誕生と機能をみれば、少なくとも児童の就学率向上の際に重要な働きをしてきたと思われる。集落社会において組織化された新たな地域教育共同体（＝学事奨励会）の働きにより、学校への就学率を押し上げ、さらには育英事業を整備していくことで児童の実質的な修学を図るのであるが、同会の成立の背景と機能のメカニズムについては、これまで十分に解明されているわけではない。学事奨励会は、就学率向上に関わる明治政府・沖縄県の政策・方針を受けて、集落社会のなかで生活を営む区民に学校就学の意義と奨励を図るために設立されたと考えられ、それゆえ、まず沖縄の近代公教育制度の導入期において

結成された学事奨励会の本質的な性格を把握する必要がある。その視点からいえば、近代公教育制度の導入期に学事奨励会がどのような過程を経て結成され、就学率の向上とかかわっていかなる機能を果たしたのかという基本的な課題が浮上する。しかも、共同社会を営んでいた集落のなかに、学事奨励会という新たな地域教育共同体が組織化され、それが、集落社会のひとつの教育的な営みとして、少なくとも戦後の一時期までほぼ沖縄全域で機能していたことに注目してよい。第1章では、近代公教育の義務制原理を支えた学事奨励会の成立過程と特質、機能を明らかにし、沖縄の集落社会における教育的・文化的な組織並びに教育力の土台が、近代学校の設立と関わってどのようにして形成されてきたのかについて考察する。なお、検討の対象は、学事奨励会の就学と修学との関係性を見る上で最も典型的な動きをみせた沖縄県読谷村の事例を取り上げる。読谷村は、沖縄本島のなかでも地縁的・血縁的なつながりが強いといわれる村であり、同村においては、今日でも学事奨励会の組織がみられる。読谷村の事例を分析の対象にすることで、明治期の発足当初から沖縄戦後に至るまでの学事奨励会の全体像の把握ができるものと考える。

　第2章では、第1章とかかわって、戦後の米軍統治下の沖縄で、集落の教育力の再生と復興がどのようにして成立してきたのかを明らかにする。敗戦後、沖縄の集落では、村の再生と復興が最大の課題となるが、村の再生が図られるなかで、教育復興の場面においては、まず、戦前の地域の教育力のモデルであった学事奨励会の再生が図られる。区民にとって、学事奨励会こそが地域の教育組織として最初に想起されたのであり、同会を再生させることが、ゼロからの出発であった。学事奨励会の再結成は、戦後の村の復興と再生を象徴するものであり、同組織を始動させることで、以後の教育活動の礎が築かれていく構図が読み取れる。学事奨励会は、戦後においても児童の就学及び修学策を地域的に展開させながら定着していくのであり、戦後沖縄の地域社会の教育力を支える組織として機能し、区民は、これを手がかりにしながら、様々な教育活動を誕生させていく。このように、戦後沖縄の地域教育組織は、近代的性格を有した学事奨励会の再結成を起点とし

て展開していくのであるが、その活動は、次第に定式化し形式化していく。しかしながら、区民は、次第に学事奨励会の定式化・形式化を乗り越える自立的・自治的な地域教育実践を模索し始め、その後、集落の子どもの実態を見据えた地域的な活動の展開に目覚めていく。それが、教育隣組の結成とそれの地域的展開である。

　1960年代に登場した教育隣組は、当初、教育運動側から提唱され、琉球政府の結成奨励を受けてひろく地域に浸透した地域教育組織である。戦後の沖縄の地域社会で組織化された教育組織であり、区民の関心もそこに向けられた。当時、米国占領下の沖縄では、子どもの人権侵害が後を絶たない状況にあって、"子どもを守る"民衆運動の流れのなかで教育隣組は集落の教育組織として結成され、集落の子どもを中心とした活動に取り組む。この運動は、全琉的なうねりとなって展開していくが、同運動を支え、実際に運営を切り盛りしたのは、区民であり、地域の婦人会の力であった。1972年（昭和47）の沖縄の日本復帰後、集落単位の教育隣組は、これまでの実践を踏まえながら、いわば日本本土型の子ども会組織に移行し、新たな地域における教育実践を積み重ねていく。この教育隣組から子ども会への移行の背景には、県教育庁の結成指導がみられる。なお、教育隣組は、子どもの生活環境を守るという防犯的な性格の濃い団体であったが、沖縄の学力低位状況の議論のなかで地域・家庭における役割として、学習対策も期待されるようになる。このようにみてくると、沖縄の集落では、学事奨励会を基盤としながら、新たな子育て地域組織としての教育隣組・子ども会の生成がなされていくのである。その意味からも、沖縄の集落社会における新たな地域教育組織の成立過程を明らかにすることは、沖縄の地域教育組織の本質的な性格把握につながるだけではなく、今日の地域教育運動の実態把握と方向性を考える上でも貴重な示唆を与えるものと考えている。以上のことから、戦後の村の再生と復興を背景にしながら、戦前の集落の地域教育モデルであった学事奨励会が、新たな地域教育組織たる教育隣組の結成と展開を迎えるなかで、集落のなかでどのような位置にあったのかについて検証しつつ、教育隣組運動の先進地であった読谷村及び具志川村（現在のうるま市）の事例を取り上げ、同

運動の性格について考察する。

　第3章では、集落における子育ての共同事業ともいえる、字公民館の保育所（字幼稚園）の成立過程を明らかにする。沖縄の集落共同社会では、区民の責任において子どもの就学や修学に関わる地域組織を組織化したり、戦後の米軍統治下で子どもの人権を守る防犯的な運動を繰り広げてきたが、その主たる対象は、小学生及び中学生であった。ところで、区の教育文化的機能に関わる営みは、児童・生徒を対象としたものに限らず、就学前の幼少の子どもを対象に活動を展開してきたことも特徴的である。末本誠は、戦後の混乱期を経て、「公民館を中心に各地域組織が位置づいた集落の体制が整備されていき、公民館の活動もそれらの団体・組織を通して展開されるという形が確立する」として指摘し、例示的に、読谷村波平区の字公民館への協力団体としての字振興会や青年会、実践団体としての学事奨励会や教育隣組等を挙げている[16]。これは、戦後の沖縄における字公民館の豊かな地域教育実践が、区内の各地域組織との連携・協力関係を築きながら深められたことを示唆している。この末本の指摘に倣えば、本研究で取り上げる字幼稚園（字保育所）は、字公民館の実践団体であることは明らかである。この字幼稚園の実相の把握は、沖縄の字公民館の地域教育実践を理解する上で重要であるばかりではなく、戦後の沖縄における就学前教育を支えていたのは、字幼稚園であったことを明らかにすることでもある。

　戦前から沖縄の集落では、農繁期託児所（季節託児所）があったことが確認されているが、戦後においても字公民館で子どもを預かり、保育・幼児教育がひろく行われていた。これは、親の労働（＝農作業）の時間を担保するためのものであり、区民相互の理解と協力により営まれていたものである。いわば、区立の保育所・幼稚園とも呼べるものであり、沖縄本島はもとより、宮古・八重山諸島においてもその存在が確認されている。その成立の背景は、戦後沖縄の就学前教育の条件整備が初等中等学校の整備と比して立ち後れ、公私立園は那覇・首里を中心とする都市部に集中していたことによる。地方の農村においては、幼少の子どもを抱える区民が、子どもの保育・幼児教育を区民

から選ばれた若い女性に託し、保育の場として区立幼稚園（保育所）を提供してきた。多くの女性は、無資格者であった。ここでは、区民の手によって集落の将来の担い手になる子どもの成長・発達を区民の共同運営で育もうとする姿がみられ、集落における子育ての共同事業としての性格がみられる。いわば、集落の自治と子育ての共同性を具現化したものとして注目できる事例である。公的な条件整備が進まないなかで、"村の子どもは村で責任をもって教育する"という姿が、字公民館附設の幼稚園を生み出し、就学前教育を支える役割を果たしていくのである。このように、字公民館を拠点に集落社会では、地域の子育ての教育組織が成立し、運営を行っていくのである。集落全体で子育てに関わる体制を築いたといえるものであり、本研究では特に、具志川村において発掘された戦後初期の字公民館資料を駆使して、字公民館幼稚園の実像を描く。また今日においても区において保育活動がみられる豊見城市と名護市の事例に焦点をあてて検討する。

　第4章は、字公民館の図書館・文庫活動、学習支援活動という地域教育文化実践に関する研究である。集落の地域教育組織は、これまで述べてきた学事奨励会や教育隣組・子ども会の活動、あるいは字幼稚園の運営に止まらず、字公民館内に図書室・文庫を設置しての文化活動を展開していく。いわば、集落における地域教育文化力の形成とも呼ぶべきものである。字図書室・文庫活動は、子どもを含む区民全体の地域教育文化活動の象徴であると同時に、地域の大切な教育資源として、字（区）民によって支えられ、共有され、区の財産となった。こうした集落の文化活動は、様々な地域で起こり、そして定着をみせる。字図書室の多くは、青年会の働きかけによる設置と運営によって始められ、村の再生と復興のシンボルとして位置づくものであった。とりわけ、読谷村では、字図書室の地域教育実践に学びながら、子ども会主体の文庫設立運動が生まれ、字の子ども文庫を設立した集落も出現した。本章で紹介する字波平の公民館図書館は、区民主体の設立と運営のモデルとして村内外に大きな影響を与えたものであるが、この区民の力による図書室設置にかけるエネルギーは、同じく村内の字座喜味において、子ども会による文庫設立運動の流れを形成した。こ

こでは、区民の読書文化要求を受けとめ、区民が主体的に字図書室を設立し運営を支えた、字波平の公民館図書室に注目し、考察を加える。また子どもと大人の協同による字座喜味の文庫設立の原動力、設立の過程、実践活動について考察をすることで、地域における新たな教育運動の生成を浮き彫りにする。

　こうした字図書室や文庫設立は、子どもの読書文化環境を地域のなかで実現したものであるが、地域によっては、子どもの学習支援を集落独自で、あるいは村独自で設立するところも現れた。北大東村は、村営の「なかよし塾」を設立して、放課後の子どもの学習補助を行い、宜野座村字惣慶区は、区の予算で子どもの学習支援組織をかたちづくっている。惣慶区の取り組みは、独自の学習補習塾を実現し、放課後の子どもの居場所としても機能しつつ、子どもの学力保障について出来る範囲で支援していこうとするシステムである。この惣慶区の子ども支援は、子どもの生活の実態に危機感を抱いた区民が学習支援活動を始めたのを端緒に、地域ぐるみ・大人総ぐるみで基礎学力向上のための仕組みをつくりあげたものである。これは、区民の視点から子どもの生活や学力に関わる課題解決に挑み、区民の合意と支援を受けながら具体的な活動を創出した事例であり、集落社会全体で学習支援を組織化した新たな地域教育運動の生成でもある。

　以上、本研究は、4つの内容を柱として進めることで、沖縄の集落共同社会における教育文化的機能を明らかにすることを目的としている。

注及び引用文献

(1) 子どもが生まれて、母子とともに健康であればその日のウバギーを炊く。「出産祝い」の意。
(2) 遺体をおさめた棺箱を墓まで運ぶ朱塗りの輿(こし)のこと。
(3) 戦後は「部落公民館」、「自治公民館」、「集落公民館」と呼ばれる。なお、沖縄では、「部落」の呼称は、「集落」や「自治会」を意味する。
(4) 益川浩一著『戦後初期公民館の実像－愛知・岐阜の初期公民館－』大学教育出版、2005年、199～200頁。
(5) 同上、199頁。
(6) 寺中作雄「(新漢字 寺中構想) 公民教育の振興と公民館の構想」(雑誌『大日本教育』昭和21年新年号)。
(7) 宮本常一著『ふるさとの生活』講談社、1986年、108～109頁。
(8) 高良倉吉「王国時代の教育」(うるま市具志川市史編さん委員会編『具志川市史 第6巻 教育編』うるま市教育委員会、2006年、所収) 7頁。
(9) 同上、8頁。
(10) 上地武昭「住民自治活動の拠点としての沖縄の公民館」(「月刊 社会教育」編集委員会編『公民館60年 人と地域を結ぶ「社会教育」』国土社、2005年、所収) 39～40頁。
(11) 宮古島・伊良部島・多良間島には、守姉(ムリアニ)、抱姉(ダッアニ)と呼ばれる民俗風習が残っている。この風習は、まず乳幼児の世話を親戚や近所の少女を「守姉」として頼む。頼むときには両親が重箱の御馳走やお酒をもって行って本人やその家族に相談する。守姉は学校が終わると世話する子どもの家に行って子守をしたり、自分の家に連れてきて世話をする。守姉は、世話する子どもの家で食事を頂くこともある。家族・兄弟以上に親しくなるので、子どもが成長してからもつながりが強い。親の労働(農作業)の合間に子どもの世話をしたり、されたりする相互関係を通して、地縁的な結びつきを一層強固にしている事例である。
(12) 末本誠「琉球政府下、公民館の普及・定着過程－ムラと公民館－」(小林文人・平良研一編著『民衆と社会教育－戦後沖縄社会教育史研究－』エイデル研究所、1988年、所収) 214～216頁。
(13) 山城千秋著『沖縄の「シマ社会」と青年会活動』エイデル研究所、2007年、168頁。なお、奄美や沖縄の島々では、集落のことを"シマ"と呼び、人々が生活する最小の共同体のことを意味する。本研究においても、シマ＝集落としてとらえている。
(14) 同上、175頁。
(15) 小林文人「沖縄における集落(字)育英奨学活動の展開－字誌等を通しての研究覚書－」東京・沖縄・アジア社会教育研究会『東アジア社会教育研究』2005年。
(16) 前掲、末本誠「琉球政府下、公民館の普及・定着過程－ムラと公民館－」213～214頁。

第1章

集落における教育力の土台形成

学事奨励会の成立と機能（前史）

渡嘉敷村 1964年（沖縄県公文書館所蔵）

第1章 集落における教育力の土台形成
学事奨励会の成立と機能（前史）

　近代社会において、民衆の関心が学校に向けられ、児童を学校へ就学させるようになり、また修学させるように働きかけるのはいつからであろうか。また、民衆は、どのような教育諸条件の成立のなかで学校への就学及び修学を考えるようになったのであろうか。ここで述べる就学とは、主として学校に在籍しているかどうかを問い、修学とは、実際に通学し教育課程を履修したかということである。近代学校と児童との関係性を問う場合、この就学と修学の側面から検討していくことが重要である。とりわけ、義務教育の内実を問う場合、児童の学校への就学のみを問題にするのではなく、学校に出席し教育課程を履修するための制度的保障が準備されてきたのかを考える必要があろう。つまり、児童の学校への就学と教育課程の修学を促しこれらを保障する教育制度的な枠組みが準備され、実際に機能してきたかということである。

　近代日本の義務教育の就学保障制度としては、授業料不徴収と就学補助を挙げることができるが[1]、一方、この就学保障制度を補完し支えてきたものとして育英奨学制度がある。戦前学制下においてはすでに公的・私的な奨学制度が設立運用され、これにより貧窮児童を励まし、上級学校への進学・修学の機会を拡充してきた。これらの育英奨学制度は、全国的に展開し、日本本土より遅れて近代公教育が導入された沖縄においても、同様の展開と定着過程をみせた。沖縄では、特に貧困児童の就学を促し修学させる育英奨学制度の果たした役割は大きかったが、こうしたいわば教育制度的な展開だけではなく、沖縄独

自の側面として、集落レベルにおける地域的な展開として学事奨励会の存在があった。

　学事奨励会は、県内の育英奨学制度の確立よりも先に各集落毎に成立したものであり、沖縄における近代学校設立との関係が深い。置県（1879年）以後の沖縄では、しばらくの間、住民の近代学校への就学拒否がみられたが[2]、沖縄県庁・間切[3]役所の就学督促や沖縄出身の小学校教員による就学奨励が行われることで、住民の態度は軟化し、学校への就学を受け入れ始めた。この時期、沖縄の集落では、住民組織の学事奨励会が設立され児童の就学を奨励したとされるが[4]、同会のもつ機能について十分明らかになっていない。その点、小林文人は、集落における学資貸付・奨学金貸与という育英奨学制度の基盤形成過程を明らかにし、その育英活動の起点に学事奨励会が位置づいていると指摘している[5]。即ち、小林は集落のなかで誕生し根付いた学事奨励会の育英奨学制度について言及し、修学機能の側面から検討したものといえる。これらのことから、学事奨励会は、就学及び修学機能をもって、児童の就学保障を実質的に支え、沖縄において近代公教育の内実をつくり実質化していくうえで重要な役割を担っていたのではないかと考えられる。

　以上の課題意識のもと、本章では、まず、沖縄県庁・間切の就学督促策の振興のもとで設立された学事奨励会の展開状況と同会の児童に対する就学及び修学機能に注目し考察する。学事奨励会は、那覇・首里の旧士族層を中心に結成されるものと、地方の集落において結成され定着していくものがみられる。それらの目的や機能の違いを明らかにしながら、特に、地方の集落社会では、児童を就学させるためにどのような方法と内容をもって展開したのか、目に見える数値としての就学率とこれを支える修学策はどのような関係にあったのか、事例を通して明らかにする。これらの作業を通して、近代公教育の義務制原理を支えた学事奨励会の特質と歴史的な意義を明らかにし、近代沖縄の集落社会における教育的・文化的な組織並びに教育力の土台が、近代学校の設立と関わってどのようにして形成されてきたのかについて考察する。なお、検討の対象は、学事奨励会の就学と修学との関係性

を見る上で最も典型的な動きをみせた沖縄県読谷村の事例を取り上げる。読谷村は、集落共同体意識の強い"むら"であり、相互扶助体制が強固につくられている。読谷村では、村内全域で学事奨励会が結成され、しかも、今日に至るまで学事奨励会の活動が展開されている区（字）もみられ、注目に値する。

第1節　沖縄の近代学校の設立と就学督促策の振興

　学事奨励会の成立の背景を把握するために、まず、明治政府の近代学校の設立と「就学」に関わる督促策がどのように振興されたのかについて留意する必要がある。近代日本の学校制度は、1872年（明治5）の学制に始まり、1886年（明治19）の森有礼文相の各学校令（「帝国大学令」「小学校令」「中学校令」「師範学校令」等）にもとづいてその全体が構築され、1890年（明治23）の教育勅語及び小学校令の改正（学齢児童の教育は公立小学校において行うことの原則確立）により天皇制教学体制の原型が完成した。全国津々浦々に小学校を設立して、読み書き算術の教育の展開と皇民化教育の本格的な推進である。学籍簿・就学督責規則も制定され、1886年（明治19）の小学校令以後、保護者は、学齢児童を学校に就学させる法的義務を負い、就学は兵役・納税と並ぶ国民の義務の一つとして考えるようになる。こうした明治政府の教育政策は、富国強兵のための国民教育の確立を図り、国民全体に初等教育を普及させる方向を基本としていた。そのため、文部省をはじめ地方官・学区取締・教員ら教育関係者は、就学の普及実現をめざして強力な督促を行ったのである。この頃の学齢児童の就学率の推移をみれば、1887年（明治20）に45％（男60％、女28％）であったが、日清・日露戦争間の10年間に急速な上昇を示し、1905年（明治38）には約96％（男98％、女93％）に達している[6]。この間の就学率の上昇の背景には、日清戦争後の近代産業の発達に伴う国民生活の向上や教育に対する認識の深まり、あるいは明治政府による義務教育

費の国庫補助制度の確立や授業料の原則廃止等の一連の施策があったからである。

　では、当時の沖縄の教育状況はどのようなものであったのだろうか。それを述べる前に、明治初期の沖縄は、「琉球の終焉」といえる程、沖縄の日本化政策が展開した時期であり、その点についてまず説明が必要である。1872年（明治5）、明治政府は琉球藩の設置を宣告し、続いて琉球の王国制度を解体するという「琉球処分」を強行し、それから7年後の1879年（明治12）、日本国の一県であるという沖縄県を設置した。すなわち、明治政府は、琉球藩王に廃藩置県を達し、藩王を華族に列し東京居住を命じたのである。いわば、琉球の日本化の始まりである。明治政府は処分官として松田道之（みちゆき）を琉球に派遣した。松田は、琉球側に清国との関係を絶つこと、琉球の政治制度を日本の府県制度にならって改めること等を強行に迫り、琉球の日本国内化を強力に推進した。こうした国家存亡にかかわる大事件のなか、首里王府内の官僚にも、賛成派（開化党）があらわれはじめ、反対派（頑固党）と対峙する状況が生まれていた。つまり、沖縄は、清国に帰属するのか、あるいは日本への同化の道を歩むのかという問題に直面していたのである。難題であるこの問題にひとつの方向性が見出されたのは、1894年（明治27）に勃発した日清戦争における日本の勝利である。清国との戦争における日本の勝利は、沖縄の開化党を勢いづかせ、頑固党の望んだ清国の琉球救援の望みも絶たれた。日本の勝利は、沖縄にとって「琉球の時代」の終焉であり、沖縄の近代化へのあゆみを決定づける一大転機となったのである。「琉球処分」以来、日本と清国の間で争われていた琉球の帰属問題は最終的に「日本」へと決着がつき、沖縄県民の意識も大きく変化した。すなわち、日本の皇民化に重きがおかれた教育を受け入れ、標準語や和服・洋服の普及、男子の欹髪（カタカシラ）（かんぷー、頑固党の象徴的な風俗）や女性の針突（ハジキ）（手の甲への入墨。女性の貞淑の印、来世への渡航証だと信じられていた）を廃止する等、風俗改良運動がひろく浸透し、沖縄社会は近代化へむけて新たな展開を始めたのである。こうした沖縄の生活風俗の同化＝「大和風」化が徐々に進展することになったが、そこには沖縄人教員の学校内外での活動

があっただけではなく、太田朝敷らの言論人による沖縄内部からの同化の唱導も重要な役割を果たした(7)。

かかる状況のなかで、沖縄の就学率の状況をみておこう。日清戦争時の1894年（明治27）の就学率は20％、出席率は16.7％であり(8)、日清戦後の1898年末では就学率は41.6％（男56.9％、女25.5％）で就学率は上昇しつつあったが、府県別でみると男女とも最下位であった(9)（「表1. 就学率の推移（1895〜1904年）」参照）。この頃、特に女子に対する学問不要論は根強く、就学率を見る限り1900年（明33）の頃まで、女児の就学率は男児の半数にも満たなかった。また、1901年度（明治34）の「学齢児童ト不就学児童ノ関係」では、沖縄の不就学児童数の割合は28％で全国で最も高率であり、貧困を主たる理由としていた(10)。したがって、当時の沖縄教育の課題は、女子教育の振興と貧困世帯の学齢児童の就学率の向上にあったのである。1900年（明33）、沖縄高等女学校の開校式で祝詞を述べた太田朝敷は、「純良の婦人を作るは女子教育を盛ならしむるの外に道はありませぬ」と述べ、沖縄の急務は「一から十まで他府県に似せる事」であり、「極端にいへば、嚔する事まで他府県の通りにすると云ふ事」であると主張するほど(11)、沖縄の就学率の本土並みを鼓舞していた。

一方、文部省の学制調査部委員会は、就学児童の増加方法策として、

表1. 就学率の推移（1895〜1904年）

年	就学率（％）			
	男	女	沖縄平均	全国平均
1895（M28）	38.3	9.5	24.2	61.2
1896（M29）	45.0	16.4	31.2	64.2
1897（M30）	51.0	21.7	36.8	66.7
1898（M31）	56.9	25.5	41.6	68.9
1899（M32）	60.3	27.8	44.5	72.8
1900（M33）	68.3	34.8	51.8	81.5
1901（M34）	83.1	59.6	71.6	88.0
1902（M35）	86.8	68.9	78.2	91.6
1903（M36）	89.5	76.2	83.2	93.2
1904（M37）	90.8	77.3	84.4	94.4

注）『文部省年報』各年版をもとに作成

①児童不就学の保護者に対する相当の制裁、②就学督促を励行する方法の設定、③就学督促と出席調査の厳格化、④各府県において就学奨励旗を制作し市町村に与えること、等を議決し[12]、以後、これらは沖縄の就学督促においても大きな影響を与えた。当時沖縄県では、「学事奨励ニ関シテ教員職務熟練勤勉ノ者ハ臨時増俸又ハ年末賞与ヲ給与シ」、「勉強学力優等品行方正」の児童には「大試験ニ於テ賞品ヲ与ヘ」、「教員及間切島吏員学務委員功績者ニ対シテハ教育基金令ノ恩典ニ沐セシメタリ」としていた。即ち、学事振興の奨励者や優秀児童には、「臨時増俸・年末賞与」「賞品」「恩典」をもって賞していたのであり、また学事視察の一層の周到、児童就学の督責の一層の奨働、小学校の増設等が1900年代初頭の沖縄県の学事奨励に関する「須要ノ件」であった[13]。また、沖縄懸令第九號（1901年3月17日）は、「區、間切、島、長ハ此通知書（就学児童保護者が小学校に提出するもの－筆者注）ニ依リ調査シ就学未済者ニ督促ノ手続ヲ為スモノトス」（第47条）と規定し、「區、間切、島、長ハ（中略）関係学校長ヨリ報告ヲ受ケタル児童保護者ニ対シ児童ノ就学又ハ出席ヲ督促シタルトキハ其ノ顛末ヲ学齢簿ニ記載スヘシ」（第54条）とした[14]。こうして沖縄県庁の就学督促策は、区や間切等に対しても徹底した就学状況の把握と督促を求めたのである。沖縄本島中頭郡の1901年（明治34）10月の学事の状況をみれば、「就学セシムルノ方針ヲ採リ役場員学校職員協力以テ其任ニ當リ本年二月ヨリ勧誘ニ着手シ刻苦精励ノ末五月ニ至リ兎ヤ角其目的ヲ達スルニ至レリ」と現状を報告して、文部省の学制調査部委員会決議の就学奨励旗よりも先に出席奨励旗を制定したり、欠席者防止のため生徒引率員の配置や成績別賞与、違約金を徴収したりしていた。この違約金は、奨励費に充てた[15]。出席奨励旗については、沖縄本島の「島尻郡尋常小学校児童出席奨励規程」（1905年）においても確認され、同郡では児童出席を奨励するために、毎年、賞状と奨励旗を授与していた[16]。

このように、明治政府・沖縄県庁の就学督促策は、学事振興に関わる者に対しては「賞」をもって処する一方、不就学の保護者に対しては違約金等の「罰」を課したりして、「賞」「罰」を巧みに利した種々

の具体的な「策」が採られた。学校においても出席奨励旗を利用した児童の就学率並びに出席率の維持・向上が図られ、1900年代初頭には、沖縄の就学率、出席率、通学率のそれぞれの平均は、全国を上回るようになった[17]。こうした学齢児童の就学率や出席率の向上及び女子教育の振興が沖縄県庁の施策として展開されるなかで、住民組織のなかに、「就学」と「修学」に関わる取り組みがみられるようになる。

第2節　旧士族の学事奨励会と集落の就学督促策

　明治政府・沖縄県の就学督促策が振興されているなかで、住民の側から積極的に学事奨励に取り組む動きが現れた。史料上、「学事奨励法」なるものの記述が初めて登場するのは、1899年（明治32）の旧士族の毛氏（もううじ）の取り組みである[18]。首里の毛氏は旧士族の中でも最大級のものである。毛氏は、同門派出身の師範学校及び中学校卒業者に対して物品の贈与と学費貸与を行い、東京その他の県外への上級学校留学の際の利便を図ることを目的とした。それらに充てる資金は有志の寄附と毛氏共有財産の基本金利子によるものである[19]。毛氏学事奨励会や有力な旧士族による学事奨励会は、門中（父系血縁族）子弟への学費貸与という「修学」支援の側面と賞品授与を特徴としたものであった。この頃より、封建的勢力が財政的基盤をもとに子弟を近代学校へ送り込むシステムを構築しようとしていたといえる。「毛氏の此企ては他の模範とするに足るへし」と新聞紙上で評され[20]、次いで、那覇区の字泉崎、東、首里、久茂地、泊等でも次々と登場する。これらの結成状況を子細にみると、上記のような旧士族の門中を中心に結成されたものと、以下に述べる校区内の各区（字）で自発的に結成されたものがある。

　字泉崎は、士族・宇開業（大湾親雲上、「親雲上」（ペーチン）は琉球の位階）の出資と村人による費用負担で、那覇で最初の村学校（学道館）が設立された地として知られる字である[21]。字泉崎での初の学事奨励会

は、1900年（明治33）4月に開催され、学力別・出席優等別に半紙や筆、墨等が授与された。以下は、同会結成の模様である[22]。

　那覇区字泉崎に於ては今回重なる人々談合して泉崎学事奨励会なるものを設立し毎年一回小学校試験後に於て全字の小学生徒中成績良好の者に賞品を授与して学事を奨励せんとの事にて其費用は会員間一の模合を設け其利益金を以て支出するの仕組みにして其計画既に済み一昨三日「城嶽」に於て第一回の賞品授与式を挙行し（以下、略）

　字泉崎に続き、1901年（明治34）7月には那覇区字東で学事奨励会が結成され、東出身卒業者の優等生に対して賞品を授与し[23]、首里、久茂地、泊においても学事奨励会が結成された。こうした那覇・首里等の中央での学事奨励に関わる動きは、離島や地方においてもほぼ同時期においてみられた。たとえば、那覇の北西に位置する粟国島は、島民の「生計困窮、経済不如意」を理由に県当局に学校設置延期願いを出していたが、ついに、島長（与那城菊太郎）の自宅を開放しての学校設置（1898年）に始まり（初代校長、高安発幸）、島内の学校敷地購入及び建設（1900年）により近代教育が本格化した。当時の島の状況は、「土地狭隘なりと雖とも戸数人口甚だ多く随て学齢児童の数も各地方に比し決して遜色なき姿[24]」であったが、同島出身の浜川信吉ら教師の勧誘により集落毎に復習所が設立され、同所にて児童の学科復習や不就学児童等を対象とした補習教育や懇話会なるものが開催された。これらの教師の取り組みに対して保護者の信用は厚く島民一同向学心に富んでいたが、「学資欠乏の為め中途廃学をなすの悲運[25]」の状況であった。そこで貧困世帯層の救済策として、在勤の教師、駐在巡査、間切書記等が発起人となって粟国島学事奨励会を設立したのである（1901年）。同会の目的は、「全島の学事を旺盛ならしめ傍ら学資金貯蓄法の一手段として風俗改良法及節倹法を励行」するものであった[26]。

　旧士族や粟国島の学事奨励会は、学費貸与等の「修学」的な側面を滲ませるが、那覇・首里区等の字単位の学事奨励会は、学力や出席状

況別に賞与する仕組みを採用して、「競い合い」による就学を促進しているものと考えられる。この字単位の学事奨励会の特徴は、以下に述べるように、地方の学事奨励会では顕著に現れ、また他の団体とつながりながら地域において学事奨励態勢をつくっていくのである。

　沖縄本島国頭郡では、1901年（明治34）から「学齢児童を調査し免除猶予の外は郡村学校当局協力して就学義務の遂行を図」り、学事奨励会の設立や就学を怠る者に対する違約金、就学児童に対する褒賞、不就学児童の父兄に対しての懇談会が実施され[27]、同郡の恩納間切では、欠席者に対しては一日五厘の罰金、出席優等者には賞与を与える等の賞罰を課しての就学督促のため「欠席者は殆んど皆無の姿なり」であった、という[28]。また、中頭郡美里村では、1908年（明治41）6月に「同志会なるものを組織し、字の風俗改良より農事の発達、学事の奨励等其他諸般の進歩発達を計り来り[29]」と新聞に報道され、隣村の越来村においても学事奨励会が誕生しつつあった[30]。当時、沖縄県内の集落では学事と農事の振興については率先して取り組まれ、美里村では、同志会や青年会による学事奨励会の開催もみられた。こうした同志会あるいは学事奨励会の成立の時期に、母姉会なるものが、西原・中城・宜野湾・越来・美里の地区にて結成された。母姉会とは、「学校と民間婦人とを連絡して、児童の家庭教育及び学校教育を一致円滑ならしめ、兼ねて一般婦子の好学心を高むる」（中頭郡美里小学校母姉会々則第1条）ことを目的にしたものである[31]。要するに、母姉会では、学校における教育活動が社会生活に役立つことを教え、学校の有益性を保護者に浸透させる役割を果たした。

　以上のことから、地方の集落における就学督促策は、保護者に対して違約金や罰金という「罰」を背景にしながら、児童に対しては、褒賞や賞与という「賞」でもって処する方策が幅広く採用された。この点は、学費貸与による「修学」機能を前面に押し出して設立された旧士族層の学事奨励会とは異なるものであった。日清戦後の沖縄社会において、近代学校へ児童を就学させ上級学校へ進学させることは、旧士族層にとって、「学問は身を立るの財本」の考えからも大切であり、新たな指導者＝支配層としての地位獲得に初等中等学校への就学が必

要になったことを認識していたからであろう[32]。そのことはつまり、旧士族層は自発的に子弟を就学させるため、旧士族層内で就学率を競い、「就学」督促を図る必要はなかったといえる。

また、学事奨励会は、1900年代に入り顕著となる沖縄独特の風俗・慣習の改廃運動を進めていた同志会や母姉会等、他の教育諸団体の活動とつながりながら、学校への「就学」機能を強め、集落のなかでより強固に就学督促態勢をかたちづくるのである。当時、沖縄の民衆から「大和屋」と呼ばれた学校では、日本的（大和的）な言語風俗を導入し、「大和屋」を起点として地域へと広め、沖縄人の生活を変貌させるものであった[33]。しかも、この風俗改良を推進する立場にあったのは教員であり、家庭や地域の風俗習慣を学校教育の遂行上、「障壁」としてとらえ、それの改良を意図していた。そのうえ、沖縄の社会風俗が近代の学校教育に対して悪影響を与えているという認識に立ち、風俗の改良＝大和化こそが学校教育を成功ならしめるものとしてとらえ[34]、教員を含め間切吏員、地域の有志者は、地域の風俗改良に関わる運動の中核的な役割を果たすようになるのである。では、より具体的に集落レベルにおける実際の「学事」をめぐる動向と学事奨励会の設立過程及び就学督促並びに修学に関わる機能の具体的な姿とはどのようなものであったのか。次に、読谷山間切（現在の読谷村）における学事奨励会の成立過程を取り上げ、同会の機能について考察する。

第3節　読谷山間切の就学奨励策と就学率

沖縄本島中頭郡の読谷山間切内で、最も早く設立された学校は読谷山小学校（1882年創立）である。同校は、1885年（明治18）に読谷山尋常小学校と改称され、1890年代に入ると、学齢に達した者は誰でも就学できるように「学資の軽減をはかり先づ学習用具を包む風呂敷は買はずに自家製の絞り染風呂敷に、通学用唐傘は蓑傘に改め、弁当は一様に芋弁当にし、貧困家庭の児童でも就学出来るようにし、又

跛者や身体の弱い子供でも通学出来るようにと各部落団体通学をなさしめた⁽³⁵⁾」ので、就学児童は増加し、1895年（明治28）には渡慶次及び古堅に分校を設置した。1890年代末には読谷山間切を含む中頭郡の義務教育の就学率は50％を超え⁽³⁶⁾、1901年（明治34）、読谷山尋常高等小学校は職員の「熱心勉励の結果」「成績佳良の小学校」であるとして奈良原繁知事より奨励品を授与されるに至っている⁽³⁷⁾。1902年（明治35）元旦の「琉球新報」は、「三十四年県内事略」の中で、1900年（明治33）の「小学校令改正」による授業料不徴収と教育費負担の軽減の実現が、「人民の向学心非常の速度を以て増進し就学者の数頓に増加」したと伝えている⁽³⁸⁾。同記事によると、就学率の上昇に伴い、校舎・教員不足が問題となっていること、応急措置的に無資格教員の採用の拡大を図ること、等を伝える内容であり、「教員補充計画」「小学校教員検定試験」が当面の課題になっている。

ところで、このような沖縄県下の小学校の「未曾有の膨張」のなかで読谷山間切の学事は特筆に値する就学率の高水準を示していた。1902年（明治35）5月、「読谷山間切学事の進歩は実に予想の外にして国民教育の普及せること他郡区に其比を見ず国民教育の普及県下に冠絶せりといふも過言にあらざるなり」と紹介され、間切内の3校総計の就学率は99％を超えていた。なお、記事は読谷山間切の高い就学率の理由として、師範学校出身の間切長と各小学校長の奨励督促が功を奏していることを付け加えており⁽³⁹⁾、教員のなかにも出席率の低迷は教育上の効果が期待できないとして「教員ハ単ニ教授ニ熱心スルバカリデナク大ニ其学級ノ児童出席ノ督励ニ心ヲ用ヒネバナラナイ⁽⁴⁰⁾」と述べていた。間切や学校挙げての就学督促は、この後、より具体的な方法を伴って振興され、集落においても積極的に取り組まれるようになる。

具体的に言えば、1903年（明治36）、読谷山尋常小学校は、児童出席奨励規程により児童を表彰する等して就学奨励策を始め⁽⁴¹⁾、間切内の3校とも出席率は常に県下で上位を占めていた。この間切内学校の就学率の高水準の維持は、渡慶次尋常小学校の出席奨励会の開催や出席奨励旗の活用によるものであった。前者の出席奨励会とは、校区

内の6村（当時の村は、現在の字・区に相当）の就学率を公表し競い合わせることで順位付けし、就学率の向上を狙うものであった。たとえば、1907年（明治40）3月2日に開催された「渡慶次校の出席奨励会」をみると、「児童出席奨励の為め毎月一回奨励会を開催」しているもので、各村毎の出席率順に「一等から六等」まで順位付けしていた。出席奨励旗の活用とは、集落毎の就学率の公表や毎月の出席率の順位により色分けされた旗を登校時にもたせることで就学を集落ぐるみで競い合わせていたものである。奨励旗は、毎月の出席率の順位によって、一等赤・二等黄・三等紫・四等濃青・五等薄青・六等白と色分けされ、六等の白旗は「降参旗」「サナジ（ふんどし）旗」といって嫌がられた[42]、という。

　尋常科6年の義務教育の実施（1907年）後、1909年（明治42）12月23日、読谷山尋常小学校は「父兄懇話会」「幻灯会」を開催し、学事奨励に関わる事項について話し合う等、後に結成される学事奨励会の原型が、この頃、誕生していた[43]。この「父兄懇話会」等は、学校と家庭との意思疎通、学事の奨励や村民の教導啓発を目的としたものであり、学校区内の各字においても開催された。校長や教員は、各字に出向き、学校教育の必要性を説き、欠席や遅刻等に関する注意を促し、学校における「成績品」を鼓舞奨励したのである。その後、村内3校の出席率の優劣が新聞紙上を賑わすほどになる。1912年（明治45）6月4日の新聞報道は、渡慶次校の出席率が良いのは、字内に学事奨励会の会員が出席を督促しているからである、と記している[44]。この渡慶次の学事奨励会は、区長や学務委員、字の有志者から構成されている。会員は、学校から配布された出席歩合の資料を字内に配り、歩合の優劣を競い合わせることで結果的に就学率の向上を図っていたのである。読谷村渡慶次では、これまで単に「児童出席」「出席奨励」と新聞に記されていたが、この頃から学事奨励会の名称が使われるようになり、各学校の出席率の向上が最大の話題であったことがわかる。

　これらのことから、校長・教員等の学校関係者による就学奨励と就学率の公表による競争を基本とした集落総ぐるみの就学奨励策は、集落内の児童を近代学校に向かわせるものになったといえる。しかも、

この頃に学校にて開催された「父兄懇話会」や「幻灯会」は、校長や教員による住民に対する「教導啓発」を主旨として、児童の学事の奨励を迫るものであった。こうした学校・集落総ぐるみの就学督促態勢のなかで、学事奨励会が成立し、以後、同会の働きかけにより就学率及び出席率の維持・向上がめざされたのである。

第4節　読谷村における学事奨励会の結成と修学策の展開

1. 読谷村同窓会と読谷山小学校区の学事奨励会

　読谷村では、1913年（大正2年）から翌年にかけて区民の動きを組織する動向が本格化する。それは、読谷山同窓会規則の制定（1913年）と読谷山小学校区の学事奨励会の結成（1914年）に続き、同校区の字波平の学事奨励会の結成に現れた。前者の同窓会は、読谷山村内小学校卒業生により組織され（同会規則第2条）、「教育勅語及び戊申詔書の御趣旨を奉体して智徳を修養し身体を鍛錬し協同自治勤勉力行を旨とし村内の隆盛を図るを以て目的」（同会規則第1条）としている。同窓会の事業は、夜学会の開設等の学術の講習、身体の鍛錬等の他に、児童少年の保護善導、学齢児童修学の督励、貧困者に対する金品又は勢力の補助等が規定されている[45]。

　また、読谷山小学校区の学事奨励会は、旧制中等学校以上に進学する生徒に対する学資金の低利貸付や奨励金給付を主たる目的としたものである[46]。この学事奨励会は、同校卒業式当日、各区長協議の席上「渡慶次古堅両校の学事奨励会基本金の事」に触発され、「学校当局作製の案を中心として審議に審議を重ね、はじめて学事奨励会の規程完成」したものである。同会は、「金壱圓以上ノ寄付者ヲ以テ組織」され、寄附金による基金の利子をもって運営された。同規程の内容をみれば、「出席、学力、品行、佳良ナル児童二賞品ヲ授与ス」「在籍児童ノ学力平均点及ビ出席歩合ヲ調査シ上位ヲ占ムル字二賞与ス」「本学区内出身

ノ中等学校以上ノ学生ノ奨励及ビ学資ノ補助ヲナス」「学事ニ功績アル者ヲ表彰ス」等と規定し（規程第3条）、「学区内ノ学事ヲ奨励スルヲ以テ目的」とすることを明らかにしている（規程第2条）[47]。

　これら同窓会や学校区の学事奨励会の設立は、卒業生を含む集落民が区内の児童の近代学校への就学や修学保障を前面に打ち出した育英奨学金制度の確立を意味した。また貧困者に対する金品等の付与による最低限の就学保障策をもちながら、なお、学力平均点や出席歩合等の成績が良好な字に対しては「賞」するという明確な方針をもっていたのである。これら同窓会規則や学校区の学事奨励会は、児童の就学率の維持・向上と「修学」を促す装置として機能し、"わが村"から上級学校へ進学者を送り出し、集落総ぐるみで近代学校へ児童を向かわせたのである。こうした集落の就学督促態勢は、給付金等により貧困を理由とした就学への障壁を取り除こうとしたのであり、就学率の維持・向上を修学策の振興をもって実質化したのである。

　読谷山小学校に在職していた眞喜屋實重（1910年4月〜1921年10月）は、「中等学校入学の勧誘にはまた骨が折れました。何しろ大正の初頃には中等学校在籍者は全村を通じて五指にも足りない有様」であり、学校に対する保護者の理解が十分でなかったことを述懐している。続けて眞喜屋は、学事奨励会の結成と同会の基本金運用による学校備品の購入や中等学校への奨励を図ったことが、中等学校入学者の増加につながったと証言している[48]。先にみたように、学校区の学事奨励会は、旧制中等学校以上に進学する生徒に対して学資金の低利貸付や奨励金給付をすることで、学習の継続を促し修学させる働きをしたのである。なお、読谷山小学校卒業者の内、中等学校入学者は1918年（大正7）は11名、1919年は6名、1920年は5名と続き、1918年から1932年（昭和7）までの15年間で82名の入学者を数えている[49]。眞喜屋の言う「大正の初頃は五指にも足らない」状況から、大正中頃には毎年複数名の中等学校入学者がみられ、単に就学督促策の振興だけではなく、同窓会規則と学校区の学事奨励会の育英奨学活動が児童の「修学」を支えた。

　読谷山同窓会や小学校区の活動が展開していく中、読谷村渡慶次で

学事奨励会が発足し（1912年）、後述する字波平区の学事奨励会の結成（1918年）が続く等、明治末期から大正前期にかけて学事奨励会は次々と設立された。これら学事奨励会は、各集落における児童の就学や出席を奨励しつつ、「修学」を支える実質的な学資援助を図る等の具体的な働きかけを行った。その結果、1915年（大正4）から1917年（大正6）の間の児童出席率は98％を超え、中頭郡内でも最上位の位置にあったのである[50]。このようにみてくると、結成初期の学事奨励会は、児童の就学率や出席率を競い合わせるものであったが、学資援助等の実質的な学校「修学」機能を付与しながら児童の就学を保障し、上級学校への進学を促す働きを始めたものといえる。

2. 字波平の学事奨励会の結成

　字波平は、当時、村内で最も人口の多い字であり、読谷山小学校の校区であった。この波平においても、1918年（大正7）3月、読谷山小学校の学事奨励会に倣い、区民は各戸別の寄付をもとに基本金を造成し学事奨励会を発足させた[51]。字波平の基本金は、低利貸付の学資・生産資金・生活資金・住宅建築資金のために活用されたり、利子金は総会の賞品代に充てられたり、余分がある時は基本金に繰り込まれた。また、学事奨励会の総会は年1回3月に開催され、各戸一人宛の会費を徴収して酒肴代及び雑費にあて、児童生徒、優位な班への賞与費は利子金を充てたのである。

　「字波平学事奨励会規程」をみると、字波平学事奨励会は、「当字の学事を奨励することを目的」（第1条）とし、その目的を達成するための事項として、「1、出席、学力、品行佳良なる児童に賞品を授与する　2、児童、生徒の学力平均点及び出席歩合を調査し上位を占める班に賞与する　3、当字出身の中等学校以上の学生の奨励及び学資の補助をする　4、学事に功績ある者を表彰する　5、其の他本会の目的を達成するため必要なる事業をする」（第3条）と規定している。「規程」の内容から、区（字）内の児童生徒の学力向上及び出席率・進学率の向上をめざし、学事奨励会はそれらを支援する地域の教育団体的な性格を有していた。なお、字波平の学事奨励会は、会員の選挙により選

出された会長・副会長各1名、輪番制の班長が5人、書記は字書記が兼任、評議員は各班長、各組長の構成で運営されていた。これをみると、字波平の学事奨励会の会長や副会長の役員は民主的な手続きをふみながら選出され、輪番制で区民が会運営に関わることで区民にひらかれた組織となっている。また、村屋（現在の字公民館）書記が学事奨励会書記を兼ねていることから、村屋と字の学事奨励会は組織的なつながりをもちながら活動を展開したのである。

　字の学事奨励会や村域の同窓会が設立されるなかで、村内では、青年会やその他の教育団体による出席奨励や進学奨励の活動が行われていた。字高志保（たかしほ）青年会は、「就学児童の出席奨励学齢児童の就学奨励をなし年一回又は二回児童全体の出席調査を行ひ成績順にて賞与」し、「高等科へ入学するものは筆紙墨代毎学期一円を給」した「功績」により中頭郡にて表彰されている[52]。また、村内の青年会や婦人会は、産業や学事の奨励、風俗の改善等においても活発な活動を展開していた[53]。このようにみてくると、明治期に発足した学事奨励会は、出席奨励・就学奨励をめざし、その後、学力向上や上級学校への進学を支援する性格を帯びるようになるが、青年会その他の教育団体による就学奨励もひろく行われていたことにも留意すべきであろう。

小結

　本章は、近代公教育制度の導入後の沖縄の集落社会で、明治政府・沖縄県の就学督促策の振興のもとで結成された学事奨励会がいかなる目的と機能をもって展開したのか、また児童の「就学」及び「修学」と関わって同会の果たした役割はいかなるものであったのかについて検討してきた。本章で明らかにした点をまとめると以下の通りである。

　第一に、そもそも学事奨励会は、主に首里や那覇の旧士族層のなかから生まれ、その主たる目的は、児童の育英奨学を促進するという「修学」機能を中心に展開したものであって、地方の学事奨励会でみられ

た就学率の維持・向上を図る就学督促策をもつものではなかった。旧士族層は、近代公教育をいち早く受け入れ、各門中の資金（資源）力をもって子弟の学歴獲得をめざし、新たな時代を生き抜く術（＝学歴）を見出していたともいえる。それゆえ、児童の学事を奨励するシステムを準備し、「修学」機能を上手く使いながら、近代学校に柔軟に対応する姿勢をみせたのである。ここでの「修学」機能は、当然、旧士族の子弟を対象としたものであり、門中のみの育英奨学の活動であった。一方、地方の学事奨励会では、国家政策の強制的な「就学」策を受けながら、教育関係者等による就学督促と相まって就学率の公表等による競争原理を巧みに使い、集落総ぐるみでこれを支持し、集落内の就学督促態勢をつくりだした。また、青年会による学習会や夜学会、あるいは壮丁教育が各地域で盛んに行われるが、これらと学事奨励会がむすびつきながら官民挙げての県民皆学の態勢が整えられた。こうして学事奨励会は、当時の沖縄社会における皆学態勢をつくりながら住民の関心を近代学校へ向かわせ、就学の機会を保障する地域の教育組織として集落のなかで定着したのである。

　第二に、集落社会の学事奨励会は、校区単位と集落毎に重層的に成立し、児童の「就学」の督促を図りつつ、他の教育諸団体との連携のなかで「修学」を保障すべく育英奨学の機能を併せもつようになった。これは、児童に近代公教育を受けさせるためには、強制的な「就学」機能だけでは不十分であったため、「修学」機能が付加されたとみるべきであろう。学事奨励会の児童に対する「修学」援助機能は、「就学率」を実質的に支えるものとなり、上級学校への進学者を送り出す態勢を集落内で形成したものといえる。以上のことから、明治政府の教育政策は、義務教育制度の整備と拡充に向けられたが、沖縄においては近代学校への就学率・出席率を実質的に押し上げるという、近代公教育の内実をつくりだしたのは、集落内の就学督促態勢やこれを象徴する学事奨励会の存在であったといえる。こうして、学校の設立と関わって、集落社会で学事奨励会が生成されたことは、まさしく明治期の沖縄社会において教育的・文化的な地域組織（地域の教育力の土台）の形成が図られたことを意味した。

第三に、学事奨励会の「就学」機能に「修学」機能を付加し、育英奨学機能としての役割を果たしながら集落のなかで根付かさせたことは、"わが村"の明日の担い手を集落総ぐるみで育成しようとする住民の意思の表れであった。また、公的機関による就学奨励制度が未整備な時代にあって、集落における学資資金制度の確立と運用は、近代公教育を児童に受けさせる機会の拡充に少なからず貢献を果たしたものといえる。換言すれば、"わが村"の発展のためには新教育を受けさせる機会を保障することが大切であり、そのためには、集落独自の「就学」と「修学」の機能をもって支援していくことの重要性が区民に認識されたといえるのではないだろうか。この地域教育支援ともいえる機能には、沖縄の集落独自の相互扶助と共同体意識が根底に流れていて、集落内の強固な地縁・血縁関係のつながりを基盤としたものである。

　学事奨励会は、今日においても、読谷村を含む沖縄県内でその存在がいくつか確認できるが、明治期の学事奨励会の果たした役割がどのような形で引き継がれているのか、あるいは受け継がれていないかについては、第2章で明らかにしたい。

注及び引用文献

(1) 平原春好「戦前日本の義務教育法制」有倉遼吉編『教育法学の課題』総合労働研究所、1974年、147頁。
(2) 明治政府の置県後の沖縄県政の重点施策は、新教育の導入と定着であり、近代教育を象徴する小学校を県全域に設立し、住民の児童の就学を促した。しかし、旧藩時代の「村学校（筆算稽古所）」を「日本（やまと）学校」へ塗り替えた。"箱物"の近代学校は設立されたものの、沖縄人の就学拒否は強かった。その主たる理由は、農耕・漁業・家事労働へ従事している児童の実状や住民の普通教育に対する意識の希薄さ、あるいは教員が大和人であるが故に学校及び教員に対して「恐怖心」を抱いていたためである（阿波根直誠「教育の諸問題」沖縄県『沖縄県史』第1巻、1976年、303〜305頁）。
(3) 間切（まぎり）は、琉球王国時代から存在した沖縄独自の行政区画単位である。現在の市町村の区画にほぼ相当する。「間」は、場所・方面のこと、「切」は、区切る、区切られたもの（区画）の意味だと解されている（高良倉吉解説、沖縄大百科事典刊行事務局編集『沖縄大百科事典（下巻）』沖縄タイムス社、1983年、508頁）。詳細は、比嘉春潮著『新稿沖縄の歴史』三一書房、1970年、439〜442頁。1907年（明40）、勅令第46号沖縄県及島嶼町村制が示され、翌1908年、間切は廃止された。
(4) 浅野誠は、県組織を挙げての就学督促のなかで、就学奨励の住民組織として学事奨励会が各集落単位で設立され、児童の就学を支える動向として広がりをみせたと述べている（浅野誠著『沖縄県の教育史』思文閣出版、1991年、199頁）。
(5) 小林文人「沖縄における集落（字）育英奨学活動の展開－字誌等を通しての研究覚書－」（「東アジア社会教育研究」編集委員会編『東アジア社会教育研究』第10号、2005年、所収）。県外における動向の一例としては、学務委員・校長による就学督促、保護者の「談話会」（児童母の会）による就学奨励（守山市誌さん委員会編『守山市誌 教育編』ぎょうせい、1997年、85〜90頁）、村長・学務委員・私立教育会による就学奨励（西脇市史編纂委員会編『西脇市史 本篇』1983年、795〜800頁）、県や町村当局の就学督励や就学奨励のための婦人教育懇談会の開催（小川町編『小川町の歴史 通史編』下巻、ぎょうせい、2003年、230頁）等、明治政府の就学奨励策を促進するための教育諸団体や行政による取り組みはみられるが、沖縄の学事奨励会のような集落独自の就学督促態勢はみられない。
(6) 文部省『学制百年史（記述編、資料編共）』帝国地方行政学会、1972年、321頁。
(7) 波平恒男「教育の普及と同化の論理」（財団法人沖縄県文化振興会史料編集室編『沖縄県史 各論編 第五巻 近代』沖縄県教育委員会、2011年、所収、502〜503頁）。
(8)「琉球教育」第2号、1895年（明治28）12月（州立ハワイ大学西塚邦雄編『琉球教育』第1巻、本邦書籍株式会社、1980年、所収）。
(9)「琉球教育」第50号、1900年（明治33）2月（『琉球教育』第5巻、所収）。
(10)「琉球教育」第88号、1903年（明治36）10月（『琉球教育』第9巻、所収）。
(11)「琉球教育」第55号、1900年（明治33）7月（『琉球教育』第6巻、所収）。
(12)「琉球教育」第72号、1902年（明治35）3月（『琉球教育』第8巻、所収）。
(13) 沖縄県『沖縄懸学事第17年報』1900年（明治33）、62頁（『県史郷土関係資料 六』

所収、うるま市教育委員会図書館市史編さん係所蔵)。
(14) 『沖縄懸令達類纂 二』1906年(明治39)4月、310～331頁(うるま市教育委員会図書館市史編さん係所蔵。原本は那覇市文化局所蔵「横内家文書」)。
(15) 「琉球教育」第67号、1901年(明治34)10月(『琉球教育』第7巻、所収)。
(16) 「琉球教育」第108号、1905年(明治38)6月(『琉球教育』第11巻、所収)。
(17) 浅野誠「明治中期における小学校の就学実態の一例の検討－沖縄県西表校にみる－」琉球大学教育学部『琉球大学教育学紀要』第26集第1部、1983年、291頁。通学率は、実質就学率(＝就学率×出席率で算出)を意味する。
(18) 「琉球新報」1899年(明治32)4月11日。なお、本章引用の「琉球新報」「沖縄毎日新聞」記事は、全て、琉球大学附属図書館所蔵のマイクロ資料からの転写、うるま市教育委員会図書館市史編さん係所蔵の複写を活用した。
(19) 「琉球新報」1902年(明治35)4月3日。那覇・首里区等の旧士族の学事奨励会としては、現在、久米士族を祖とする「久米国鼎会」や「久米崇聖会」、梁氏呉江会がある。公益法人「久米国鼎会」や「久米崇聖会」は育英事業や学事奨励、郷土文化振興のための事業等を主たる事業として進め(久米毛氏四百年記念誌編纂事業分科会編纂『久米毛氏四百年記念誌』2008年)、また梁氏呉江会は、児童の教育・育英・福祉の増進のために「共同貯蓄の制を考案して、門中模合制度による資金の造成を期し、現在の共有財産たる土地を購入」したりしている(梁氏呉江会「梁氏呉江会設立趣意書」及び「梁氏呉江会育英資金貸与規程」)。梁氏呉江会の目的は、共有財産の維持・管理・運営により門中員相互の親睦と福祉を図り、もって門中の向上発展を期するのであるから、門中児童の居住地を問わず、同会の学事奨励会においては賞品や奨励金は一律に授与されている(梁氏呉江会十周年記念事業実行委員会編『呉江会の永遠の発展を祈念して』1991年)。このように旧士族の学事奨励会の目的は、門中の発展を第一にしている。なお、県外においては、1877年(明治10)年以降の育英奨学団体の主流は旧藩主による育英団体で(明治12年・加越能育英会、同14年・芸備協会、同15年・豊前育英会等)、これらの多くは奨学金を支給したり、寄宿舎を設けて地方出身の児童の教育にも力を入れた(日本近代教育史事典編集委員会編『日本近代教育史事典』平凡社、1971年、54頁)。
(20) 「琉球新報」1901年(明治33)3月19日。
(21) 真境名安興著『沖縄教育史要』沖縄書籍販売社、1965年、138～140頁。
(22) 「琉球新報」1900年(明治33)4月5日。
(23) 「琉球教育」第65号、1901年(明治34)8月(『琉球教育』第7巻、所収)。
(24) 「琉球新報」1901年(明治34)1月21日。
(25) 同上。
(26) 同上。「琉球新報」1900年(明治33)11月29日及び粟国村村史編纂委員編『粟国村誌』1984年、参照。
(27) 国頭郡教育会『沖縄県国頭郡志』沖縄出版会、1919年(大正8)、160頁。
(28) 「琉球新報」1902年(明治35)5月21日。
(29) 「琉球新報」1908年(明治41)6月6日。
(30) 「琉球新報」1910年(明治43)9月1日。
(31) 「琉球新報」1908年(明治41)6月15日。

(32) 前掲、『沖縄県の教育史』203頁。
(33) 近藤健一郎著『近代沖縄における教育と国民統合』北海道大学出版社、2006年、26頁。
(34) 「琉球新報」1899年（明32）1月11日。
(35) 読谷村役所総務課編『村の歩み』1957年、35頁。
(36) 「琉球新報」1900年（明治33）5月5日。
(37) 「琉球新報」1901年（明治34）5月3日。
(38) 「琉球新報」1902年（明治35）1月1日。
(39) 「琉球新報」1902年（明治35）5月5日。
(40) 「琉球教育」第97号、1904年（明治37）7月（『琉球教育』第10巻、所収）。
(41) 前掲、『村の歩み』43頁。
(42) 長浜真勇「出席奨励旗について」（読谷村史編集委員会編『読谷村史 第二巻 戦前新聞集成 上』1986年、323頁）。沖縄本島の南部・島尻教育部会は、小学校児童の出席奨励のため児童出席奨励法を定めた。これは毎年優秀校に賞状と奨励旗（奨励旗は一等に名誉旗、二等三等に通常旗）を授与するものである（「琉球新報」1903年（明治36）4月11日）。
(43) 「沖縄毎日新聞」1909年（明治42）12月23日。
(44) 「琉球新報」1912年（明治45）6月4日。
(45) 「沖縄毎日新聞」1913年（大正2）4月1日。
(46) 新垣秀吉編『波平の歩み』波平公民館、1969年、69頁。『波平の歩み』は、古老からの聞き取り、字の住民提供の資料等をもとに、新垣らが中心となって編集・執筆したものである。
(47) 読谷山小学校『創立五十周年記念誌（複製本）』1932年（昭和7）11月、26～30頁（読谷村史編集室蔵）。
(48) 同上、52～53頁。
(49) 同上、24～25頁。近年、集落社会における学事奨励金制度の制定とこれの活用による人材育成の状況を明らかにしたものとして、国頭村奥の共同店の報告がある。奥共同店は、大正の初期頃から、義務教育以上の学校教育を受けようとする優秀な者に対する、無利子あるいは低利子での貸付制度を始めていた。また、学事奨励規定を設け、中等学校生等に対して学資補助を行い、多くの人材を育ててきた（奥共同店『創立百周年記念誌』2008年、123～124頁）。
(50) 「琉球新報」1915年（大正4）3月19日、1917年（大正6）4月18日、1917年（大正6）8月10日、1917年（大正6）8月27日。
(51) 前掲、『波平の歩み』69～70頁。『波平の歩み』では、読谷で最も早く結成された学事奨励会は、読谷山小学校区を中心とした学事奨励会であると記されているが（大正3年7月）、同著所収の「字波平学事奨励会規程」は、「大正3年4月から施行」とあり、読谷山小学校区の学事奨励会よりも結成が先である。
(52) 「琉球新報」1915年（大正4）3月12日。
(53) 「琉球新報」1916年（大正5）11月15日。字楚辺では、1929年（昭和4）、住民の学事向上と人材輩出のために「学事向上同志会」を結成し、出資金と積立金を基金とした学資の無利子貸付制度を創設した、という（読谷村字楚辺『記念誌』1962年、20頁）。『記念誌』は「学事」に関する内容を詳細に記録しているが、根拠資料は提示されていない。池原昌徳ら編集委員による聞き取り調査・執筆によるものである。

第2章

学事奨励会の再生と教育隣組の結成

学事奨励会 読谷村字比謝 1990年（読谷村史編集室所蔵）

第2章 学事奨励会の再生と教育隣組の結成

　第1章でみたように、1872年（明治5）の学制以降、明治政府・沖縄県庁（県庁設置は1879年）は、沖縄に近代学校を設立し児童の就学率の向上を最大の関心事としていた。地方では、府県の役員・学区取締・区戸長・巡査を動員して学校への就学を督促したり、就労や家事労働で就学できない児童のために夜間や農閑期、休日等に開設する特別学級等を設けたりして、就学率向上のための様々な対策が実施された。明治政府にとって、沖縄は、近代日本への「同化」政策の対象であり、その「同化」の手段のひとつとして学校とそこで行われる教育が重要であった。当然、児童は近代学校への就学を期待された。沖縄で最も早く近代学校が設立されたのは、那覇と首里であり、そこを中心に居住している旧士族門中は、学事奨励会なる組織を設立し、子弟を学校へ送り込むのであった。その後、学事奨励会は、地方の各集落において次々と組織化された。同会は、毎年、成績優秀の児童に賞品授与の式を行い、児童の向学心を育成するとともに、集落内の班や集落間、学校間の就学率を競い合わせることで就学率を押し上げる役割を果たした。また一方では、学齢児童の修学の奨励や中等学校進学者に対して学資金の貸し付けや奨励金制度の確立を通して、就学援助の機能を併せもっていたのである。こうして戦前の学事奨励会は、集落共同社会総ぐるみで児童を学校へ向かわせ、就学させる機能をもっていた。当然、民衆の学校教育に対する関心も高まり、近代公教育を下から支える組織として機能していたといえる。

　ところで、学事奨励会の大正期から昭和前期における実態について

は、関係資料の散逸により十分な把握が出来ていない。しかし沖縄戦が始まる昭和前期まで、集落の組織として学事奨励会は存在していたことを示す資料が残されている。たとえば、読谷村字高志保の1932年度（昭和7）以降の「予算決算書綴」には、1944年度（昭和19）まで学事奨励費が組み込まれ、毎年、同会が開催されていた軌跡がみられる[1]。戦況が逼迫してくると、学事奨励会は、縮小・廃止の道を辿るが、戦後、村の復興、いわゆるシマ興しのなかで学事奨励会は息を吹き返し、集落で再生され、その姿をみせる。区民は、シマの復興の一環として教育復興に取り組み、その復興のモデルを戦前の学事奨励会に求めたのである。では、この戦後再生した学事奨励会は、シマの復興期においてどのような役割を果たしたのであろうか。また1960年代に入ると、沖縄の各集落で結成される教育隣組という地域組織運動が起こるが、既存の組織としての学事奨励会との関係はどのようなものであったのであろうか。

　本章では、上記の課題意識をふまえ、まず読谷村における学事奨励会の再生と実際の活動状況、及び同会の運営をめぐる議論を整理しながら、学事奨励会と戦後の地域教育運動の象徴とも言える教育隣組との関係について明らかにする。また読谷村と同じく沖縄本島の中頭地区に位置する具志川市（現在のうるま市）の教育隣組の結成過程と地域教育実践について考察を加えることで、教育隣組の性格を明らかにすることを目的としている。

第1節　戦後復興と学事奨励会の再生　読谷村の場合

　1946年（昭和21）8月、軍政府より旧集落への帰村が認められた読谷村民は、廃墟のなかから生活の立て直しを始めた。同年12月、村内で初めて読谷初等学校並びに読谷初等学校高志保分校（後の渡慶次初等学校→現在の渡慶次小学校）が民政府より認可され、区民による校舎の建設が始まった。個人所有の森林から木材を伐採し、軍払下の天

幕で囲った教室を区民総がかりで建設したのである。「1950年迄、何処の学校も土間に草葺の粗末な校舎」「低くて通風採光も悪く、夏はあつくて暗く窓もなく、冬は寒くただ雨露を凌ぐに足るという位」の馬小屋教室であったが[2]、子どもたちはこうした粗末な学校に通い始めた。一方、各集落では、学校後援会や学事奨励会の結成を始めとする学校支援・地域文化復興の動きが活発化していた。

　ここで渡慶次区の場合をみてみよう。読谷村近隣の石川、コザ、前原、宜野座等に分散居住していた区民は、1947年（昭和22）11月、旧集落へ移動を始め、翌年4月には渡慶次の字事務所（集落公民館）を区内に新築した。区（字）の復興の拠点となる事務所の完成により、以後、様々な生活文化的な事業が再開された。区主催の出産祝賀会（1948年）、区の復興会設立（1949年）、区の獅子・竈（がん）の完成（1950年）等である。渡慶次区では、戦前の区の行事の復活に着手しつつ、教育復興と関わるものとして、1950年6月、学事奨励会発足準備委員会を組織して発会式を行い、翌年の3月に第一回学事奨励会を開催している。同区では、区民による学校再建に引き続き、戦後の学事奨励会を発足させ、成績順の学力賞や出席賞を設けて賞品授与を行っている。この学事奨励会の姿は、まさしく戦前のそれの再現であり、区民は、

読谷村字渡慶次　ラジオ体操　年代不明（読谷村史編集室所蔵）

教育復興のひとつの手がかりとして戦前の学事奨励会の復活を求めたのである。字誌の『渡慶次の歩み』は、当時の状況を次のように描写している[3]。

　一九五一年三月十七日第一回学事奨励会を行う。すべての物資が乏しいだけに特に学用品（ノート等）は那覇に行かないと求められない。生徒への賞品授与は学力賞、出席賞に賞品（ノート）を上げたが、学力賞は優、良、可に分けて優だけ生徒数の約四分一、六〇名程度で出席賞はもっと少なく、四〇名位だった。一般賞は白紙を上げたが、白紙を四〆購入して学事委員会で十枚づつ数えて上げたのは今も忘れない。

渡慶次では、生徒の学力と出席の奨励を目的とする学事奨励会は、1960年代においてもみられ、「字ごとに競いながら成績や出席率を上げ、上級学校への進学を奨励するといった催し物[4]」であった。こうした字の子どもの学力や出席に関わる取り組みが行われる一方、帰宅時間を守らせることで、不良化防止対策と計画的な学習時間の確保が図られるとして字の補導員による補導活動が行われるようになった。

渡慶次小学校の校区である宇座区では、渡慶次区と同年の1951年4月に学事奨励会を開催している。参加者は区民、教育委員、役所三役、小中高校教諭、後援会長ら二百余名であり、開催場所は渡慶次小学校である。当時の学事奨励会は次のように行われた[5]。

　　奨励の方法
一、学生（ハイスクール）寸志・全一人宛一金壱百円也を贈る
　　右全西洋ノート一冊宛を授与せり、
二、中初校生徒に一般賞ノート一冊（常欠除く）
　　学力優等賞（平均八十点以上）ノート一冊
　　出席賞（一ケ年間に於ける皆勤賞ノート）
　　役員賞（中初校の役員）ノート二冊宛、
　　基金積立

一、奨励会員決議の上寄付募集をせり
二、寄付総金額壱万八千五百六拾円也、
三、賞品増入金額参千九百四拾円也、
四、差引金額は会員の決議上、貸付けを実施す（但し利息は月利壱千円につき参拾円也）
　但し、家庭貧困にして進学のため借用する者に対しては其のかぎりにあらず
　役員
　役員は会員決議に依り其の現区役員之を兼任す但し、副会長は、学校職員より選定す。

　宇座区の学事奨励会は、渡慶次区と同様に学力優等賞や出席賞等を設けて児童を奨励し、また、育英制度の原型ともいえる貸し付け制の規程を設けていた。戦後、読谷村の育英会条例が制定されたのは、1954年（昭和29）8月のことであるから、これよりも先に宇座区では独自の学資貸付制を成立させ、区内の児童生徒の就学の便を図っていたのである。同時期、村内の他の集落においても学事奨励会の結成の動きがみられた。楚辺区では、「宮城照明氏が発起人となつて元あった学事向上同志会に代る学事奨励会を組織したが賛同者が多く会員も百余名[6]」を数え、古堅区では、全ての世帯による子弟の励まし合い、勉学を高める意をもって学事奨励会が開催され、区の予算と区民、篤志家の寄付によって運営された[7]。このように1951年（昭和26）以降は、読谷村内での学事奨励会の再生が相次いだ年であり、それは、戦前の学事奨励会の活動内容を踏襲したものであった。区民は、シマを興しながら、教育復興のために校舎の建築と子どもを学校に通わせる地域支援組織として学事奨励会を設立したのである。こうした教育復興運動の背景には、読谷中学校の設置（1949年）、読谷高等学校の現敷地への校舎移転完了（1949年）という学校整備が図られる一方、長浜区への移住許可、都屋地区移動の完了（1950年）、伊良皆・比謝・大湾地区への移住許可（1951年）等、元の村民が続々と帰村し、シマを復興させる人材が集まってきたからである。

こうした教育復興の動きのなかで、区の婦人会が積極的に関わりながら学事奨励会を開催した地区もある。座喜味区である。同区在住の松田武雄（1927年生）は、戦後の学事奨励会の結成の状況について次のように証言している[8]。少々長いが引用する。

　戦争が終わって、座喜味の人たちは、引き上げてくるけど、直ぐには、元の座喜味の屋敷には入ることができないわけ。仮住まいの部落だった東川（トーガー）って所で、2×4（ツーバイフォー）の仮設住宅で住み始め、学校に行き始めるけど、早速、集会所みたいな所で、綱引きや相撲、芝居などの楽しい行事や学事奨励会のようなものも始まったね。当時は、字事務所とはいわなかったね。ただ、最初、食料の配給所が集会所とは違う場所にあったけど、後は一緒になっていたな。この頃は、もちろん、食料事情は厳しいし、物は何もない時代だったから、褒美らしい褒美はあまりなかったと思うんだが。戦争で家族を失った人も多いもんだから、楽しめる娯楽的な行事の相撲や芝居なんかも結構やっていたね。トーガーから元の座喜味に帰ってくると、事務所を建て、また、いろんな行事が始まったさ。学事奨励会も始まったけど、戦前は、字事務所の区長が主催しての字の行事として取り組んだが、戦後は、字の行事であることに変わりはないけど、婦人会が相当力を発揮して運営していたね。学校への出席や成績のこともあったけど、成績のことについては取り上げることがだんだん少なくなり、ノートなんかの賞品が子どもに渡されると、子どもの踊りや歌なんかも始まったり、講師のお話なんかがあったね。

（傍点－筆者）

　旧座喜味区民に対して仮住まいの東川から座喜味区への移動許可が下りたのは、1951年（昭和26）である。松田は、それ以前の東川生活において、すでに区民による娯楽的な行事や学事奨励に関わる行事が行われていたことを証言している。上記の証言のなかで注目されるのは、区の主催で学事奨励会が始まったこと、婦人会の支援により学事奨励会は維持され、出席奨励及び学業表彰以外にも娯楽・レクリエー

ション的な活動も始まったこと、である。松田は、学事奨励会の実質的な運営は婦人会であったと述べているが、当時の婦人会は、集落のなかで生活改善を始めとする戦後の復興・村興し運動を精力的に進め、区主催の様々な諸行事に対しても協力的であった[9]。

1950年代の区婦人会の活動を例示すれば、生活環境浄化運動、座喜味区エイサーの復活運動、赤ちゃんコンクールの開催、新生活運動等、多岐にわたる。子をもつ母親は、生活の改善と子どもの教育に大きな関心を寄せただけではなく、婦人会という組織力を駆使して集落の復興に参画していくのである。こうした村興し運動のなかで学事奨励会の活動は始まり、一定の蓄積をみせるのである。1960年代に入ると、行政指導のなかで教育隣組の結成指導が行われ、地域教育活動の担い手である婦人会は、子どもの生活環境の改善のために教育隣組に期待した。なお、座喜味区の婦人会と教育隣組との関わりについては、次節で詳細に検討する。

第2節　地域婦人会と教育隣組の結成

ムラの再生と復興の動きが急速に展開していく一方で、沖縄の集落では、米軍の"銃剣とブルトーザー"による土地の強制接収と軍事施設・基地の建設が進められた。基地の存在は、沖縄住民の生命や財産を侵害するだけではなく、子どもの人権、健やかな成長・発達という側面からみても、実にさまざまな問題を内包していたのである（「表1. 子どもへの人権侵害事件」参照）。この点について、『沖縄教職員会16年』（屋良朝苗編著）は、基地環境が子どもたちに及ぼす影響について次のように述べている[10]。

「戦後数年たった頃から、子どもたちに対する不健全な基地環境の悪影響が著しくあらわれ始めた。青少年の不良化が目立ち始め、それも、年々質が悪化し量も拡大し、年齢層は低下する一方、集団化

の傾向をおびてきた。また、朝鮮戦争の勃発頃から基地は膨張し道路の交通量は激増してきたので、交通禍からも子どもたちの安全を守らねばならなくなった」。

表1．子どもへの人権侵害事件

日付	出来事
1945. 9	安座間スミ子ちゃん轢殺事件（勝連村）
1947. 3	真和志小学校不発弾爆発事故（那覇市）
1948. 8	LCT弾薬処理船の爆発事故（伊江島）
1952.10	学童轢殺事件（美里村）
1955. 9	由美子ちゃん暴行殺害事件（石川市）
1955. 9	S子ちゃん暴行事件（具志川市）
1956. 9	6少女轢殺事件（佐敷村）
1959. 6	宮森小学校ジェット機墜落事件（石川市）
1963. 2	国場秀夫君轢殺事件（那覇市）
1965. 6	棚原隆子ちゃん圧死事件（読谷村）
1970. 5	女子高校生刺傷事件（具志川市）

子どもの遊び場を作るTD18型車　ブラウン伍長代理運転
場所不明　1959年（沖縄県公文書館所蔵）

基地環境の影響による青少年の非行化のみならず、1955年（昭和30）9月に発生した米兵による幼女殺害事件、いわゆる「由美子ちゃん事件」にみられるような米軍人による犯罪と基地被害が激増するなかで、沖縄教職員会（屋良朝苗初代会長）は、沖縄子どもを守る会の結成を提唱し組織的な教育運動を展開し始めていた。沖縄子どもを守る会（1953年12月結成、初代会長：屋良朝苗）の基本目標は、次の通りであった。①子どもの人権を否定する一切の悪い影響と条件を取り除くために努める、②会の団結のきずな、諸団体との結びつきを強める、特に子どもを守る大衆との結びつきを強める、③子どもの自治活動を助ける、④問題児の問題を正しく解決するために努める、⑤子どもを守るための調査・研究・広報宣伝を行う[11]。同会は結成の翌年1月には、環境の浄化を図り、青少年の自主性の確立を助成しもって児童の保護とその増進を図ることを目的として、各地区で児童問題協議会を開催する等、地道な啓蒙活動を精力的に進めながら、1958年（昭和33）には、教育隣組の結成を提唱し、家庭・地域ぐるみで子どもの健全育成を図っていく構想を具体的に提示したのであった。教育隣組活動の基本的な柱としては、以下の三点である。1. 環境づくりの推進体となる、2. 子どもの健全育成を推進する、3. 大人自身の研修の場にする。

　沖縄子どもを守る会が地域レベルでの組織的な教育隣組運動を展開すると、行政部のなかでもこれを推進する施策が行われた。1962年、琉球政府総務局

沖縄子どもを守る会の募金運動で設立された沖縄少年会館（那覇市、1966年）（沖縄県公文書館所蔵）

60　第2章　学事奨励会の再生と教育隣組の結成

の指導で各市町村単位に「青少年健全育成協議会」が結成され、その後、文教局社会教育課は、市町村単位または支部単位に「青少年健全育成モデル地区」を指定し、そのなかで教育隣組の結成指導を始めた。

　読谷村ではすでに各集落においてほぼ学事奨励会が結成されていたが、教育隣組を組織していくなかで、その後、学事奨励会の活動内容や位置づけをめぐって議論されるようになる。子どもを守る会の事務局長であり教育隣組の提唱者であった池原早苗（嘉手納町出身）は、1961年（昭和36）に村立喜名小学校のPTA総会における講演を皮切りに、1962年の喜名小学校区婦人会講演、1963年の楚辺区、座喜味区、高志保区、波平区の各学事奨励会、村の婦人幹部研修会、伊良皆婦人会、渡慶次区公民館、都屋区公民館、宇座区公民館において精力的に講演活動を行っている[12]。当時の池原の講演内容については不明であるが、1960年代の子どもを守る会の中心的な課題が地域における教育隣組の結成指導であることを考えれば、読谷村の講演会においても各集落における教育隣組の結成を呼びかけているものと推察できる。なお、池原は、1966年（昭和41）の喜名公民館、儀間公民館、都屋区の教育隣組発表会においても講演を行っている[13]。

　こうして教育隣組の結成と運動に関する機運が盛り上がるなか、読谷区教育委員会は、児童生徒の学力向上及び防犯対策のため1964年度から村内の4区（波平区、渡慶次区、座喜味区、楚辺区）の教育隣組を指定し補助金を支出してモデル的教育隣組の育成事業を始めた。区教育委員会の掲げる教育隣組の「努力目標」は、主に共通語励行、貯蓄励行、挨拶励行等の子どもの生活習慣の改善であり、また、「子供の全生活の指導を主眼に教育環境を整備すること」、「全員が喜んで参加でき根気づよく継続していける運営」、「組織の強化と共によろこんで学習できる環境をつくる」ことが目指された。つまるところ、集落社会全体で子どもの健全育成のために生活環境の整備に取り組もうとしたのである[14]。

　ところで、区教育委員会指定の教育隣組のなかで最も活発であった座喜味区は、指定以前の1962年に婦人会や集落出身の教師を中心に教育隣組が組織化され、そこでは、夕刻の1時間、輪番制で子どもの学習

状況を巡視する活動を実施したり、毎月1弗(ドル)模合を開催していた。前節で述べたように、戦後、座喜味区の婦人会は、いち早く生活改善運動に取り組み、様々な"村おこし"事業に関わってきたが、こうした座喜味婦人会の活動に対して読谷村は優良婦人会として表彰し（1954年）、その後も座喜味婦人会は、郷土エイサーを復活させたり、新生活運動の一環として家計簿記帳・貯蓄運動を推進する等して、地域の生活及び教育文化運動に大きな役割を果たしていくのである。

　座喜味婦人会が地域の教育活動と関わったものとしては、先述した学事奨励会の再結成があり、また教育隣組の結成がある。座喜味では、1962年（昭和37）、婦人会役員によって教育隣組が組織され、区（字）内の各班・各組は独自に活動を始め、翌年には字全体の教育隣組が連携して活動を進めた。婦人会は集落のPTA総会や教育隣組の総会に参加し、不良化防止対策、家庭における学習巡視の方策等の議論をしながら、定例連絡会にて学事奨励会のもち方についても議論を重ねていく。1960年代前半の座喜味区の教育隣組の活動をみれば、家庭学習や学力向上に関わる問題や家庭での躾け問題、子どもの健康と食改善等に関する話題が多く、学事奨励会の企画運営についても教育隣組の会合のなかで議論されていた。このように当時の関係資料からは、教育隣組の運営に関する議論が活発であるが、一方で学事奨励会に関しての議論は決定的に少ない。地域の教育問題を取り上げ、そこに切り込み議論を主導していたのは明らかに地域の婦人会であり、その婦人会は、子どもの直面する教育諸問題に対してその活路を拓くのは、教育隣組であると認識していたのである。しかも議論の中心は、子どもの学力問題と標準語励行運動であった。

　東京都台東区の研究教員を終えた松田武雄は、1962年から翌年にかけて座喜味区の教育隣組の会合に幾度も呼ばれ、学力向上や言葉使い、学習のさせ方、夏休みの生活指導についての講話を行っている[15]。

　　　子どもの学力向上についてはよく話しましたね。やはり東京の学校で研究教員を終えたばかりの頃だったので、言葉使いと学力のことについては関心がありました。この頃には、座喜味には教育隣組

があったもんですから、呼ばれましたね。学力のことは学校に任せておけばいいというだけではなくて、家庭や地域でも標準語を使いましょう、奨励しようという話を教育隣組の親向けに話しましたね。でもけして方言を止めましょうということはなかったですね。自分たちの小学校時代は戦前だから、「方言札」があったけど、戦後のこの時には座喜味には「方言札」はありませんでした。また、夏休み前には、学校に行っているときと同じように生活のリズムを乱さないことが大切だよという話を子ども向けに話した憶えがありますよ。

松田の証言にみられるように、1960年代に入ると、家庭学習の習慣化を図るための学習巡視やこれとリンクするかたちで学力問題及び標準語の問題が教育隣組活動の正面に据えられていく。つまり、教育隣組という活動は、子どもを守る会の問題意識を引き継ぎながらも、読谷村においては「学力」を中心にすえた活動にシフトした[16]。当時、座喜味区の婦人会長であった与久田芳子（1962年度）は、この学力保障に関わる活動が、教育隣組の初期の主たる内容であったことについて、次のように語っている[17]。

　会活動で、今でも脳裏に焼きついているのが教育隣組の結成でした。最初は外で遊んでいる子供達を、お家の中で、机に向かわす習慣から始めました。勉強のできる環境をつくろうという目的で、一つの班を、四組に分けて、組長を置きました。五時の時報と共に、公民館より、マイクで呼びかけて、夕方の時間帯を交替で各家庭を巡視し、部落全体に協力してもらいました。年間の計画を立てて、毎月二十日は定例会としました。会の後は、部落出身の先生方と共に、反省会をもちました。各班ごとの海水浴や、親子手作りのクリスマスパーティーやソフトボール大会など、ルールも知らない親たちに、松田武雄先生から、ルールを教えて頂き、一度もバットを手にしたこともない母親たちが、子供達と共にチームを作り、各班対抗の試合を読中のグランドで、珍プレー続出の試合をやり、校庭いっぱい笑いころげたのも楽しい思い出です。

与久田の証言から、結成された教育隣組は、家庭における子どもの学習習慣を身に付けさせることを主眼としながらも、娯楽的・レクレーション的な行事を計画・実施することで、子どもや保護者の参加を促す工夫が凝らされていた。こうした教育隣組の活動内容は、読谷区教育委員会から指定を受けた後も継続された。波平秀（1964年度、座喜味区婦人会長）は、次のように述べている[18]。

　　当時の座喜味区はモデル教育隣組に指定され活動が盛んでした。毎月二十日は、教育隣組の定例日で字の先生方も出席され色々と御指導下さいました。家庭学習をさせるために勉強時間をきめて、公民館から五時の鐘を合図に父母たちが交替で毎日各家庭を巡視しました。あのころは学校、父母、地域が一体となって、子供の教育にみんなが一生懸命な時代だったと思います。その他に毎月の定例会、清掃検査、赤ちゃんコンクール、婦人の視察研修等がありました。

　読谷区教育委員会は、1960年から村内各字で教育隣組の結成指導を行うが、教育委員会による指定を設けて強力に結成を推進するのは、1964年度以降である。読谷区教育委員会の『1966年指定教育隣組実績発表（資料集）』は、指定教育隣組の個々の結成時の状況から具体的な活動及び成果と課題点を記録している。これによると、座喜味区長は、その成果として「子供達が親の巡視なしで家庭で学習活動出来るようになり、子供会の自主的な活動何よりも一般区民の教育面に対する深い認識と理解が深くなつたこと」、「目に見えて学力が向上し、生徒の活動が自主的になつて来た。又以前と変りなく問題児がいない」ことを挙げている。その一方で、「活動的リーダーの養成」「字の教育面の予算をふやし隣組活動への補助金増額」「子供の勉強だけでなく部落全体として住みよい部落作りに発展させること」が課題として報告されている[19]。このように座喜味区の地域教育課題は、子どもの学習環境づくりであったり、不良化防止対策といったものであり、これらの課題解決のために婦人会が主導しながら教育隣組が結成され、活動が展開されてきたのである。教育隣組は、子どもの学力保障に関わる

活動を進めながら、地域の教育課題と格闘していたのである。こうしたなかで、成績毎の賞品授与等を「行事化」している学事奨励会に対して見直しと検討が行われるのである。

第3節　学事奨励会をめぐる議論

　読谷区教育委員会指定の教育隣組の実践は、区民の教育隣組に対する関心を高め、教育隣組が地域教育組織として定着していく軌跡をみせた。不良化防止対策においても教育隣組は重要な役割を果たし、子どもの自主性や学力の向上においても効果がみられたとして積極的な評価が目立つ。一方、教育隣組の結成や定着が図られていくなかで、指定区又は区内の教育隣組連絡協議会においては、学事奨励会の開催方法及び内容について検討している点が注目できる。これは、戦後再生した学事奨励会の存在とその機能に対しての問い直しである。しかも、その問い直しの契機は、教育委員会指定の教育隣組実践発表のなかで議論され、明らかになったのである。字の行事として定着していた学事奨励会の運営については、教育隣組の連絡協議会や教育隣組長会の場で議論されているのが特徴的であり、字の地域教育組織として機能していた教育隣組やそれを支える役員は、子どもと関わる組織のこれからのあり方についても討議を深めていた。

　たとえば、1964年度（昭和39）の高志保区の記録をみると、教育隣組の結成や定着について一定の成果を見せながら、高志保の「学事奨励会の持ち方について」が検討されている。検討内容は、学事奨励会を産業共進会とは別に開催すること、児童の作品展示や会での余興はなるべく児童本意であること、教師に学校の教育方針について講話を依頼すること等を課題として挙げている[20]。また1966年度の都屋区の教育隣組長会では、「学事奨励会の持ち方」について議論され、結論として「子ども中心の運営を考えたい」との方向性を打ち出している[21]。「児童本意（高志保）」、「子ども中心の運営（都屋）」の文言が

65

出されているということは、学事奨励会の内容の形式化・儀式化に対しての見直しを迫るものであり、学事奨励会の活動を子どもの手による運営へ転換していくことが期待されていたといえるであろう。

　1965年度（昭和40）の宇座区の教育隣組長連絡協議会の議論は、学事奨励会において児童の作品を展示すること、余興として生徒会の出演があること、教育隣組の経過実施について各組長は発表すること、であった。実際、同年4月に開催された学事奨励会では、学事報告、学事成績の賞品授与、展示会作品の賞品授与、父兄と先生方と教育に関する懇談、余興は生徒会の各組より出演、児童生徒の作品展示、作文、図工、書道、手芸品、全生徒1点以上の出品、各組長は教育隣組の経過発表について発表、育英会発足並びに会則の審議決定が行われた[22]。このように学事奨励会には、学事報告や賞品授与以外にも様々な催し物が加味されるようになり、子どもが主体的に運営に関わり、内容についても子どもの参加が模索されていたのである[23]。渡慶次区の学事奨励会では、「もち方も大分変り学力賞、出席賞等非民主的なやり方を廃止し進学賞として上げ」るようになり、「生徒中心の会の持ち方を行い、紅白マンジューとコーラーで生徒、父兄みんなが一諸に楽しく出来るような会の持ち方になった[24]」のである。こうして学事奨励会は、戦後、子どもを主体とした地域教育組織のなかで批判的に検討が加えられていくなかで変化を遂げるのであった。換言すれば、学事奨励会の活動に対して、次第に子どもの主体的な活動が期待されるようになり、学力や出席に関わる表彰については、陰をひそめるようになる。すなわち、学事奨励会を特徴づけた学力や出席率の競争主義の性格は、子ども主体の活動へと切り替えられるなかで、必然的に薄められ、台頭してきた教育隣組の行事へと埋没していくのである。

　このように、読谷村の教育隣組は、行政指導による結成と定着過程をみせながら、子どもの不良化防止・防犯的な性格と学力向上を目指す地域の教育組織として機能してきた。その一方、学事奨励会は、活動そのものに対して批判的な検討が加えられ、新たな地域教育運動として展開した教育隣組運動の影に隠れた感がある。では、次に隣村の

具志川村の事例を通して、戦後の学事奨励会の結成とその後の地域の教育組織として成立した教育隣組の関係について検討する。

読谷村字渡慶次　学事奨励会　1984年（読谷村史編集室所蔵）

第4節　教育隣組の結成の意義と性格　具志川村の場合

1. 具志川村にみる教育隣組の結成と活動

　1949年（昭和24）10月、琉球米軍政長官に就任したシーツ少将は、沖縄本島全域にわたる恒久的な米軍基地化を進め、以後、沖縄の軍事基地は極東における防共基地（keystone of the paciffic）として重要な位置を占めることになる。とりわけ、沖縄本島中部地域（中頭郡）は、戦前は屈指の砂糖生産地が多く純農村地域であったが、米軍の沖縄占領と同時に基地及び関連施設の建設用地が強制的に軍事接収されたのを始め、続く1953年（昭和28）4月の布令109号「土地収用令」の公布・施行以後、立ち退き移動した住民は、基地周辺外の居住地に集中

集積するようになった。そこでは、「基地集落」、「基地の町」と称すべき、石川市、コザ市、宜野湾市、具志川村、浦添市等の特殊な「基地的都市」が形成されるに至った。米軍の沖縄占領初期、総面積の70％の土地を軍用地接収となったコザ市（1956年市制施行）は、住民の治安維持、不安の除去を目的に軍人軍属を相手とする「八重島特飲街」（1950年）の設立やAサイン（Approvedの略、米軍から風俗営業を許可された店）のバー、キャバレー、スチームハウス、レストラン、ホテル、Pawn Shop（質屋）等の商業店舗が建設されるにしたがい、米兵相手の売春地域の広がりや住宅街にも「特殊婦人」が間借りをする等、地域における子どもの生活環境は劣悪であった。

　コザ市の隣村、具志川村（1968年市制施行）は、戦前、県下一の砂糖生産地として栄えた純農村であったが、敗戦後は軍事基地及び米軍施設が、字具志川、田場、天願、宇堅、西原の各集落に建設され、基地経済を基盤にすえた「基地の街」へと変貌を遂げた新商工都市として生まれ変わり、そのため、基地被害が続出していた[25]。

　市昇格前の村の情況は人口三万九千余、市街地の商工人口は

コザセンター通り　基地の街　1963年（沖縄県公文書館所蔵）

二万八千人となり、全人口にたいする7割近くを占め、村の中心地は都市的形態を形成しつつあった。なかでも、字平良川及び安慶名の地区は、Aサイン・バーをはじめとする米兵相手の飲食店が軒を連ね、昼夜を問わず米軍兵が酒に酔ってふざけたり、ホステスがいかがわしい姿で町をたむろしていたりして、子どもたちの健全育成に関して常に地域で問題となっていた。当時、前原地区の社会教育主事であった田場盛徳（1952〜1953年就任）は、そのときの状況について次のように証言している[26]。

「…沖縄の教育の場合、学校の先生方は一生懸命なんですが、地域環境があまりにも悪すぎる。学校の周辺に米軍のハーニーたちがいて昼間から酒を飲みビールを飲んで抱き合っているというような生活環境なんです。そして「教研」が始まったその頃までは長欠児が多いんです。いわゆる食べ物がなくて子どもたちは米軍の捨て場をあさったり靴みがきに出たり、ガム売りをしたり、生活のたしを作るために子ども等まで学校へ出さずにいるというのが非常に多い。…本当に各学校の長欠児の数の多さというものにびっくりもしますし、周辺の環境の悪さというものにびっくりしました。だから環境が悪ければ悪い程、父母やすべての大人の眼が子どもたちに向けられなければ、子どもたちは救われないということで地域でも「学事奨励会」を盛んに作らせてまいりました。」

田場は、劣悪な地域環境のなかで学校や地域は長欠児問題を抱えている状況で、その現状打開のためには、学校の計画による教育懇談会や地域の学事奨励会で親と教師が話し合い、語り合うことによって大人の教育に対する関心や理解が深くなり、子どもの出席や学力問題も向上するものと考えていた[27]。教師は子どもの長欠や非行問題に頭を抱え、それで必然的に地域の学事奨励会の結成にも参加していた。田場は、長欠や非行問題の対策のひとつとして学事奨励会に注目したのである。また学校での取り組みとしては、出席奨励会を実施することで、子どもや親の関心を学校出席に向けさせることであった。宮城英

次(昭和7年生)は、田場小学校勤務の1950年代、学校での取り組みや地域の学事奨励会について次のように述懐している[28]。

「私が田場小学校に勤務していた頃には、すでに地域で農事奨励会と学事奨励会がありました。農事奨励会は、農産物の展示や優良生産者を表彰するものでした。当時の田場小学校の校区は、上江洲、太田、田場、安慶名、赤野がありましたが、それぞれの地域で農事や学事奨励会がありました。教師は、それぞれの地区の割り当てがあり、学事奨励会の開催の時には出席したり、また、各字別の出席率や試験の成績の公表を行いました。字の事務所(現在の字公民館)や学校でも張り出したりしていました。各字対抗でしたね。学校の先生方の間では、出席率と学力の相関関係が話し合われていました。こうしたこともあって、地域での教育懇談会も頻繁に開催され、先生方もそこへ出席しました。先生方の多くは、具志川出身でしたので、自分の出身の字に配置されました。当時の子どもたちは、鉛筆やノート等の学習用具がなかったので、字で、これらを準備して、学事奨励会の席で子どもたちに渡しました。この学事奨励会は、字の行事として行われていて、年に1回程、行われました。」

宮城の証言で興味深いのは、字の行事としてすでに学事奨励会が開催されていたことである。農産物の生産を奨励する農事奨励会と並んで学事奨励会が開催され、地域ぐるみで子どもを学校へ向かわせる方策がとられていたのである。その後、1960年代に入ると教育隣組なる地域教育組織が展開するが、これについては、社会教育主事による結成指導が強力に行われていた。宮城は、続けて次のように述べている。

「1960年頃、私は、あげな小学校に転勤しておりました。その頃には、あげな小学校の校区内で教育隣組の活動が行われていました。学校の先生方も、それぞれの教育隣組の担当となっていました。1967年に、教育委員会の社会教育主事に着任しましたが、地域での教育隣組の結成指導を担当しました。地域で開催される学事奨励会

には、呼ばれると出席しましたが、教育隣組には、我々、社会教育主事が直接関わり、また学校の校長や教頭、生徒指導の先生方も参加しました。」

　宮城の証言によると、学事奨励会は字の行事として存在していたが、あらたな地域教育組織として登場する教育隣組の結成については、区民や学校関係者が集い、地域の教育問題を議論していくなかで成立していた、という。また教育隣組の結成には、字公民館とのつながりがみられる。たとえば、具志川村公民館の社会部は、「夜間の街頭補導や部落懇談会をもち、各部落へ教育隣組をつくって青少年の健全育成に努め」、各字の公民館とつながりながら活動を推進していた[29]。このように、地域での教育隣組の結成には、教育委員会社会教育課や学校関係者の働きかけや公民館とのつながりがあったことがわかる。

　さて、先の田場盛徳は、社会教育主事を歴任したのち、字平良川に位置する具志川中学校の教頭に就任するが（1954〜1957年9月）、そこで、同中の全通学区域の集落に教師を配置し、父母とともに地域の環境から子どもたちをいかにして守るのかという問題意識をもちながら地域懇談会を何度も重ねあげていく。そして、そのなかから長欠児の解消と子どもの学力保障を願う父母と教師との協力体制のもとで教育隣組の結成が図られたことを語っている[30]。その頃、社会教育主事として活躍し各地域の教育懇談会に出席していた照屋寛吉も同様に、学校長を含む各集落担当教師が教育隣組の組織化について熱心に指導してきた経過を証言し[31]、教育隣組の結成に先導的な役割を果たしたのは教師であったことを明らかにしている。しかも、照屋は、公民館の予算のなかに「教育隣組指導費」が計上され、教育隣組育成に関する研修会の開催等を通して具体的な結成指導がおこなわれてきた、とも述べている。

　たとえば、公民館活動のなかでも特に社会部と教養部は、教育隣組の結成及び育成に関して活発な活動を展開し、地域活動の拠点として重要な役割を担っていた。まず、字公民館社会部の主な任務は、①教育の振興及び青少年の補導、②公共施設の計画実施、③環境衛生、④

体育・レクリエーション、⑤治安の維持であったが、とりわけ、青少年を非行から守る環境整備が急務とされ、社会部の活動の中心はその点におかれた。したがって、部の年間事業計画も、教育懇談会による啓蒙活動と警察の協力を得ながら街頭補導を実施することから始まった。

　他方、公民館教養部の活動のなかにも興味ある実践が生まれていた。字具志川の地区では、教育隣組結成の準備段階ともいえる、「母親と女教師の会」や公民館教養部主催の「婦人学級」において、子どもの学力及び基本的な生活習慣の改善等についての活発な議論が展開され、それを経たのち、教育隣組が結成していく過程がみられた[32]。しかも、公民館教養部としては、「婦人学級」の開催のみならず、映写学習（フィルム・フォーラム）や教育懇談会等を頻繁に開催することによって、地域父母の教育的関心を高める努力を地道に続けてきたのであった。そして、教育隣組結成後は、これの育成・強化を教養部の活動のひとつとして位置づけた点が注目された。

　以上のことから、地域住民と教師の協力のもとで教育隣組は結実していったのであり、しかも公民館活動の一環として位置づけられ、活動が深められていくなかで確実に地域のなかに根づいていった。その後、教育隣組は各地区で次々に誕生していき、1968〜1970年にかけて結成のピークをむかえている[33]。ところで、教育隣組結成初期の主たる活動内容をみてみると、1. 環境整備、2. 不良化防止対策、3. 団体登校の指導、4. 夏休みの生活指導、5. 夜間補導、6. 家庭学習の奨励・強化及び巡回学習、7. 学事奨励会、8. 親子レク大会、9. 教育懇談会等であった。以上の活動内容は、明らかに、教育隣組結成の主たる動機であった子どもの健全育成と学力保障のための具体的方策であった。特に、子どもの学力を保障するという目的のために家庭学習の奨励・強化策がとられているが、なかには、読谷村でもみられたような、教育隣組内で輪番制により各家庭を巡回し子どもが学習しているかどうかを確かめる巡回学習指導、いわば、「学習監視役」といえるものまで出現していた[34]。そこで1971年2月、教育委員会主催の「教育隣組指導者研修会」においては、かかる実践も含めて「内容面の刷新」が討議され、学習指導に重点を置いた活動は、子どもが主体的に育つこと

ができず活動も低迷している、といった報告もみられ、一定の広がりと実践の深まりをみせつつあった教育隣組ではあったが、その運営のあり方や活動内容をめぐる問題も顕在化してきたのであった。

2. 復帰後の実践活動の特徴と諸問題

　沖縄の日本復帰後、県教育庁社会教育課は、PTA研究資料として『教育隣組の活動－PTAの地域集会活動のために－』を発刊するが、それの付録には「子ども会の手引」が集録されている。続けて、県社会教育課は、『子ども会の育成』を発刊し、子ども会の結成と地域的展開を期待した。これらの資料から示唆されることは、沖縄の復帰後、県の主導で地域における子ども会の組織化が急速に図られたのではないか、ということである。

　こうした背景をもとに、1970年代の実践の第一の特徴は、子どもの主体的な活動を期待する子ども会の結成と育成が図られ、教育隣組は同会の後ろだてとなり、力添えをする育成者としての役割を果してきた事例が数多く出てきたことである。教育隣組結成初期の活動内容は、子どもを中心においた行事ではあったが、その企画運営は父母の手によるものであって、子どもは各種行事に「出席する」のみであった。こうした企画運営のもとでは、子どもが責任をもって主体的な活動をすることは期待できないという考えが父母のなかに定着し、子ども会の結成が一層進むのであった。なかでも、字あげな地区の「なかよし教育隣組」は、小学校高学年生を中心とした「子ども会幹部研修会」（1975年8月）を開催することで本格的なリーダー養成に乗り出し、積極的に子ども会を育成する教育隣組として注目された。以後、市自体も地域の子ども会のリーダー養成に関して計画的に取り組むようになった。

　第二の特徴は、教育隣組の活動内容のなかに父母の学習を主体とした取り組みがみられるようになったことである。たとえば、父母の参加を促す役目と話し合いの場の役割をもつ教育模合（お金を出し合って教育の施設・設備等の整備に充てる）の実践、父母の学習と親睦を深める教育懇談会、父の集い、母の集い、家庭教育・非行防止に関す

る映写と話し合い、または親子懇談会等も実践するようになってきた。しかも父母主体の学習会を積み重ねていくなかで、子どもの健やかな成長発達のためには、教育隣組はいかなる活動を推進すべきであるかが真剣に検討されていたのである。そうした議論のなかから、子どもの生活環境も整備しなければならないという結論にたち、防犯燈やカーブミラーの設置要請とその実現を果たした字あげな地区の「まどか教育隣組」の実践（1977年）、あるいは横断歩道の設置要求を起こし、再三にわたる署名運動や請願行動のすえに実現していった字川崎地区の「若葉教育隣組」等のすぐれた実践例もみられるようになった[35]。

　第三の特徴は、継続的な教育隣組活動を運営していくための工夫・改善がみられたのも1970年代以降の特徴である。それは、行事運営に会員全員がかかわることで、役員の負担を軽減し教育隣組を身近な存在にすることに寄与したものといえる。また、各単位の活動のみではマンネリに陥るという指摘から、各単位相互の交流を図るために連絡協議会の結成の必要性が出され、1982年4月に「具志川市教育隣組連絡協議会」が結成されるに至った。

　第四の特徴は、親と子の交流や会員相互の親睦を図るための親子球技会、春の遠足、手芸・焼き物教室、写生会、水泳教室、キャンプ・ピクニック、月見会、お話し会、クリスマス・パーティー、凧あげ大会、書初め大会等が計画・実施されてきたことである。こうしてみると、子どもの健全育成と学力対策に重点がおかれがちであった1960年代の教育隣組の活動と比較して、娯楽趣味的行事や会員相互の交流をもつ側面も強くなったことがわかる。

　ところで、復帰後もなお、各教育隣組の実情に応じて創造的な活動が展開されてきたが、他方では、実践が深められていくにしたがい、教育隣組の組織運営のあり方に関して重要な問題が提起された[36]。

　それは一つ目に、指導者の確保及び育成者に関する問題である。これまでも教育隣組の指導者不足は指摘されてきたが、それは今日でも同様であり、教育隣組を活性化させる際の解決すべき問題となっている。なお、教師のなかには教育隣組の実践のなかで重要な位置を占め、指導的立場にある者も少なくなかったが、その後の広域人事交流や近

年の教師の多忙化の状況のなかで積極的に地域活動にかかわることが困難になってきたことも付け加えておきたい。

　二つ目に、豊かな教育隣組活動を展開していくためには財政の確立が不可欠であるが、予算が少ないうえ、教育委員会からの補助額も僅かである。そのため、年間の行事運営のための予算をいかに確保するかが課題となっている。現在、字川崎地区の場合は、自治公民館の組織機構のなかに教育隣組・子ども会を位置づけ、公民館からの助成金をもとに活動の活性化を図っている[37]。

　三つ目に、教育隣組活動は主として、小学生とその子をもつ母親の活動に委ねられることが多く、父親の参加率の低迷が常に指摘されてきた。また、子ども会における継続的・計画的な活動のためには中高校生のジュニア・リーダー及びシニア・リーダーとしての役割が重要視されているが[38]、近年の中高校生の部活動の活発化や通塾児童・生徒の増加で地域活動に積極的に参加できない状況がみられることも見逃せない。

　四つ目に、地域によっては、児童数の減少にともない、子ども会の吸収・合併問題が実際に起こり、活動そのものが維持できない状況も生まれてきていることである。

小結

　本章では、戦後、読谷村で再生された学事奨励会に焦点をあて、それの再生の道筋と同会の機能、そして1960年代に結成された教育隣組との関連・位置づけを考察してきた。また、教育隣組の結成の過程と同会の具体的な活動については、読谷村と具志川村の事例を取り上げた。考察の結果、明らかになった点は以下の通りである。

　第一に、読谷村内では、1950年代初頭に戦後復興の一環に位置づけられながら各集落で学事奨励会の再生がみられた。実際の内容は、座喜味区のように娯楽活動を含んで進めた集落もあったが、総じて成績

別の学力賞や出席賞を設けて子どもを奨励したり、あるいは、貸付を含む育英制度を発足させたものであった。渡慶次区や宇座区でみられた学力別による学力賞の授与方式は、戦前の学事奨励会のなかでひろく行われたものであり、その意味でも、学事奨励会は戦前のそれの再生に近いものであった、といえる。

　第二に、1960年代に子どもを守る会や行政部の指導で結成をみた教育隣組運動は、各集落のなかで子どもの健全育成や学習に関わる様々な活動を展開していく。教育隣組は家庭学習や学力向上に関わる問題、家庭での躾け問題、健康と食改善等に関する活動をしながら、学事奨励会の取り扱いについて教育隣組内での議論が活発化する。それは、学事奨励会の内容に対する検討であり、学力賞等は非民主的な方法として批判され、娯楽・レク的な内容を含むようになってきたことであった。こうして学事奨励会は区の行事として曖昧さを残しながら位置づき、一方では、教育隣組の活動が活発化したのである。

　第三に、教育隣組の結成においては、母親や地域の婦人会が中心であったことである。母親や女教師は、字の子どもの教育問題に向き合い、これらを改善するために教育隣組を結成したのである。その教育隣組は、琉球政府文教局の指導と沖縄教職員会・子どもを守る会の組織運動を背景に各地域で組織化されたものである。基地環境のなかにおかれた子どもを犯罪や事故から守るという、防犯的な性格を色濃くもつ地域組織体であり、実際の活動もそうであった。なお、優れた地域実践を重ねてきた教育隣組も、復帰後は、県主導の子ども会の結成が進み、教育隣組は子ども会の後ろだてとして期待されるようになった。

注及び引用文献

(1) 『昭和7年度以降 予算決算書綴 高志保区』(読谷村史編集室蔵)。
(2) 読谷村役所編『読谷村史』1969年、145頁。
(3) 『渡慶次の歩み』渡慶次公民館、1971年、145頁。
(4) 渡慶次字誌編集委員会編『続 渡慶次の歩み 下巻』渡慶次公民館、2010年、124頁。
(5) 新城平永(他)編『残波の里「宇座誌」』宇座区公民館、1974年、125〜126頁。
(6) 『読谷村字楚辺 記念誌』1962年、21頁。なお、学事向上同志会とは、戦前、区民の学事を向上させ、優秀な人材の輩出を目的に篤志家を募って結成したものであり、中等学校進学者に対して学資を無利子で貸し付けた。
(7) 読谷村字古堅『古堅誌』2007年、207〜208頁。
(8) 2007年1月8日、松田武雄宅(座喜味)にて聞き取り。なお、松田は、沖縄師範学校に入学するが沖縄戦により学業は中途し、戦後、沖縄文教学校・外国語学校速成科を経て教諭として歩み出す。小中学校教諭を経て、読谷村教育委員会社会教育主事として、学事奨励会や教育隣組・子ども会の活動、婦人会、老人会等の団体の指導にも関わる。
(9) 1957年度(昭和32)の座喜味区の婦人会長であった松田敬子は、婦人会独自の活動を進めながらも、子どもの生活環境や教育活動についても積極的に関わったことを証言している(2007年1月24日、於:松田宅 読谷村座喜味)。なお、座喜味婦人会の活動記録は、読谷村座喜味婦人会編集委員編『75周年記念誌』1990年に詳しい。
(10) 屋良朝苗編著『沖縄教職員会16年』労働旬報社、1968年、66頁。
(11) 同上、67頁。
(12) 拙著『戦後沖縄教育の軌跡』那覇出版社、1999年、212〜217頁。
(13) 同上、221頁。
(14) 読谷区教育委員会『1966年指定教育隣組実績発表(資料集)』1頁。
(15) 2007年1月8日、松田武雄宅にて聞き取り。1952年から始まった研究教員制度は、沖縄の教師を各都道府県の小・中・高校に配属し、半年間の研修を行った。帰任者は本土での研修成果を持ち帰り、積極的に研究活動や研究発表等を行い、教育実践面のリーダーとして活躍した(藤原幸男「研究教員制度」沖縄大百科事典刊行事務局編『沖縄大百科事典 中巻』沖縄タイムス社、1983年、31頁)。松田武雄も研究教員制度により本土派遣された教師であった。
(16) 橋本敏雄編著『沖縄 読谷村「自治」への挑戦－平和と福祉の地域づくり－』彩流社、2009年、168頁)。
(17) 前掲、『75周年記念誌』67頁。
(18) 同上、69〜70頁。
(19) 前掲、『1966年指定教育隣組実績発表(資料集)』9〜10頁。
(20) 同上、50頁。
(21) 同上、130頁。
(22) 同上、67〜68頁。
(23) 同上、130頁。1966年の読谷村都屋区の教育隣組長会では、学習活動、共通語励行、

挨拶、読書の奨励等の話題に加えて学事奨励会のもち方を検討し、子ども中心の運営を議論していた。
- (24) 前掲、『渡慶次の歩み』145頁。
- (25) 1961年12月7日、米軍嘉手納航空隊所属のジェット戦闘機が字川崎に墜落炎上し、死傷者合わせて9名にのぼる大惨事が起こり、1967年8月2日には、前原高校生れき殺事件が起きた（具志川市誌編纂委員会『具志川市誌』具志川市役所、1970年、P904～907）。
- (26) 沖縄教職員組合『沖教組教育研究集会30年の歩み』P 18。
- (27) 田場盛徳「社会教育の草わけ時代（下）」具志川市教育委員会編『広報社会教育』No64、1981年10月25日発行、642頁。
- (28) 宮城英次からの聞き取り調査による（2011年5月6日、於：うるま市立中央図書館）。
- (29) 大嶺自吉「公民館活動と青年会活動（上）」具志川市教育委員会編『広報社会教育』No69・70、1984年1月10日発行、36頁。
- (30) 田場盛徳からの聞き取り調査による（1989年12月26日、於田場宅）。
- (31) 照屋寛吉「立法後の社会教育（下）村公民館の活動を中心に」（具志川市教育委員会『広報社会教育 合冊版第二集』1983年、所収）P 777。
- (32) 元具志川小学校校長比嘉富美子からの聞き取り調査による（1990年1月10日、於具志川小学校）。
- (33) 具志川市教育委員会『広報社会教育 合冊版第一集』1983年、P81～85の「教育隣組一覧」を参照。
- (34) たとえば、字赤道地区の隣組の活動内容のなかには、「学習まわり」「家庭学習まわり」と称するものがあり（同上、P85）、こうした活動をしている地区は、家庭学習時間が一律に設けられていたり、「ただいま勉強中」等の札が玄関口に掲げられていた。
- (35) 具志川市教育委員会『第6回具志川市教育隣組研究集会』1980年3月9日、P25。
- (36) アンケート「具志川市における教育隣組ならびに地域子ども会活動の現状について（1981年9月実施）」（具志川市教育委員会『第8回具志川市教育隣組研究集会』1982年2月21日、P21）。仲村盛雄具志川市教育隣組（子ども会育成会）連絡協議会会長からの聞き取り調査による（1991年8月7日）。
- (37) 川崎自治公民館『平成二年度具志川市教育委員会指定モデル自治公民館報告書』P4。
- (38) 大嶺自吉（元県教育委員会社会教育主事）は、70年代初頭から子ども会における中高校生のジュニアリーダー及びシニアリーダーとしての役割を強調していた（大嶺自吉「子ども会活動について（上）（下）」『広報社会教育 合冊版第1集』）。

第3章

集落における子育ての共同事業
公民館幼稚園

今帰仁村双葉保育所 1960年（沖縄県公文書館所蔵）

第3章 集落における子育ての共同事業
公民館幼稚園

　沖縄の集落における教育的機能のなかでも、特に幼少の子どもに関わる機能にあらためて注目すれば、実に興味深い事実が存在する。それは、字公民館でひろく幼少の子どもを対象とした保育活動、あるいは幼稚園教育に近いことが行われていたことである。活動内容は、託児的・保育的な色彩の濃い活動もあれば、今日の幼稚園教育に類似している実践もあり、一概に括ることのできないものである。集落の就学前教育は未分化でありながら、確かに、小さな子どもの保育・教育に関わってきた。この字公民館附設の保育園・幼稚園ともいえる活動は、そもそも戦前の季節託児所を起点としていた。

　戦前の農村には、国や道府県の勧奨助成による"農繁期共同託児所（季節託児所）"が設立され、戦時下においては、既存の公私立幼稚園や託児所は戦時託児所へと再編成され、国家総動員体制の一翼を担っていた[1]。当然、日本の一地方たる沖縄の場合においても、字事務所（現在の字公民館）や集落内の共同作業場に"農繁期共同託児所"が設立され[2]、その後各地に三百余の季節保育所が誕生していたといわれている[3]。この季節保育所の設置主体は、圧倒的に字（区）立であり、沖縄全域でみると、字事務所の保育事業はかなりの程度定着していた[4]。特に、農村部の字事務所内での保育活動は、農業生産者にとって農作業に従事している間、託児先として貴重であった。字公民館の保育所（託児所）は、沖縄戦により灰燼に帰すが、他方、米軍政府補助金が交付され、軍政府による幼稚園の義務教育化政策が推進されたこ

とで、就学前教育は公教育制度として始動した。ところが、当時の軍政府は、長期的な展望を見据えた教育方針を策定できなかったこと、また教育関係の条件整備が不十分であったため、公立幼稚園の拡充整備は、大きく立ち後れることとなった。先行研究によれば、義務制として始まった幼稚園（教育）は、米軍政府補助金の打ち切りにより、多くの幼稚園は経営破綻し、各地域の字公民館の機能のなかにそれが包摂され、字公民館幼稚園の誕生をみたのであった[5]。区民は、戦前の字立託児所の経験もあって、字公民館内にあらためて託児所的な性格を有する幼稚園を設立したのである。

こうして字幼稚園では、異年齢の幼少児を対象に保育活動を行い、公立幼稚園が拡充整備されるまで沖縄の幼児教育・保育を底辺から支える地域の教育組織として存在した。つまり、字幼稚園は、集落の共同体意識を基底としながら自治的な意味で子どもの就学前教育を実質的に担い、後の公立幼稚園の実現を成り立たせる重要な系譜を形成したのではないかと考える。これらのことから、米軍政府の財政的な援助策の打ち切りは地域の幼稚園経営の崩壊を招いたが、集落共同社会は地域の切実な保育・教育問題としてこれをとらえ、字公民館の地域教育的機能のひとつとして就学前教育を受容することで活路を見出そうとしたのではないかと推測される。しかも字公民館幼稚園の就学前教育の経験は、後の公立幼稚園の実現という子どもの成長・発達を保障する公的な制度につながるものであったのではないだろうか。その視点からすれば、戦後沖縄の公立幼稚園の前史とも呼ぶべき字公民館幼稚園の成立過程とその展開について明らかにする研究上の意義が認められるだろう。

本章では、これらのことを基本的な課題意識としながら、次の三点を実証的に明らかにすることを目的としている。第一に、幼稚園経営の破綻後、なぜ、字公民館による幼稚園教育という選択が行われたのか、ということである。戦後沖縄の幼稚園の設立と義務化政策により拡充整備が図られた背景をふまえ、米軍政府の補助金打ち切りによって、字公民館の教育的な機能のひとつとして幼稚園教育が包摂された理由を明らかにする。第二に、1960年代に入り急速に広がる幼稚園の

公立化への運動の胎動理由を教育財政的な視点から明らかにする。字公民館のなかに幼稚園教育が包摂され、そこでの教育活動を営むなかで顕在化した財政的な問題の解決のために、就学前教育を公的な制度保障の対象として議論し、公立園が矢継ぎ早に設立されていく。本章では、沖縄島・具志川村（現在のうるま市）の字公民館幼稚園を事例として取り上げ、未認可幼稚園教育[6]を展開した字公民館の教育財政的な状況、問題点を明らかにすることで、公立化運動の胎動し始める理由についても考察する。第三に、公立園設立後、字幼稚園はどのような変遷を遂げたのか、という点である。1960年代後半から1970年代前半にみられる公立幼稚園（5歳児対象）の拡充は、沖縄の幼稚園教育の新たな夜明けをもたらすが、5歳児未満の保育については、保育施設の絶対数の不足が顕在化し入所待機園児の問題となって表面化した。こうした状況下で、5歳児未満の保育問題を集落で自治的に解決の方向で議論した末に、名称や対象幼児年齢を引き下げ、あらためて保育施設を運営した地域も存在する。字公民館幼児園の設立である。沖縄の日本復帰（1972年）前後には、公民館幼稚園の廃園→公立幼稚園の設立というベクトルだけではなく、公民館幼稚園を改園→公民館幼児園の設立という、もう一つの新たな自治的な地域教育組織を生み出したのである。特に、豊見城市（2002年4月市制施行）の場合、"自治会幼児園"と称して、今日に至るまで保育活動を継続している地域もある。自治会幼児園は、前史たる字公民館幼稚園の歴史的な教育遺産を受け継ぎながら、豊見城市や字の支援を得て保育活動を展開している点で注目に値する。戦後の字幼稚園史をふまえながら、就学前教育・保育施設の未整備の状況のなかで、字幼児園がどのようにして成立したのか、字の自治的な幼児教育・保育たる幼児園がどのようにして支えられてきたのか、関係資料や当時の証言をもとに検討する。なお、今日、字幼児園は、沖縄県内で数える程度の園数であるが、豊見城市の字幼児園と同様に地域活動を展開している名護市の字幼児園についても言及することで、地域における子育ての活動が地域住民に支えられながら存在してきた一端を明らかにする。

　本論では、字幼稚園と字幼児園について、以下のように区別して論

述している。

　字幼稚園　　字公民館幼稚園とも呼称される。戦前から戦後の公立園の未整備状況下で生まれた字公民館の附設園。小学校就学前の幼少の子ども（主に3～6歳）を対象としている。戦後沖縄の集落社会で存在が確認されている。字幼児園の前身である。

　字幼児園　　公私立園整備後、就学直前の子どもの多くは、これらを選択する。字幼児園は、字幼稚園を組み換えたもので、主に3～4歳の小さな子どもを対象としている。小学校入学前年の6歳児はいない。現在、県内で9園、存在している。

第1節　幼稚園の義務化と廃止
　　　　字公民館への幼稚園の包摂の背景

　1945年（昭和20）6月23日、沖縄戦における日本軍の組織的な戦闘が終結した。凄惨を極めた沖縄戦の終結後に残されたものは、沖縄全島にわたる焦土と化した無惨な姿であった。沖縄を吹き荒れた"鉄の暴風"は、軍民・軍属及び非戦闘員を含めた多数の死傷者を出し、戦後復興の担い手となるべき貴重な人材を失わせた。戦争の犠牲になった教師の数は、戦前の約3,000名中、21.7％を占める653名を数え、学校教育の担い手である人材難の事態は深刻であり、また学校施設は壊滅していた[7]。それゆえ、教師の養成を含む人材の育成・確保策の早急な策定と子どもの学びの場を保障する学校建設は、戦後の沖縄社会を構築するための重要かつ緊急な社会的要請であった。しかしながら、これら学校教育の条件整備は、義務教育たる初等中等学校を中心に整備が進み、就学前教育に至っては、以下に述べるように戦後初期の一時期を除けば、1960年代まで待たなければならなかった。戦後の沖縄で

は、小学校を始めとする学校の建設そのものが教育復興の象徴とされ、区民の関心もそこに向けられ、就学前の幼稚園の整備や保育園に関する議論は決定的に不足していた。それゆえ、就学前の子どもの保育・教育については、各集落に任せられたのである。

　1946年（昭和21）、米軍占領下の沖縄で初等学校令が公布され、沖縄の学校体系は幼稚園(1年)、初等学校(8年)、高等学校(4年)として出発した。日本本土では、六・三制の導入が検討されているなかで、沖縄では、いわゆる八・四制の学校制度の発足が考案され、幼稚園は各初等学校に併置され、義務制として出発した。つまり、軍政府は、少なくとも戦後初期においては、幼稚園の義務化による幼児教育を重視した政策を展開したのである[8]。沖縄群島を中心に急速な広がりをみせた幼稚園は、戦前の那覇・首里における「特に裕福な家庭の子弟のための教育機関[9]」であった幼稚園の性格と比して、全琉の幼児を対象とした公教育として開始した。公教育としての幼稚園教育の展開は、戦後混乱期のなかで幼児を世話する託児所の実現を待つ区民の要望でもあったが、実際の公立幼稚園の教育環境は貧弱であり、その実態は、園舎設備や教材教具もなく、青空教室の名の下に無資格者による保育・教育活動が行われているに過ぎなかった。この状況は宮古列島の伊良部島における人件費・運営費の保護者負担[10]、八重山群島の入園料・保育料に頼らざるを得ない運営となって現れ、沖縄全域で深刻化の様相を呈していた[11]。これら公立幼稚園をめぐる諸問題は、幼稚園設置基準や教員養成・資格付与に関わる事項等の法的整備の立ち後れや財政的な裏付けがないことが主因であるが、他方では、幼稚園設置数の量的拡大は進展した。当初、公立幼稚園は、初等学校の附属園という位置づけにより[12]、「初等学校と殆ど同数程度で翌四七年までは、公立幼稚園数の最も多かった時代[13]」である。実際、1947年4月の時点では、沖縄群島の幼稚園数129、初等学校141に対して、宮古列島は16と17、八重山列島は3と17である。同年1月の時点では、宮古列島・八重山列島には幼稚園はないことから、公立幼稚園の普及は、沖縄群島を中心に広がり、宮古・八重山諸島へと広がったものと推察される[14]。

ところがこうした公立幼稚園の量的拡大が図られているなか、軍政府副長官通知（1947年10月13日付）により、軍政府補助金は同年11月1日をもって突如打ち切られた。この補助金打ち切りの明確な理由については不明である。この措置に対して沖縄民政府に市町村によって「反対の覚書」が寄せられ、民政府官房長は、「市町村に移管しても監督は文教部でやると云ふこと[15]」を伝えたという。同年11月14日付の「うるま新報」は、「幼稚園経費　市町村負担」と題して次のような記事を掲載している[16]。

　去る十月十三日付知事宛　食料其の他の補給品売上収入　と題する指令の第三項により現在文教部下の幼稚園は戦前の如く各市町村が担任することになつた　指令によれば米国の琉球占領以前は幼稚園は各市町村が経営していたのであるが戦後沖縄の教育□直しのために幼稚園費も民政府予算のなかに組まれたのである　然るに沖縄の経済はその後各市町村に於ては市町村の経費を賄つて剰余を蓄積し得る程度に再建したのであるから十一月一日以降幼稚園の監督並にその経営費は利潤を含む一切の歳入により各市町村が負担し民政府予算はそのまま留保されることになつた　□は判読不可

(傍点－筆者)

　上記の新聞記事によれば、沖縄の経済は「市町村の経費を賄つて剰余を蓄積し得る程度に再建した」のであるから、幼稚園の経費については以後民政府からの支出はないとしている。しかし後述するように、各市町村の財政事情は厳しく幼稚園の財政負担を民政府に要望しているのが実情であり、軍政府による幼稚園経費の支出撤廃は、市町村財政の実態を十分把握し、勘案したものではなかった。また1948年（昭和23）4月に、沖縄でも新学制(六・三制)の施行に伴い、幼稚園の義務制が解かれると、市町村の財政貧困等を主たる理由にその運営がなお一層困難となった。戦後間もない自治体においては、財政が逼迫し域内の幼稚園に対して補填金を廃止せざるを得ない状況に追い込まれ、各初等学校附属幼稚園長（実際は初等学校長）は、町村長との折衝を

迫られた[17]。

　一方、文教部長の通知「幼稚園教員の俸給是正について（1948年8月16日）」が各市町村長並びに各幼稚園長に出され、幼稚園教員の俸給は市町村吏員の俸給に準じて支給されるべきことを要請している[18]。沖縄全地区市町村長協議会会長名で沖縄知事（志喜屋孝信）宛の「幼稚園の存続に関する陳情」（1949年3月2日）は、かかる状況のなかで出されたものである。陳情は「幼稚園の存続は教育上重要なる施設にして之が存廃は沖縄の民族将来に及ぼす影響」が甚大であること、「現在の市町村の財政は未だ確立されず、その見透し全くつかず、市町村は実に四苦八苦の窮状にあること」、したがって、「幼稚園は現在通り存置し、それに要する一切の費用は民政府に於て負担、沖縄教育の進展に御尽力下されたし」と続いている[19]。また同年3月29日には、沖縄民政府総務部長・文教部長の連名で「幼稚園の存続方について」の要望書が各市町村長・各初等学校長宛に出されている。要望書は、「幼稚園については其の教育的価値と終戦以来の好成績に照らし極めて重要なる教育機関」であるとし、その存続の方向性を探り、種々の対策を講ずることを要望している[20]。陳情は幼稚園経営にかかる財政負担は民政府の責任で行うべきとし[21]、要望書は、民政府の財政負担については一切言及せず、市町村長及び学校長の自助努力を促している点で相違がある。いずれにしても、これらの陳情や要望書は、沖縄群島を中心に展開し始めた幼稚園が非義務化と軍政府補助金の廃止により危機的状況に陥った状況を反映し、ついには公立幼稚園の存廃は市町村の財政事情により決定的に左右されることになった。

第2節　公立幼稚園の存廃問題と字公民館幼稚園の成立

　六・三制度導入に伴う幼稚園教育の非義務化と軍政府補助金の撤廃の中で、1949年（昭24）8月、各市町村長は幼稚園の存続に関する会議を開催した。会議では、「部落負担」や「父兄負担」、または「学事後

援会」によって幼稚園が継続されている実情が報告されている[22]。以下、引用は少し長いが、財政上困窮している幼稚園を集落共同社会としてどのように対応しているかを示す貴重な証言なので、挙げておく。

宜野座村長
　文教部長より幼稚園は廃止してもよい、但し幼稚園を廃止せよとの命令は出せないと官房長を通じて我々の所に公文が参つておるのであります。財政難と斗いながら我々は何とか幼稚園を存続せしめようと努力したのであります。遂に我々としては部落負担により幼稚園を維持しております。

会長（宮城久栄）
　民政府予算で幼稚園は経営して貰いたいと我々は当局に何回もお願いしたのであります。それにも拘らず幼稚園は市町村に移管になつた。其の後も市町村長の決議として我々は民政府による経営を唱えたが、それも駄目、結局財政困難な市町村では経営出来ないから廃止して父兄の負担で維持する様に申し合わせたのであつて、ゆがめられた多数決ではありません。

与那城村長
　（前略）終戦後米軍は義務教育として幼稚園を設立した事は有意義でした。売店売上金に余剰があると云う簡単な理由で村に移管せられた。その後自治財政に移り自立出来ないので民に及ぼす影響を考え必要は認めたが負担の問題で遠慮したのであります。此の観点から地区でも市町村長会でも見合わせたのであります。村によつても異るが父兄や学事後援会の出費で継続していたのであり小さい部落では危惧したのであるが一人当り五円－三円位出費して継続しております。幼稚園を出た児童は学芸会、運動会等を通して自主的な態度が充分見受けられた。（中略）来年度は民政府予算に幼稚園費を獲得せん事を切望します。

　　　　　　　　　　　　　　　　　　　　　　（傍点－筆者）

上記の会議の内容は、幼稚園の経営が市町村や地域に実質的に移管したことを物語るものである。宜野座村の場合は「部落負担により幼稚園を維持」しているが、市町村で経営できない幼稚園は「父兄の負担で維持」したり「父兄や学事後援会の出費で継続」したりする等、幼稚園存続の方法については、各地域の対応に委ねられていることがわかる[23]。1948年12月、沖縄本島南部の玉城村字前川では、区民負担によって幼稚園の設置が決定され[24]、"村屋幼稚園"を再開した南風原町字兼城[25]、名護市宮里区の公民館において区民負担の幼稚園教育が始まるのもこの頃である[26]。浦添市字経塚では、コンセットで建てられた公民館で遊戯と歌の稽古をしたり[27]、東風平町では、新制高校卒の若い女性が就学前の4〜5歳児を集め、歌や遊戯、太鼓、工作等を教えたりしていた[28]。ほぼ、午前中の活動であった。シマ社会におけるこうした対応の背景には、戦前戦中、字公民館は「農繁期託児所」「戦時託児所」としての役割を果たし、また敗戦後は軍作業や食糧確保に従事する区民に代わり子どもの世話や保育をしなければならなかった状況があったからである。また、脆弱な財政基盤のなかでも幼稚園教育を通して「自主的な態度（与那城村長の発言）」を育成していると認識されているが、これは、就学前教育の重要性が区民に認められ関心がもたれていることを示している[29]。

　軍政府補助金打ち切り後、幼稚園の経営は各集落の独自の取り組みになるが、字公民館における幼稚園の実数や教育内容について、当時、琉球政府文教局もその実態を十分把握してはいない。文教局は、「公立幼稚園の数は123であるが、教会の附属幼稚園や部落費や父兄負担によって設置された託児所に類する幼稚園は、数百校以上である[30]」とし、また公立幼稚園の施設設備の充実改善並びに指導者における多数の無資格者の存在及びその再教育の必要性を今後の課題としている。一方、公立幼稚園といえども、1957年（昭和32）3月の布令第165号「教育法」の公布により、厳しい局面を迎えることになる。「教育法」は、1学級25人を基準とし、超過した場合には常勤の助手の配置を決め、基準に満たないものは公立幼稚園として認可されなかった。同布令は「悪布令」として幼稚園関係者から呼ばれ、公立園から未認可園へ転換

させられる状況が再度生まれたのである[31]。その結果、幼稚園は「市町村の財政困難により部落立又は月謝（授業料）による、いわゆる自賄いによる経営となり、その教育内容も財政的要因により弱体化[32]」し、1957年（昭和32）5月には公立幼稚園の数は33園（当時の公立小学校数228校）まで減少した。これは、市町村の財政負担によって管理・維持できない幼稚園は、「部落立又は月謝（授業料）」による経営に移行したが、その経営も盤石ではなかったことを示している。

ではこの頃の宮古・八重山諸島等における字幼稚園の実態はどうだったのだろうか。当時の関係者の証言によると、宮古島市の平良と城辺、多良間村、石垣市の川原、与那国町の久部良（くぶら）で、未認可の字公民館幼稚園の存在が確認され、久米島町においては、教会附属幼稚園が就学前の子どもの教育を支えていたという証言が得られている（本書末に「資料1．字公民館幼稚園関係者証言」）。これらの島々では、字公民館、あるいは集落の一角で、区民のなかから選ばれた保母（多くが無資格）が子どもの世話をしていたのである。保護者から保育料を徴収し、それが保母手当であったり、園活動費であったりと沖縄本島の実情と同様であった。なお、北大東島では、戦後早くから公立小学校附属幼稚園が設置され（1947年）、そこで就学前の教育は始動し、字公民館における幼稚園教育は存在しなかった[33]。

このように、沖縄では、軍政府補助金の廃止と「教育法」により、一部の公立幼稚園と数多くの未認可幼稚園が併存していたといえる。この頃の沖縄では、就学前の子どもの保育・教育活動は、各集落の字幼稚園に任されていたのである。次節では、具志川村内の字公民館の状況、未認可（部落立）幼稚園を事例として取り上げ、区費運営の幼稚園の実際、内在した問題点について明らかにする。

第3節　具志川村内の字公民館と幼稚園経営
区費運営の高江洲幼稚園の実態

　本節では、具志川村の字高江洲公民館で行われた幼稚園教育の実際を、具志川市（現うるま市）史編さん室発掘の高江洲公民館文書類（以下「高江洲文書」と略）を手がかりにしながらその実態に迫ることにする。「高江洲文書」とは、字高江洲公民館内で発掘された敗戦直後から1950年代までの文書類のことであり、敗戦直後の字公民館の活動を記した第一次資料の乏しさ・散逸のなかで、当時の活動を克明に綴った資料として貴重である。「高江洲文書」は、区民にかかわる業務文書の他に、学事活動と幼稚園運営にかかわる文書も存在する。

　まず、「学事奨励会寄付者名簿」（年代不明）や「学事奨励会出納帳」（1951年4月）によると、区内の琉球大学生に200円（琉球大学の開学は1950年）、高校生一人当たりに150円、高校新入生に100円、洋裁生に50円が与えられており、区民が学生の勉学を後押ししている様子がみてとれる。高江洲の学事奨励会は、村の育英奨学金の未整備な状況下で、字の就学支援として独自に活動を始めていたのである。また、区費運営の幼稚園の状況に関しては、高江洲初中等学校校長から高江洲区長宛に通知した幼稚園に関する文書（1949年11月18日）がある。同文書によると、「（前略）幼稚園職員の給料でありますが、各区からの集金が遅延の為め今だに八月分を差し上げたのみで誠にお気毒に堪えない次第で、このままでは存続も困難をきたすのではないかと心配して居りますれば公私共御繁忙とは存じますが至急お取立の上御送付下さる様懇願申し上げます。（後略）」と述べ、翌年3月11日付の文書も、幼稚園職員の給料を年度末までに支給したい旨が綴られ、未徴収分の取り立てを願っている。これらの文書から、校長が幼稚園職員への給料支払いのため奔走している様子がわかる。当時の学校後援会審議員会（1949年10月）においても、度々、茅割当の件や校舎建築の件と並んで、幼稚園費に関する件、後援会費増額に関する件が協議題に挙がっている。区民からの徴収金をもって幼稚園職員の給料に充てようとしたのであるが、それも滞っている状況がみてとれる。

では、実際に、高江洲では、どのような徴収方法を採っていたのであろうか。「高江洲文書」のなかには、「区負担金及学校援護金台帳（高江洲区）」がある。同台帳には、「学校教職員援護費徴収簿」「区経費割当徴収表」と並んで「1949年10月8日区経費並ニ幼稚園費割宛徴収表5・6月分」がある。これをみると、救済世帯及び貧困家庭は区費の免除が認められ、幼稚園費は、一般家庭は4.5円、園児のいる家庭は2円増となっている。区経費全体に対しての戸数割と人口割が算出され、幼稚園費が合算されて徴収されている。したがって、各世帯の徴収金額は一律ではない。村の財政だけでは維持することのできなかった幼稚園を区民全体からの徴収金をもって充てていたわけである。「高江洲文書」では、この徴収方法が1950〜60年代を通して採られたのかは確認できないが、村内の他の公民館幼稚園職員の証言によると、子どもが持参する保育料と区費から支出される書記手当をもって給料としていた[34]、という。

　公民館幼稚園職員の給料は遅払いや不定期的であったばかりではなく、職員の給料格差や保護者の保育料負担も一律ではなかった。1960年（昭和35）9月議会に提出された「幼稚園に関する補助金交付」陳情書の添付資料によると、給料は最低の7ドル80セントから最高の20ドル、保育料は最低の20セント、最高は70セントである。高江洲は、給料8ドル58セント、保育料33セントである。このように幼稚園職員の待遇は早急に改善すべきことであったが、一方では職員の資格問題や教育内容についても課題が山積していた。琉球政府文教局は、公立幼稚園の職員の大部分が高校卒程度の無資格者が占めているため、資質向上のための再教育は急務であると認識しながらも、小中高の免許事務が優先され、幼稚園職員の免許状交付に着手していないことを報告している[35]。こうした状況を打開するべく、具志川村を含む未認可幼稚園に勤める職員が待遇改善や施設設備の充実を掲げ、公立化運動が本格化するのは1960年代に入ってからである[36]。

　公立化運動に突き動かされた琉球政府は、幼稚園教育振興補助金交付規則（1965年）を制定し、園舎、備品及び幼稚園職員の給料に対する補助を行った。続いて制定された幼稚園教育振興法（1967年）は、

幼稚園教育振興のための諸施策に法的根拠を与え、そのため公立幼稚園の数は増加した[37]。具志川村の支部幼稚園協会の設立年は不明であるが、1960年代からは村内の職員が定期的に集まり、幼稚園の施設・設備の整備や待遇改善、幼稚園教諭免許状の取得に関する話し合いを積み重ねていく。こうして、1966年（昭和41）4月、村内の複数の字公民館幼稚園を統合して公立幼稚園が誕生したのを皮切りに、字高江洲公民館幼稚園も、他の6つの字公民館幼稚園と統合して公立の高江洲幼稚園として認可（1970年4月）されたのである。

　ところで、上述したような字幼稚園の職員としての身分が不安定ななかでも、職員は、自らの資質向上に関わる学習会や研修会に参加していた。たとえば、1950年代後半に川崎区の公民館幼稚園の職員であった神山芳子は、公民館書記を兼務しながら、村内で定期的に開催された研修会（歌や踊り、学習材研究）に参加し[38]、村外の夏期講座等にも積極的に参加した[39]、という。午前中は幼稚園職員として子どもの保育活動にかかわり、午後は公民館書記としての業務を行う姿は、村内の他の字公民館幼稚園においてもみられ[40]、こうした幼稚園職員としての活動と公民館書記としての業務の兼任は近隣の字公民館においても同様であった[41]。なお、公民館幼稚園では、レコードを活用した遊戯や歌、塗り絵、標準語指導が行われ、他の地域との交流や幼児教育に関する情報誌を通じて教育活動を進めていたのである[42]。

第4節　字幼稚園の成立　自治会幼児園の前史

1. 豊見城村の字幼稚園

　これまで述べてきたように、字幼稚園は、"未認可幼稚園"の一形態として、沖縄全域で一定のひろがりをみせ[43]、字の子どもの託児先として重要な役割を果たしていた。字幼稚園が生まれた主たる背景には、沖縄の就学前教育の貧弱さが当然あったが、一方では字の子どもの保育は字の責任でもって、これを担うということが区民共通の意志とし

てあったのではないかと考える。では、"字の保育を字の責任で行う"という字の意志は、多くの公私立園の成立後においてもみられるのであろうか。つまり、公私立園が整備されたなかでも、字幼稚園という集落の保育機関が存在する余地があるのだろうか。第4節と第5節では、この視点で考察を試みる。本節では、まず沖縄本島の豊見城村と近郊の町村に注目し、字幼稚園の成立状況と当時の園が抱える問題点について考察することから始める。

翁長区公民館 2012年 左室は字幼児園として使われている

豊見城村の『与根字誌』によると、戦後間もなく公民館事務所内に幼稚園を設置し、専任教員を採用して幼児教育に当たらせた、という記述がみられる。詳細は不明であるが、字幼稚園の設置と保母による幼児教育が行われたと解してよいだろう。また村内で公私立保育所や公立幼稚園の整備が図られると、字与根の幼稚園は自治会幼児園として名称を変更し、運営を続けるが、園児数の減少に伴って1998年（平成10）に廃園している[44]。字与根では、途中、字幼稚園の名称変更はみられるものの、実質的に字の保育活動が戦後間もない頃から平成

期に入っても行われていた点は注目できる。この間の字与根のような状況は、村内他の字や近隣村においてもみられるものである。

別表「豊見城村の字公民館幼稚園・公私立保育幼稚園の成立史(1945〜1988年度)」をみると、字翁長(おなが)、字保栄茂(びん)、字与根において、戦後初期の頃から字幼稚園の存在が確認され、その後、字渡橋名、字宜保の集落においても成立している。1950年代中頃には、村内のほぼ半数の字で幼稚園が成立し、1960年代初頭には村内の多くの字で活動が営まれていることがわかる。この字幼稚園は、区民の子どもの託児先としての役割を担い、区民から一定の理解を得ていたものと推察される。

1960年代及び1970年代初頭に実施された豊見城村や沖縄教職員会の字幼稚園に関する実態調査をみると、他の地域と同様に区長は字幼稚園長を兼ね、公民館の一室(又は一部)を幼児教育・保育活動のために提供し、区内在住者のなかから保母(資格不問)を採用しているのが特徴的である。字の幼稚園に通う子どもは、字の子どもが中心である。このように、字幼稚園は、字の公民館を幼児教育・保育活動の場として提供を受けながら、保母の人件費や運営費は保育料を充てて活動を展開していた。実際の保育料は、子どもの数や保母の人数により字毎に異なり、最終的には字の判断に任されていた。保育料はおしなべて低額であり、字幼稚園の保母の奉仕的・献身的な姿が浮かび上がるが、一方では、保母手当の低額さと保母の定着率の低さを招き、保育上大きな問題を抱えていた[45]。保育料が保母手当に充当されているため、雇用上不安定であるばかりではなく、村や字からの補助金も僅かであるため、園内の備品や設備は不備であった。したがって、字幼稚園の保母が、専用園舎施設の整備の必要性を切望していたのは当然のことであった[46]。豊見城の自治会幼児園保育士会所蔵の「保母会資料群(以下、「資料群」と略)」においても、園児数(保育料)に対応して保母の手当が決定されていることが記され、手当の低額状況と字毎の手当格差が報告されている[47]。

「資料群」をみると、保母会は、保母と字幼稚園をめぐる現状の打開を図るため、村内各区長への俸給値上げの通知文を送付したり(1969年6月)、「補助金増額」の要請文を作成したりしている。これらは、物

価高騰とインフレによって字幼稚園の保母の生活は苦しい状況に追い込まれ、低額な給料とボーナスも支給されないなかで、「保育所に入れない多数の幼児の幸せと保母達の生活擁護のため補助金」の増額を要請したものであり、当時、設立され始めた村内の幼稚園や保育所、認可保育園と同等の補助額を要請する内容であった。保母会による補助金増額の運動は、後述するように、行政サイドに受け入れられ、字幼稚園は無認可保育所と同等の扱いとなった[48]。このように、豊見城村保母の会は、保母の労働条件の改善のために定期的に会合を開き、村当局への要請行動を取る一方、保母としての自己成長につながる様々な研修活動を通して保母の資質向上を目指していた[49]。字の保母は、字の子育て組織ともいえる字幼稚園の教育環境整備と保母自らの資質の向上を図ることが、字の幼児教育・保育保障につながるものと考えていたのである。

2. 豊見城近郊の字幼稚園

　豊見城村と隣接する糸満市の字米須公民館に幼稚園が附設されたのは、1946年11月である。字立米須幼稚園は、幼稚園設立を切望する区民と幼稚園教諭の献身的な働きにより継続運営された。1975年（昭和50）、市立米須幼稚園が開園されたが、字米須公民館幼稚園は3〜4歳児が通う幼児園として1985年（昭和60）まで存続した。糸満では、1967年（昭和42）から1975年（昭和50）までの間に、糸満、兼城、高嶺、三和の4つの公立幼稚園が設置されたため、字幼稚園に通う子どもの減少により廃園になる地域もあったが、座波、賀数、北波平、武富、阿波根、潮平の集落では、字公民館内に対象年齢を引き下げて幼児園を設立している[50]。とりわけ、座波では、地域住民から就学前の幼児受け入れの要望が強くあり、字幼児園を設立し継続してきたのだという[51]。

　東風平町の『富盛字誌』をみると、戦前、村屋（字公民館）で幼児教育が行われ、戦後の1946年（昭和21）4月から2名の保母の辞令を出して、幼稚園教育を再開している。当時の保母の回想によると、午前中の保育時間であり、主に4〜5歳児を集め、歌や遊戯、ラジオ体操、鬼ごっこやかけっこをさせている。字富盛の就園率は高く、多くの園

別表. 豊見城村の字公民館幼稚園・公私立保育幼稚園の成立史（1945～1988年度）

分類	園名（設置者名）(注1)	1945	1950	1955	1960
字公民館幼稚園	我那覇幼稚園（字我那覇）				
	名嘉地幼稚園（字名嘉地）(注2)				
	与根幼稚園（字与根）				
	伊良波幼児園（字伊良波）				
	座安幼稚園（字座安）				
	渡橋名幼児園（字渡橋名）				
	渡橋名団地幼児園（字渡橋名）				
	翁長幼稚園（字翁長）				
	保栄茂幼児園（字保栄茂）				
	渡嘉敷幼稚園（字渡嘉敷）				
	座安幼稚園区				
	豊見城幼稚園（字豊見城）				
	宜保幼稚園（字宜保）				
	上田幼児園（字上田）				
	上田県営団地幼児園（字上田）				
	高良保育所（字平良）				
	高安幼児園（字高安）				
	平良幼稚園（字平良）				
	上田幼稚園区				
	饒波幼稚園（字饒波）				
	良長幼児園（字長堂、金良）				
	真玉橋幼稚園（字真玉橋）				
	根差部幼稚園（字根差部）				
	嘉数幼稚園（字嘉数）				
	長嶺幼稚園区				
公立	上田保育所				
	平良保育所				
	座安保育所				
認可	ゆたか保育園				
	つぼみ保育園				
	あゆみ保育園				
	大地保育園				
	もみじ保育園				
	ドレミ保育園				
	おなが保育園				
	むつみ保育園				
	国勢調査人口の推移（人）(注3)		9,418（50年）	9,775（55年）	10,532

● 字公民館幼稚園（幼児園）の活動（資料確認可）
○ 字公民館幼稚園（幼児園）の活動（資料未確認であるが、元区長・元保母ら関係者の聞き取りにより存在推定）
△ 公立・認可園の活動（資料確認可）

琉球政府文教局義務教育課「幼稚園に類する幼児施設調査1963年南部連合区教育委員会」（沖縄県公文書館所蔵 資料コード「R00095612B」）、「未認可幼稚園調査票 1970年3月」（沖縄県公文書館所蔵 資料コード「R00095615B」）、「未認可幼稚園調査票1971年6月」（沖縄県公文書館所蔵 資料コード「R00095614B」）、「保姆会員名簿」「豊見城保母の会」記録ノート（当銘園江・翁長幼児園保育士所蔵）、『上田字誌』豊見城村字上田（2001年）、『与根字誌』与根自治会（2008年）、「広報とみぐすく」第43号（1966年3月10日）をもとに作成。

	1965		1970		1975		1980		自治会幼児園・公私立保育幼稚園共存期	
									1985	1988

座安幼稚園開園（1973年4月～）

上田幼稚園開園（1972年4月～）

長嶺幼稚園開園（1972年4月～）

| 11,082（65年） | 13,183（70年） | 24,983（75年） | 33,075（80年） | 37,965（85年） |

注1）園名は、「幼稚園に類する幼児施設調査 1963年南部連合区教育委員会」を参照した。
注2）字名嘉地幼稚園の設置者は、「字名嘉地」「字瀬長」「字田頭」である
　　（1971年6月現在、「R00095614B」参照）。
注3）市町村別国勢調査人口の推移（豊見城市）
　　http://www.pref.okinawa.jp/toukeika/pc2/11.xls

児が集まった、という⁽⁵²⁾。

　具志頭村では、1946年（昭和21）9月に具志頭初等学校附属幼稚園が開園したが、各家庭から附属幼稚園は遠距離にあり不便であるとの要望があり、同幼稚園の分園をそれぞれの7つの字事務所（公民館）に設置し直している。本園の附属幼稚園と7つの分園の教師は初等学校教師と同一身分であり、自主編成の教育課程を実施していた。ところが、幼稚園への軍政府補助金が打ち切られると、1949年（昭和24）4月から本園と分園の幼稚園は、各字の設置する字立の幼稚園に移行している。これら字幼稚園は独自の経営を続けていたが、1974年（昭和49）以降の公立幼稚園の設立後、1978年（昭和53）3月末までに全て廃園となっている⁽⁵³⁾。

　大里村当間区では、1954年（昭和29）に幼稚園が設置され、1971年度（昭和46）末まで存在していたという記述がみられるが、その後は不明である⁽⁵⁴⁾。

　以上、豊見城村、糸満市、東風平町、具志頭村、大里村の地区では、戦後早くから字公民館内にて幼稚園が営まれ、沖縄の復帰前後の公立幼稚園の設立により字立幼稚園の廃園がみられた地域と、その後も引き続き就園前の幼少児を対象とした幼児園を設立させた地域がみられた。幼児園を成立させた主たる理由は、直接的には、地域から幼少児の保育受け入れについての要望があったからだと考えられる。沖縄の幼児教育・保育環境の貧弱さもあって、区民は、字の幼稚園に託児先を求め、字は、これに応えたといえよう。しかも、字幼稚園は、それぞれの字の自治的な教育組織として存在していたのであり、その設立と運営は字の自治に任されていた。

第5節　自治会幼児園の成立と字の支援

　前節では、主に公立幼稚園の設立後、字幼稚園は、字幼児園として名称を変えて、対象年齢を引き下げて運営をしてきた事例を記した。

豊見城村の場合、この字幼児園のことを自治会幼児園として呼んでいる。本節では、特に、豊見城村の自治会幼児園の成立過程について考察を進める。

豊見城村の自治会幼児園の設立の背景には、豊見城村の急激な社会人口増による待機児童と保育所設置の問題があった。まず豊見城村の1960年代の人口動態をみると、毎年、人口と世帯数は伸び[55]、1970年（昭和45）の人口13,000人余が、5年後の1975年（昭和50）には約1.6倍の20,800人余を数えている。村の人口増加の特徴は、隣接する那覇市からの社会人口増である。年齢別人口動態（1968年12月末日現在）をみると、0歳〜4歳児の村人口に占める割合は10.23％、5歳〜9歳児は12.55％であり、20歳未満の村人口に占める割合は約5割であった。1975年の年齢別構成をみると、小学校低学年と乳幼児、25歳から35歳前後の働き盛りが、公営住宅や民間企業の分譲住宅を求めて豊見城村内に転入している姿が浮かび上がる。豊見城村は、那覇市の都心部まで近距離の位置にあり、しかも住宅地としての立地条件が備わっていたため、住民にとって魅力であった[56]。こうして豊見城村の急激な社会人口増を背景に、子育て中の若い世代から村営保育所と幼稚園の設置要望が強く出されるようになる[57]。当時の豊見城村には、公立の幼稚園や保育園は皆無であったからである[58]。1972年8月、豊見城村は、村営（立）の上田と平良（団地内）保育所を設置したが、入所希望者は200人を超え、保母の長時間勤務や保母の増員問題は早くから表面化していた[59]。続いて、1975年（昭和50）9月、村立座安保育所が開所したが、収容能力を超える入所希望者が殺到し、しかも1歳児の場合は約5名のうち1名しか入所できない状態であった[60]。当時の保育所入所基準は、保育に欠ける児童のなかでも特に生活保護世帯や母子家庭、病気療養中の家族や障害児（者）のいる世帯の幼児が入所しやすく、農業や自営業者に対しても家庭外労働（者）として入所が優先された[61]。そのため公立保育所への入所を希望しても待機せざるを得ない園児が相当数存在していたのである。

1970年11月、村青年会と婦人会共催の「青年、婦人の集い」において保育所設置の決議が行われ、村議会に対して保育園設置の陳情が行

われた。また、1971年の第2回村議会定例会の案件「保育所設置に関する陳情」は、他市町村からの転入者と豊見城団地の造成による人口増加が見込まれているため、保育所の設置は急務であるとしている。「陳情」は、琉球政府下の高率補助での保育所の設置、交通面・環境衛生面を考慮した設置用地の確保、豊見城団地内の保育所の設置の必要性、困窮者の厚生、収容幼児を考慮した効率的な運営等を要望していた[62]。村民の要求を受けた村長（又吉一郎）は、保育所を建てた場合、村財政に負担があることは承知しながらも、幼児教育を重視し村民自らが保育所設置を望んでいるとの認識を示していた[63]。村の保育所設置の動きのなかで、村教育委員会は各小学校区毎の幼稚園の設置要望書を村長宛に提出した[64]。村民の保育所・幼稚園設置の強い要望を受けて、村長は、村政一般報告で、福祉施設と幼児教育の重要性について説き、公立幼稚園及び保育園の整備を明言した[65]。こうして、村政で本格的に幼児教育が議論されるなかで、待機児童の受け皿のひとつとして字幼稚園はあらためて注目されるようになるのである。

豊見城村の公立保育・幼稚園の設立は、1972年から始まり、本格的な保育行政の展開をみせるが、一方、村長は、村内に複数ある字公民館幼稚園について「民主的」な運営であるとして評価し、存続の方向で検討していた[66]。村長は、字の自治的な教育組織としての字幼稚園に注目し、それが就学前の教育を支えてきたことを評価したのである。それゆえ、村長は、選挙公約として掲げた字公民館幼稚園の公認への切りかえと補助金交付、無資格保母の免許取得に係る経費援助に至るまで踏み込んだ発言をしていた[67]。村政は、字幼稚園の脆弱な運営状況の打開と字保母の身分や処遇を図ることで、村内の保育環境の向上をめざし、待機児童問題の解消の道を探っていたのである。特に、復帰後の村議会では、公立園や認可保育所に関わる議論が盛んになるが、これらの整備問題と字幼稚園をリンクして考えるようになる。

村議会における字幼稚園に関する議論は、主に認可保育所と字幼稚園の実態の比較やこれらの施設における子どもの安全や健康診断に関することであった。議会では、字幼稚園を無認可園と同等の補助対象先として位置づけ、1972年度から「各字保育所補助金」として総額

120万円の補助を支出し、以後、毎年増額している。1974年度からは字幼稚園内の遊具への補助金、豊見城村保母の会への補助金も支出した[68]。このように豊見城村では、待機児童の解消を目的とした公私立幼稚園や保育園、認可保育所、字幼稚園に至るまで幅ひろく振興策を始動した。待機児童の解消は、公立園の整備だけでは解決できず、認可園（無認可も含む）や字幼稚園の整備をもって対応しようとしていたといえる。これらの村政の動きは、字幼稚園の条件整備を一歩進め、これまでの保母会の要望を一定程度反映させようとするものであった。

字幼稚園に対する補助事業をめぐる議論が行われている一方、字幼稚園では、園児数の減少という現実問題に直面していた。以下、村内で3番目に開園した座安幼稚園の校区内の字幼稚園の事例を取り上げ、字幼稚園から字幼児園（自治会幼児園）に移行した軌跡を検討する。

1973年（昭和48）4月、村民待望の村立座安幼稚園が開園し、同校区内の11の字から園児が入園した。各字の5歳児が公立園へ入園したのであるから字幼稚園の園児数は減少し存続が危ぶまれたが、区民は、5歳児未満の託児先として字幼稚園の存続を要望している。字の子どもの保育と子育ては字の共同と責任において行われるべきものであり、区民が子どもの育ちを主体的に担うべきことが共通の認識を生み出し、それゆえ、2～4歳の園児を字幼児園（自治会幼児園）の対象とした。当時の状況について、元字渡橋名幼稚園保母（大城幸子）は、次のように語っている[69]。

　親は朝から農作業で忙しいので子どもの世話はできない、小さい子どもだと畑に連れていくのも大変。そういうことで、保母を引き受けていたのだけれど、座安の公立幼稚園が出来た後も、5歳児未満の小さな子どもの世話が必要だからといわれてそのまま保母をしました。レタス等の野菜の収穫は午前中でしないといけないし、キビ刈りの農繁期は特に大変。区長さんは一応園長ということでしたけど、保母は字の人たちからの要望と保育料で成り立っていました。集落のなかに子どもを預けやすい字の幼稚園があって、また、みんなシマンチュ（注．「区民」の意）で知り合いだから、助け合いでやっ

ていました。保育活動は、字の公民館を使いました。(傍点-筆者)

　大城は、区民の農作業従事という労働の担保のために字幼稚園は重要であり、また区民から託児先としての字幼稚園の存続要望があったと述べ、その基底には、"助け合い"という区民相互の扶助の精神があったと強調している。大城の証言と関わって、同じく村立座安幼稚園の校区内にある字我那覇自治会幼児園保母は、「区民の園に対する保育期待を受け、園存続は当然のことであったし、保母の立場としても責任を感じていた[70]」と述べている。字我那覇の保母の述べる「責任」とは、区民からの託児を任せるという意味であり、字幼稚園の存続は区民からの期待の表れであった。また、字渡橋名の字規約(1975年4月)では、字幼稚園(又は自治会幼児園)に関する規定は、設けていない。しかし、「字の産業、経済、教育、文化、行政各方面の向上発展と字の福祉向上をはかること」(第2条)として明記し、字行政のなかで字幼稚園という子育ての事業に対して向上をはかることも視野に入れていたとみるべきであろう。それゆえ、字公民館の幼児教育・保育活動のために館内の利用の便宜を図ったのである。字座安や字我那覇のような状況は他の字においても同様であったと推測され、実際、豊見城村内では、字幼稚園から対象年齢を引き下げ、自治会幼児園へと移行している。各字の自治会幼児園の在園数をみると、17～37名(1977年度)、8～37名(1978年度)、7～37名(1980年度)と差があるものの、就園前の子どもを字の教育組織が吸収し保育支援を行っていたのである。このようにみてみると、5歳児が公立園に吸収された後も、村内の待機児童数が相当数いたため、公私立の保育園へ入園ができない保護者が字幼稚園(自治会幼児園)を託児先として選択したのである。

　先に示した別表をみると、沖縄の日本復帰の年(1972年)には、公立幼稚園が開園し、公立園や認可園も誕生しているが、各字の自治会幼児園は継続して運営され、昭和末期までほぼ活動が行われていた。また、1970年代後半における急激な人口増加に対応するために認可園が次々と設立されているが、自治会幼児園は、この期においても存在している。これは、待機児童の解消のためには、公私立園のみでは対

応できず、託児先として自治会幼児園が選択肢として残され、区民の要望に応えながら今日においても、一部、存続しているのである[71]。次節では、沖縄本島の北部に位置する名護市の字幼稚園から字幼児園への変遷について考察を試みる。

第6節　字公民館幼稚園の閉園と幼児園の設立
名護市宮里区の場合

1. 復帰前後の就学前教育の整備状況

　沖縄の字公民館幼稚園は、未認可幼稚園としての位置づけであるため、公的補助の対象ではなく、区（字）立の幼稚園として運営されていた。運営費は、主に保育料と区費一部補助であった。一方、琉球政府は、「幼稚園教育振興補助金交付規則（1965年）」を定め、公立幼稚園教員の給与や備品に対して補助金を交付し、続けて「幼稚園教育振興法（1967年）」を制定すると、幼稚園や学校法人の幼稚園教員の給与、園舎の建築・増改築・備品等を補助対象とした。こうした公私立幼稚園に対する補助の拡充と整備が図られた1960年代末の在園児数の実態はどのような状況にあったのだろうか。

　表1をみると、公立園に通う園児数が多いのは、那覇地区と中頭地区であり、島尻地区（16％）や国頭地区は低い数値を示している（29％）。一方、未認可幼稚園に通う園児数が最も多い地区は、島尻地区（55％）と国頭地区（54％）であり、那覇地区は最も低い（6％）。これらの数

表1．公私立幼稚園、未認可幼稚園の在園児数（1969年6月）

	島尻地区	那覇地区	中頭地区	国頭地区	八重山地区
公立	430（16％）	5,871（84％）	3,847（71％）	704（29％）	834（※）
私立	768（29％）	645（10％）	177（ 3％）	410（17％）	－
未認可	1,466（55％）	437（ 6％）	1,384（26％）	1,339（54％）	－

沖縄幼稚園協会『会員名簿』1969年6月現在をもとに集計。
八重山地区は私立幼稚園及び未認可幼稚園については未集計。

大宜味村 喜如嘉公民館 喜如嘉幼稚園 1959年（沖縄県公文書館所蔵）

名護町平良幼稚園 1968年（沖縄県公文書館所蔵）

名護町 平良幼稚園 1968年（沖縄県公文書館所蔵）

値から、公立園は都市部を中心に整備が図られ、地方（国頭地区・島尻地区）においては未認可幼稚園（字公民館幼稚園を含む）の数が圧倒的に多いことが推測できる。換言すれば、島尻・国頭地区においては、地域運営の未認可の幼稚園は、未だ十分でない公私立幼稚園の園児受け入れを補完していたといえるであろう。当時の沖縄は、公私立園及び未認可幼稚園が混在している状況であるが、「幼稚園教育振興法」制定以降、公立幼稚園が次第に設立されると、字幼稚園は、実質的に公立小学校附属園へと吸収される形でほぼ姿を消した。教育の機会均等の実現をめざして就学前教育に対して公的補助と整備が図られたことで、集落において自治的な営みであった字幼稚園は廃園を迎えたのである。国頭地区でいえば、名護、今帰仁、羽地、恩納等では、戦後の早い時期から字公民館幼稚園での展開がみられたが、その後の公立園の出現により一部の字立を残し閉園に至る経過を辿る。

　国頭地区の中心地・名護市の場合、1972年（昭和47）の復帰時、3つの公立保育所と1つの私立幼稚園があったが、これらの収容定員を超える園児数により、待機園児の問題としてすでに表面化していた。1972年の時点では、市内の保育所の収容定員は、入所希望児の64％であった[72]。したがって市の保育行政の最大の課題は、待機児の解消であり、そのためには保育施設の増設が急がれた。復帰後、名護市では、公私立の保育所と民間の無認可保育所が矢継ぎ早に設立され、就学前教育をめぐる環境は様変わりをみせた。表2をみると、復帰後、公立保育所や私立幼稚園の設立が相次ぐが、一方、無認可保育園は復帰後しばらくして増加していることが特徴的である。公私立保育所・幼稚園だけ

表2．名護市公私立保育所・幼稚園、無認可保育園数の推移

公私立保育所、無認可保育園別	1972年(昭47)	1973年(昭48)	1974年(昭49)	1975年(昭50)	1976年(昭51)	1977年(昭52)	1978年(昭53)	1979年(昭54)	1980年(昭55)	1981年(昭56)
公立保育所	3	4	5	6	7	7	7	7	7	7
私立幼稚園	1	1	1	1	1	3	4	5	6	9
無認可保育園	0	1	1	1	2	3	8	11	12	12
園数合計	4	6	7	7	10	13	19	23	25	28

名護市福祉事務所編『福祉の概要（昭和56年版）』1981年、52〜55頁をもとに作成。
無認可保育園数に、字公民館幼稚園数は含まれていない。

では対応できなかった園児受け入れを無認可幼稚園においても担っていたものと考えられるが、いずれにしても、復帰後においても市内には乳幼児の保育機関の確立が不十分な状況であったことがわかる。ところで、表2は、市福祉事務所管轄の保育機関のみであるため、字公民館幼稚（児）園に関しては表示されていない。市内の就学前教育を担っていたのは、上述の公私立保育所や幼稚園等と並んで、字幼稚園を改園した字幼児園の存在を抜きに考えることはできない。

公立園の実現は、字幼稚園の廃園を迫るものであったが、市内の待機園児数の多さや乳幼児機関の未整備の状況下で、字幼稚園を幼児園として組み替え、地域の子育ての受け皿として再発足させることは、保護者の切実な要求でもあり、また地域からの要請でもあったと考えられる。では、次に、字幼稚園を改園して幼児園を設立した過程を、名護市宮里区を中心に考察する。

2. 宮里区幼児園の設立と保護者の願い

名護市内には、各集落毎に字公民館幼稚園が存在したが、現在では、3つの自治区幼児園のみである[73]。これら自治区幼児園は、各字の公民館幼稚園の前史をもつものであり、保育料徴収による園運営を基本的に受け継いでいる。ここでは特に「宮里区幼児園」に注目し、同園の設立の経過に焦点をあてて考察をする。

1970年（昭45）8月、旧名護町、羽地町、久志村、屋部村、屋我地村の町村が合併し、名護市制が敷かれた。名護市は、旧町村の区分に基づけば、名護15字（区）、羽地15字、屋部7字、久志13字、計50字からなり、名護地区には、喜瀬、幸喜、許田、数久田、世冨慶、東江、城、港、大東、大中、大西、大南、大北、宮里、為又の字（区）がある。宮里区は、名護の市街地に隣接する住宅地域として人口急増地区であり、名護地区では最大規模の区である。戦後の宮里区の人口推移をみると、1964年（昭39）から急増し、1985年（昭60）には、5,000人に達している[74]。名護市の幼少児（0〜4歳）の人口推移をみると、1975年（昭50）にピーク（4,779人）を迎え、以後、ゆるやかに微減している[75]。市内の幼少児人口は、復帰前後に大幅増となったため、行政内

部では就学前教育を保障する立場から公立保育園や幼稚園の早期設置が検討された。

　名護市初の公立園・大宮幼稚園は、1968年（昭43）4月に創立された。翌年の1969年には、名護幼稚園と東江幼稚園が創立され、以後、復帰直前までに、屋我地、安和、屋部、三原、久志、羽地、久辺の公立7幼稚園が設置された。復帰後は、稲田、源河、真喜屋、瀬喜田、大北の5園が設立され、市内の公立幼稚園の整備はほぼ完成した。大宮幼稚園は、先導的な幼稚園であり、大宮小学校附属園として位置づけられた。宮里区は大宮幼稚園の校区の一角である。そのため、字宮里公民館幼稚園の5歳児は大宮幼稚園への入園になり、字宮里幼稚園は閉園の危機に面した。しかしながら同園では、これまで5歳児以外にも3〜4歳児の幼児も預かっていた事情もあって、3〜4歳児のみの保育保障を地域で継続すべきかどうか、区民は、問われたのである。宮里区は、字宮里幼稚園を「宮里幼児園」として改称し、大宮幼稚園の開園と合わせて1968年に再発足させた。宮里区公民館は、宮里育英会等と並び、幼児園を字の補助機関として位置づけ、園存続の方針

宮里幼児園　2012年

を採ることにした。「宮里区規約（1971年12月）」では、「児童の福祉育成のために、区に幼児園をおく」（第32条）と明記された[76]。

初代園長は区長が兼ね、保母は、大城恵美子である。大城は、1968年（昭和43）から1984年（昭和59）までの17年間にわたり、字宮里幼児園を支えた保母である。字宮里幼児園が開設された当初は、市内の保育園・幼稚園数は未だ整備中であり、幼少児を抱える保護者の幼児園開設に対する期待も大きかった。実際、1968年開園時の幼児数は37名であり、入園児は増加傾向をみせ、1977年は74名であった（図1）[77]。大城は、幼稚園対象児を除いた幼児の世話の必要性を痛感し、当時の区長から宮里幼稚園の施設設備の再利用のためにも幼児園の開園を要望され、幼児園の保母を引き受けたのであった[78]。復帰後の1974年から近年に至るまで字宮里幼児園の保母であった奥原峯子は、託児を希望する保護者の意向は強かったが、園内事故に対する損害補償についてまで整備することができなかった、という。そのため、後年、保護者に「誓約書」を書いてもらい入園手続きをしてきたことを述べている[79]。

以上の字幼児園の設立の背景には、地域及び保護者の託児先としての幼少児受け入れの意向が反映されている。絶対数として足りない就学前保育施設のなかで、保護者の選択肢は限られたものであった。公

図1．宮里幼児園の園児数の推移（1968～1989年）

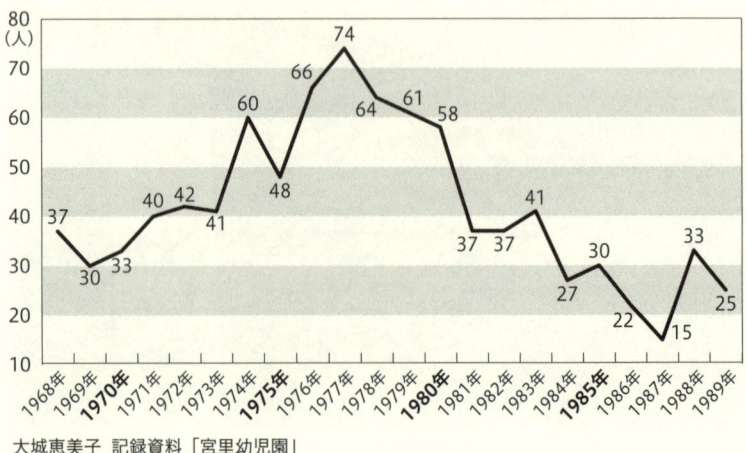

年	園児数
1968年	37
1969年	30
1970年	33
1971年	40
1972年	42
1973年	41
1974年	60
1975年	48
1976年	66
1977年	74
1978年	64
1979年	61
1980年	58
1981年	37
1982年	37
1983年	41
1984年	27
1985年	30
1986年	22
1987年	15
1988年	33
1989年	25

大城恵美子 記録資料「宮里幼児園」

立保育所は、「保育に欠ける児童」を対象としているため入所倍率は高く、保護者は、字公民館幼稚園に期待し、3〜4歳児が入園できるような仕組みを字公民館に望み、字公民館はこれに応えたのである。字宮里幼児園の入園願書（1976〜1977年度）をみると、保護者（母親）は圧倒的に「家事」に従事し、託児先として幼児園を選択している。また、保護者の幼児園に対する希望は、①子どもの言葉の未発達と排泄の不安、②同世代間の交流を通して培われる団体生活への慣れと社会性の芽生えへの期待、③しつけを含む自立にむけての園側の指導に対する期待、④登下校を含む交通安全指導の期待等であり、これらは、公立園へ通わせている保護者の願いと重なるものであった。

小結

　本章では、戦後沖縄の字公民館において、なぜ、幼稚園教育が行われたのかという基本的な課題意識を提示し、それの歴史的な背景を描きながら字公民館幼稚園の成立過程と運営上の諸問題点を明らかにしてきた。本章で明らかにしたことをまとめると次のようにいえる。
　まず、戦後初期の沖縄において幼稚園教育の非義務化と軍政府補助金の打ち切りは幼稚園経営に危機的な状況をもたらし、公立幼稚園の存続・廃止問題を引き起こした。当時、幼稚園教育の重要性の認識は深まっていたものの、財政上脆弱な自治体の場合、自治体の財政負担は回避され、幼稚園の経営は各集落の対応に任せるという、結果として極めて曖昧な状況のなかに幼稚園が放置された。戦前戦中、託児所的な役割を果たしてきた区事務所（字公民館）は、必然的に教育機能のひとつとしてその内部に幼稚園教育を包摂せざるを得なくなる。しかし幼稚園経営の経費を安定的に如何に確保するのかという問題は解決されないまま、各集落の対応に任せられた。これは、字公民館幼稚園の経営を不安定にさせる主たる要因となった。高江洲公民館の事例から端的に言えるように、幼稚園経営の経費は、区費による運営で成

り立ち、他地域の状況もそれとほぼ近いものであったと考えられる。集落共同社会において幼稚園経営に関わる財政的な基盤を確保することは困難であり、職員への給料遅払いや給料格差、無資格者の存在、施設設備の未整備となって問題が表面化した。自治体の財政支援が期待できなかった字公民館幼稚園は、貧弱な施設設備のなかで職員の献身的な活動で支えられたが、内在する問題点を克服するために、1960年代に公立化運動が進展したのである。確かに、字公民館における保育・幼稚園活動の経験は、園経営の困難さを抱えながらも、一方では、就学前教育の重要性を地域住民にあらためて認識させるとともに、字公民館幼稚園から公立幼稚園の実現という系譜を形成した点で重要である。沖縄では字公民館幼稚園を含む未認可幼稚園へ子どもを就園させていたが、字公民館幼稚園の公立幼稚園への「格上げ」＝公立化が実現していく過程で、それがそのまま公立園の就園率の高水準を維持したのである。つまり、公立幼稚園の誕生は、沖縄の集落で行われていた就学前教育を公的な制度保障の対象として確立したことを意味した。これらのことから、戦後沖縄では字公民館幼稚園を含む未認可幼稚園は数多く存在したが、それらは公立幼稚園の量的拡大と幼稚園教育の質的振興の礎としての役割を果たしてきたといえる。

　以上のことを総括すれば、次のように言うことができる。まず、集落の中核的な役割を果たしている字公民館で、共同体意識を基底としながら自治的な意味で子どもの就学前教育を担っていこうとする自発的な姿勢がみられたということである。もちろん、これは、戦前の農繁期の託児所的な機能を果たしてきたという経験もあってのことであるが、いずれにしても、これは、区民の側からの自治的・教育的な営みを始めたということで、実に興味深いものがある。親の義務としての（就学前）教育を集落共同体組織のなかで具体的な共同化の作業を通して実現していこうとするものであり、それが字公民館幼稚園という"かたち"として結実したといえるのではないだろうか。しかも、字公民館幼稚園は、公立化の運動のなかで、あらためて公的保障の対象として捉え直され、またその後の幼稚園教育の内実が豊かになることを考えると、字公民館幼稚園を支え、公立化への実現を支えたのは、

区民の力があってこそのものといえる。その観点からいえば、集落共同社会の教育的な機能のひとつとして実現した字公民館幼稚園は、戦後公立幼稚園の前史として位置づけられるだけではなく、戦後沖縄の幼稚園教育を実質化していくものであった。

ところで、復帰前後の豊見城村の最大の課題は、社会人口増加に伴う待機児童の解消であり、そのため就学前の幼児教育・保育施設の整備が問われ、公立園の整備と共に自治会幼児園の存在や運営について議論が展開していく構図が読み取れた。名護市の場合も、公立園の整備に伴い、3〜4歳児の保育先として字幼稚園を字幼児園へと組み替え、保育機能を継続してきたのである。字幼児園については、次のようにまとめることができる。

まず第一に、戦後の字幼稚園の成立をみたとき、字の共同体社会で子どもの就学前教育を担っていこうとする姿勢が一貫してみられたことである。これは、自治的な教育の営みである字の幼稚園を復帰後においても自治会幼児園として継続してきたという点で注目できる。このことは、集落のなかで象徴的にみられた「結（ゆいまーる）」の精神と相互扶助が子育ての活動においても典型的にみられたことを意味した。字幼稚園（自治会幼児園）の財政は脆弱なものであるが、区民による字の子どものための地域教育施設として定着してきたものであった。この歴史的な足跡を残してきた字幼稚園の継承の背景には、字の子育ては字の責任においてなされるべきだという考えがあり、それゆえ、自治会幼児園として継続されたのである。すなわち、字幼児園は、これまでの字幼稚園に対する期待と同様、字の子どもの託児先として期待され、公私立園に代わる地域の教育施設として存続が期待されたのである。

第二に、字幼児園は、あくまで字立として成立、運営され、自発的・自律的な運営が可能であるが、その反面、財政的には不安定な基盤の上にある。これは、戦後の字幼稚園の時代から今日の自治会幼児園に至るまで基本的には同じことがいえる。字幼稚園の運営費は、主に園児の保育料を充てているため、運営は脆弱であり、保母の手当も低額に抑えられている。こうした字幼稚園の置かれている環境のなかでも、

当時の保育環境が貧弱であり、地域から託児先として字幼稚園が期待され、これに応えるために字の保育活動は存続してきたものといえる。豊見城村の場合、幼児園の保母は、保母会を結成して情報交換を行いながら村内の各字の幼児園を結びつけ、また、字幼児園の教育の質向上に関わる研修や保母手当の増額をめざす運動を展開する等、労働条件の改善についても行動を起こした。この保母らの運動に対して保育行政は、補助金で対応したが、これは、待機児童の問題を図るためにも自治会幼児園の協力が必要であったからであり、支出の意義が相当程度認められたからであった。

　以上のことから、自治会幼児園は、戦後の字幼稚園の歴史的な系譜に位置づけられ、区民の支援により集落の子どもの教育組織として存在してきたものである。しかも集落の子どもを直接対象に活動を営んできた字幼児園は、自治的な営みと集落の共同性によりその足跡を刻み込み、次世代の子どもの教育を担っているという点で貴重であり、字公民館を拠点とした地域教育実践としても重要な意味をもっている。

注及び引用文献

(1) 一番ケ瀬康子著『日本の保育』ドメス出版、1962年、161〜166頁。
(2) 沖縄で最初に農繁期託児所が設立されたのは、浦添市字小湾（1932年）である。詳細は、末吉重人著『近世・近代沖縄の社会事業史』榕樹書林、2004年、143〜147頁。
(3) 宜保美恵子「沖縄における幼児保育の歩み」日本保育学会編著『郷土にみられる保育の歩み－保育学年報1976年版－』フレーベル館、137頁。
(4) 神里博武・神山美代子「昭和戦前期における沖縄の保育事業(1)」『沖縄キリスト教短期大学紀要』第26号、1997年、13頁。
(5) 堀川秀信「幼稚園教育の出発」（具志川市史編さん室『具志川市史（教育編）』2006年、所収）。
(6) 呼称が「無認可」ではなく「未認可」であることについて、渡慶次ハルは、「いつか認可されることを願って、無認可ではなく未認可幼稚園と呼ばれていました。」（傍点－筆者）と語っている（渡慶次ハル「幼稚園激動時代」糸満市立米須幼稚園『50年のあゆみ－地域における幼児教育－』1997年、68頁）。
(7) 文教局教育研究課編『琉球史料』第九集文化編一、琉球政府文教局、1965年。
(8) 「学校設立当時ノ状況報告（1946年7月25日）」は、「最初米政府ヨリ幼稚園ヲ経営セヨトノ命ナリシモ山内氏（山内繁茂・城前初等学校長を示す－筆者）ハ幼稚園ノ経営困難ナルヲ察シ、初等科四年生迄ノ学童ヲ募集シ教育ヲナスコトノ了解ヲ得タリ」（琉球政府文教局『琉球史料』第3集、1958年、30頁）と記し、「アメリカは幼児教育を重んじ優秀な者を幼稚園教師にしていた（島マスの証言）」（沖縄タイムス社編『私の戦後史 第3集』沖縄タイムス社、1980年、122頁）は、軍政府の就学前教育に対する関心の高さを物語るものである。
(9) 沖縄県教育委員会編『沖縄の戦後教育史』1977年、446頁。
(10) 西平秀毅著『伊良部教育史』1977年、499頁。
(11) 戦後八重山教育の歩み編集委員会編『戦後八重山教育の歩み』1982年、627頁。
(12) 沖縄民政府文教部長（山城篤男）より市町村長及び初等学校長宛の「幼稚園設置変更ニ関スル件」（1946年6月24日付）の通知は、初等学校併置の幼稚園を初等学校附設に改める内容であった。その理由について、同通知は、「従来幼稚園ハ初等学校ニ併置シテアリマシタガ、今般都合ニ依リ附設スルコトニ致シマシタ」としている。同通知では、「併置」と「附設」の意味が説明されているわけではなく、また、併置から附設への理由を、単に「都合ニ依リ」として記述しているため、幼稚園が初等学校に附設された経緯と理由は不明である。なお、同通知の宛先は、「何々初等学校附属幼稚園」であり、以後、幼稚園は、初等学校附属幼稚園と呼んでいる（那覇市教育委員会編『那覇市教育史－資料編－』2000年、469頁）。ただし、『那覇市教育史－通史編－』2002年では、初等学校令の公布をもって、幼稚園を「初等学校の附属幼稚園」にしたとの記述があり（338頁）、『資料編』との整合性はない。
(13) 文教局編「幼稚園基準教育課程1957年」（前掲『沖縄の戦後教育史』373頁）。
(14) 「琉球列島における米軍政活動概要（文化・教育関係抄録）」那覇市市民文化部歴史資料室編『那覇市史－戦後の社会・文化1－』資料篇第3巻2、那覇市市役所、2002

年3月。なお、同「活動概要」によると、「宮古と八重山では幼稚園は希望者のみ（1947年5月－6月）」とある。

(15) 沖縄県立図書館史料編集室編『沖縄県史料 沖縄民政府記録1 戦後2』1988年、505頁。『資料編』では、1946年（昭和21）2月15日、小禄初等学校（1946年2月13日開校）内に「小禄幼稚園として併設開園」した小禄幼稚園は、翌年1月6日、小禄初等学校分離、高良初等学校への校名変更に伴い「高良初等学校附属高良幼稚園」となるとの記述がある。小禄初等学校の初代校長は上原真吉であり、附属高良幼稚園長を兼ねていたことから（『資料編』470頁。安里彦紀監修『沖縄教育界のあゆみ』沖縄史料出版社、1979年、749頁）、上原は初等学校長の職責を果たしながら「併設開園」した小禄幼稚園の園長も兼ねたものと考えられる。糸満市立米須幼稚園『50年のあゆみ－地域における幼児教育－』1997年刊行によると、1947年（昭和22）から公民館で幼稚園教育が始まったとの記述があり、初等学校近郊の字立幼稚園は、園長として初等学校長が管理と指導をしていたという（同書、17～18頁）。

(16) 「うるま新報」1947年（昭和22）11月14日付。

(17) 「赤字財政町村における補填金廃止に伴う幼稚園経営について（1948年6月7日）」（『琉球史料』第三集（教育編）196頁）。

(18) 沖縄市教育委員会編『沖縄市学校教育百年誌』1990年、966頁。

(19) 「幼稚園の存続に関する陳情」（沖縄県教育委員会編『沖縄の戦後教育史（資料編）』1978年、369頁）。

(20) 「幼稚園の存続方について」（同上、369～370頁）。

(21) 沖縄群島議会（1951年4月）においても幼稚園経費の政府負担の要望に対して文教部長・屋良朝苗は、「今のところ群島政府もちにはいかんのじやないか」と答えている（前掲『琉球史料』第三集、102頁）。

(22) 「第14回市町村長協議会記録（1949年8月12日．於：那覇市役所）」（琉球政府文教局『琉球史料』第四集、1959年、232頁）。

(23) シマ社会における幼稚園の自然発生的な事例としては、平川文子（1952年当時、具志川村の安慶名幼稚園職員）の自発的に集落の子どもを字公民館に集めて始めたようなものもある（「〈座談会〉戦後具志川の幼稚園の歩み」『具志川市史だより』第18号、2003年3月、所収）58頁。

(24) 玉城村前川誌編集委員会編『玉城村字前川誌』1986年、203頁。

(25) 兼城字誌編集委員会編『兼城字誌』字兼城、2006年、175頁。

(26) 宮里字誌編集委員会編『宮里の沿革』名護市宮里公民館、2004年、185頁。

(27) 字経塚史編集委員会編『字経塚』浦添市字経塚自治会、2006年、216頁。

(28) 字誌外間編集委員会編『字誌 外間』東風平町字外間、2004年、158頁。

(29) 琉球政府文教局研究調査課『琉球教育要覧（1955年度版）』126頁。

(30) 同上、126頁。なお、琉球政府文教局は、1963年に沖縄全域の字幼稚園（全381園）の実態調査を実施している。これによると、①沖縄本島の北部に位置する国頭郡の字幼稚園数は148であり、全沖縄の約4割を占めている。また中頭郡104（27％）、島尻郡95（25％）と続いている。また、国頭郡の公私立園は0、中頭郡は公立園2、私立園2、島尻郡は私立園2である。これらのことから、沖縄本島では、公私立園数が少な

い地区では、字幼稚園が相当数存在していたといえる。那覇市の字幼稚園数は7（その内1園は、南大東村である）であり、全体の2%である。1962年10月1日現在、那覇の公立園は18、私立は5園である。那覇市は、就学前の教育環境が他地域と比較して整備されていたため、保護者は、公私立園を選択したものだと考える。②宮古郡の字幼稚園数24（元データ上、教育委員会設置の幼稚園5が含まれている）と比較して、八重山郡は、旧大浜町の3園のみである。八重山では、幼稚園が少ない。八重山では、戦後、地域の教職員、有志の発起、自治会（公民館）、幼稚園PTAが設立の主体者になって、矢継ぎ早に幼稚園が設立されたことが背景にあると考えられる。石垣の公立園は4であり、私立園は2である。同時期、宮古は私立の1園のみであり、字幼稚園の設置が多い（沖縄県公文書館所蔵「幼稚園に類する幼児施設調査（1963年）」）。

公立園（29園）						私立園（12園）					
那覇連合区		中部蓮	八重山連合区			那覇連合区			中部連合区		南部蓮	宮古	八重山
那覇区	北大東区	北谷区	石垣区	大浜区	与那国区	首里区	真和志区	那覇区	石川区	泡瀬区	与那原	平良	石垣
18	1	2	4	2	2	2	2	1	1	1	2	1	2

各連合区教育長・関係区教育委員会・私立幼稚園設置者・各公私立園長宛
「幼稚園管理について（通達）」文義第108号、文教局長、1963年3月

(31) 八重山群島においても公立幼稚園の未認可幼稚園への移行が続出した（前掲『戦後八重山教育の歩み』629頁）。
(32) 前掲『沖縄の戦後教育史』447頁。
(33) 北大東村誌編集委員会編『北大東村誌』1986年、470頁。沖山昌子の証言によると、資格は問われず、保育官補として北大東島の燐鉱場の社員用の弓道場跡で午前中託児をし、同じく保育官補の山川マツ子は小学校で託児所的な活動をしていた、という。北大東島の初期の幼稚園は、二カ所で行われていた（沖山昌子（昭和6年生、2011年3月6日、於：ハマユウ荘うふあがり島、北大東村字中野）。また、沖山昇（昭和5年生、元北大東村助役、現在、北大東村教育長）の証言によると、戦前、農作業者は乳飲み子を田畑まで連れて行ったり、祖父母や兄弟姉妹で子守をしていた、という。また、北大東島の製糖会社の社員のなかには、"ネーヤ（「姉」を意味する）"と呼ばれる女子を子守として頼んでいた。2011年3月5日、於：ハマユウ荘うふあがり島、北大東村字中野）。
(34) 堀川秀信「戦後具志川の幼稚園教育のあゆみ－未認可幼稚園の公立化までを中心に－」（具志川市史編さん室『具志川市史だより』第17号、2002年、所収）66頁。
(35) 前掲『琉球教育要覧（1955年度版）』126頁。
(36)「幼稚園教師の会（仮称）」等の組織を前身とした「沖縄幼稚園協会」（1963年設立）は、①未認可幼稚園の認可運動、②認可幼稚園（公、私立）の充実化、③教職員の待遇改善等を当面の課題とした。同協会は、当時、約300園の未認可幼稚園の認可と小学校への併置、施設・設備・遊戯室・遊び道具等の充実、免許取得に要する講習の拡大・未認可幼稚園教員の受講資格の獲得・小学校並みの給与と身分保障の確立等を目標として掲げ、各地区で地域懇談会を重ね、研修会・講習会を展開した（渡

慶次ハル著『牛の歩み』1987年、111～146頁）。
(37) 1965年（昭和40）から公立幼稚園の設置は増加し（沖縄県教育委員会編『沖縄の戦後教育史（資料編）』1978年、385～390頁）、1969年（昭和44）には沖縄の就園率は全国平均を上回った（前掲『沖縄市学校教育百年誌』979頁）。
(38) 神山芳子への電話インタビュー（予め、質問内容を郵送し、2006年11月30日及び12月14日に聞き取り記録した）。
(39) 社会福祉協議会は1950年代後半から講習会や保母養成講座を開催し資質能力の向上につとめた。体育理論や図画・工作、リズム遊戯、幼児の話し方指導、児童の心理等の内容であった（沖縄市・浦添市・宜野湾市・具志川市・石川市及び中頭郡老人福祉センター運営協議会『中部地区社会福祉の軌跡』第二巻・活動、1988年、208頁）。なお、同講座よりも先に沖縄基督教会婦人会は具志川村内の前原教会内に保母養成所を開設し（1951年）、沖縄各地の教会内で活動を始めている保育園の保育関係者を集め、三ヶ月間の保母養成プログラムを開始していた（日本キリスト教団沖縄教区編『戦さ場と廃墟の中から－戦中・戦後の沖縄に生きた人々－』金城印刷、2004年、377頁）。
(40) 具志川村議会に提出された陳情書（1960年9月）の添付資料によると、当時の村内26幼稚園のうち、園舎がある幼稚園は2園（江洲と前原）のみである。他の24園は字公民館を使用した。
(41) うるま市与那城宮城の自治会長・上門シズは、1949年頃、宮城区の事務所で書記兼保母として幼児の世話をしていたことを証言している（2006年3月27日。於：宮城自治会事務所）。報酬は書記手当と保母手当であり、教材費と共に父母負担であった（宮城自治会『なあぐすく字誌』2005年、163～164頁）。
(42) 前掲「戦後具志川の幼稚園教育のあゆみ」63～66頁。
(43) 沖縄幼稚園協会『会員名簿』1969年6月現在、参照。
(44) 与根字誌編集委員会編『与根字誌』2008年、349頁。
(45) 「広報とみぐすく」第43号、豊見城村役所発行、1966年3月10日。沖縄教職員会編『教育の実態－現場の問題点をつく－』1960年、37頁。沖縄教職員会編『沖縄教育－第13号－』1962年、5頁。また、第八次教研集会は初めて幼稚園分科会を設け、字幼稚園の管理運営と保母の労働条件を問題視した（沖縄教職員会編『沖縄教育－第八次教研集会研究のまとめ－』1962年、303～330頁）。
(46) 琉球政府文教局義務教育課「幼稚園に類する幼児施設調査1963年南部連合区教育委員会」沖縄県公文書館所蔵：資料コード「R00095612B」。
(47) 「保母会資料群」とは、「保姆会員名簿1962年～」「豊見城保姆の会」「豊見城保母の会1975年～1976年」「豊見城保母の会記録ノート（昭和60年度～63年度）」を指す。2010年2月現在、豊見城市字翁長自治会所蔵。
(48) 「資料群」によると、村長と教育委員長との懇談会（1971年12月）では、字幼稚園の存続と保母の保育所への採用の可能性について議論されている。保母会は財政的な支援を村当局に要望する一方、随時、園児数の把握と保育料に関しての情報交換を行っている。保母の待遇改善と園運営の円滑化のために、保育料の引き上げを行った園もある。
(49) 1960年代に入ると、実技講習会、講演会、那覇市の公私立幼稚園の保母間との交流

を図り、1970年代に入ると、村内の公私立幼稚園や保育園の参観、字幼稚園合同運動会の開催、糸満地区の字幼稚園保母との合同講習会等、自主的に自己研鑽を積み重ね、字幼稚園の保育内容の充実のために活動をしていることがわかる（保母会「資料群」参照）。

(50) 糸満市立米須幼稚園『50年のあゆみ 地域における幼児教育』1997年、12頁。
(51) 同上、90頁。
(52) 富盛字誌編集委員会編『富盛字誌』東風平町字富盛、2004年、356〜357頁。
(53) 具志頭村史編集委員会編『具志頭村史第二巻通史編（歴史編・教育編・沖縄戦編）』1991年、590〜592頁。
(54) 大里村当間区『戦後50年の歩み 戦前の様子』1997年、62〜79頁。
(55) 沖縄豊見城村『村勢要覧』1966〜1969年版。
(56) 豊見城村役所企画課『豊見城村村勢要覧』昭和50年版、1976年、6頁。
(57) 玉城文子（ゆたか保育園理事長）は、豊見城団地入居者から託児先がないので協力して欲しいと懇願され、1970年4月から団地集会所内で保育活動を始め、1972年1月、団地近郊でゆたか保育園（認可）を開園した（2009年10月24日聞き取り、於：ゆたか保育園）。
(58) 1970年度の時点で、豊見城村と同様に、公立の幼稚園、保育所いずれもない市町村数は59自治体中20自治体であり、全体の34％を占め、沖縄の就学前教育・保育施設の未整備状況は深刻であった（文教局総務部調査計画課「幼児教育に関する実態調査」1970年度、4頁）。
(59) 「広報とみぐすく」第100号、1972年9月15日。
(60) 「広報とみぐすく」第123号、1976年3月15日。
(61) 「広報とみぐすく」第123号、1976年3月15日、「広報とみぐすく」第138号、1977年6月15日。
(62) 『1971年豊見城村第2回議会定例会会議録』3月23日第1日目。
(63) 『1970年豊見城村第17回議会定例会会議録』12月25日（第3日目）。
(64) 『1971年第2回豊見城村議会会議録（定例会）』1971年3月25日。
(65) 『1971年豊見城村第5回議会定例会会議録』1971年6月10日。
(66) 『1971年第2回豊見城村議会会議録（定例会）』1971年3月25日。
(67) 「請願第3号公立幼稚園設置方に関する請願」をめぐる議論のなかでの発言である。『1971年豊見城村第3回議会臨時会会議録』5月1日（第3日目）。
(68) 『豊見城村議決結果（一般会計予算）』の1972年度以降を参照。2008年度まで市内自治会幼児園に対する補助金は「豊見城市各種団体補助金交付規程」に基づき支出されている。
(69) 大城幸子からの聞き取り（昭和12年生、1963年〜1977年の間、字渡橋名公民館幼稚園の保母、2010年9月28日、於：大城幸子宅／字座安）。
(70) 我那覇自治会幼児園保育主任・平良瞳からの聞き取り（2009年10月9日、於：字翁長自治会幼児園）。
(71) 区民の要望は、保育活動の延長、園便り、年間保育計画表や保育者名簿の発行であった。また、幼児園側は、園内事故に対応するため、保護者に保険会社の団体傷

害保険に加入するよう勧めたりして、園の円滑な運営を図るため様々な方策に取り組んでいる（「琉球新報」2004年1月4日）。翁長自治会幼児園の保育主任／当銘園江（1984年度就業）からの聞き取り（2009年10月9日、於：字翁長自治会幼児園）。

- **(72)** 名護市「名護市広報・市民のひろば」第18号、1972年7月10日。なお、1975年の措置率66％、1976年は76％、1977年は78％であり、80％を越すのは1981年である（名護市福祉事務所『福祉の概要（昭和56年版）』1981年、45頁）。
- **(73)** 名護市内の幼児園の正式な名称は、「自治区幼児園」である。現在、宮里区、大東区、大南区である。県営名護団地区のたんぽぽ幼児園を合わせると4園である。
- **(74)** 名護市史編さん委員会編『名護市史・本編11わがまち・わがむら』1988年、275～277頁。
- **(75)** 名護市企画部企画調整課編『名護市の統計（平成13年版）』平成14年3月、14～15頁。
- **(76)** 宮里字誌編集委員会編『宮里の沿革』2004年、161頁。
- **(77)** 「図1．宮里幼児園の園児数の推移（1968年～1989年）」大城恵美子記録資料「宮里幼児園」。
- **(78)** 大城恵美子（昭和5年生、名護市字宮里在住）から聞き取り（2009年3月31日。於：名護市宮里区公民館）。字宮里幼児園は、1972（昭46）から保母二人制となって今日に至っている（宮里字誌編集委員会編『宮里の沿革』2004年、187～188頁）。
- **(79)** 奥原峯子（昭和16年生、名護市字宮里在住）から聞き取り（2009年7月28日、於：名護市宮里区公民館）。

補論　字幼稚園の「公立化」と保母の処遇をめぐる問題

1. 研究の背景と目的

　かつて沖縄の集落では、幼少期の子どもの世話や子育てはどのように行われていたのだろうか。親の労働＝その多くが農作業に従事している間に、誰が子どもの世話をしていたのであろうか。この問いに答えるべく、筆者は、戦後の沖縄の集落社会に注目し、そこで営まれてきた子育てに関わる組織や機能の実態の解明について研究を進めてきた。これまでの研究を通して明らかになったことは、沖縄の各集落で存在していた字公民館(自治公民館、集落公民館、部落公民館とも呼ばれる)に附設する形で、字公民館幼稚園(以下「字幼稚園」と略)が設立され、就学前の幼少の子どもの保育・教育を担っていたということである[1]。戦後の復興の中で字幼稚園はいち早く設立され、1960年代中頃には、約380の字幼稚園が沖縄本島はもとより、宮古・八重山諸島においても存在していた。那覇や首里等の都市部では公私立園の整備が他の地域よりも先行していたが、地方の農漁村ではひろく字幼稚園は設立・運営されていたのである[2]。つまり、沖縄では、都市部における公私立園の偏在と農漁村における字幼稚園の普及がみられたのである。字幼稚園では主に地元出身の若い女性が保母として採用され、保育と教育機能が未分化の状態で活動が行われていた。こうして字幼稚園は、集落の中で保育・教育施設として存在し、住民(親)の農作業に従事する時間を担保していた。この字幼稚園の組織形態は、集落立(区立)であり、保母の手当や運営費も主として保護者から徴収した保育料が充てられた。保母の多くは、無資格者であったが、住民からすると同じ生活圏の出身者であり、また旧知の間柄であるため、自分の子どもを安心して預けることのできる場所であった。字幼稚園は、まさしく住民に支えられた施設であり、住民と保母との間の信頼と安心感を基盤とした子育ての場であったといえる。

　福地曠昭(沖縄教職員会)は、戦後の沖縄の公私立園は52園であり(1964年6月現在)、本土の就園率が38.9％であるのに対して、沖縄は29.7％と格差を指摘しているが[3]、同時に、公民館や区事務所を借り

て幼稚園でもなく、保育所でもない"幼児園"という形態で運営されているものが228園あることを報告している。この福地の指摘を解釈すると、絶対的に不足な就学前教育の公的機関を補うかのように、沖縄の集落では子育ての組織が機能し、そこで、幼少の子どもの保育が委ねられていたといえるだろう。

　字幼稚園が沖縄の集落社会でひろく設立されたのは、戦後の就学前教育に係る公教育制度の貧弱さがあったことが主たる要因であるが、一方で、住民が自発的に子育ての場としての字幼稚園を設立したことは、住民による子育ての共同事業が実現していたことを表すものである。字幼稚園の存在は、ムラの子どもは、住民の手によって育ち、育てられるという、地域の教育力（子育ての力）を体現していたことを物語るものであり、住民の相互扶助の精神が根底に流れているものと考える[4]。沖縄の字幼稚園は、戦前の農繁期託児所等にその原型がみられるが、沖縄県外の農村や離島（島嶼）においても、類似の施設の設置がみられる。ひとつ事例を挙げると、長崎県五島市の野乃切集落では、「1960年代当時、集落の多くの世帯が農業に従事していた時期で、農作業中に子どもを預ける施設をほぼ全世帯が強く要望した」ことから、野乃切町内会がへき地保育所を開設している[5]。このように、字幼稚園や類似施設の成立の背景には、住民の労働（時間）を担保するために必要な保育施設としての切実な要望があり、それを叶えるために字幼稚園は実現したのであった。

　沖縄の農村社会を特徴づける相互扶助の精神は、ムラの共同的な子育て事業を成立させたが、1960年代後半に入ると、公立幼稚園の設立が進展し、集落の中で根付いていた字幼稚園は、廃園或いは統合の過程を辿るのである。住民は、新たに出現した公立園に保育料を支払うことで、公教育としての幼稚園教育を享受するようになる。このことは、これまでの集落の子育て事業である字幼稚園が、近代公教育たる公立幼稚園に外部委託化され、集落の子育て機能が分業化されたという重要な転換期を迎える。しかも、沖縄の公立園は公立小学校の附属園として出発したので、当然、通園圏は、小学校区と同一化し広域化した。字幼稚園は、当該集落の子どもを対象にしたものであるが、公

立園は、複数の集落から子どもが通う教育施設として登場する。つまり、これまで地域の子どもは地域の教育施設（字幼稚園）に通っていたが、公立園は、広域の子どもが通う場として機能していくのである。また公立園の登場は、字幼稚園の閉鎖に伴う無資格の保母の失職を招き、新たな資格付与による再雇用（公立幼稚園教諭としての採用）問題等、保母の処遇において混乱を迎える。

　本稿は、沖縄における公立幼稚園はどのようにして成立したのか、公立園の設立にあたって、当時の字幼稚園保母の要求は具体的にはどのようなものであったのか、そして保母の身分保障をめぐってどのような問題が表面化したのかについて、1960年代の具志川村（現在のうるま市）に焦点をあてて、考察する。なお、分析の対象は、うるま市の市史編さん室が継続的に収集している字幼稚園に関する一次資料であり、また当時の関係者からの聞き取り調査もふまえて、字幼稚園の公立園化への過程を中心に検討を加え、字幼稚園保母の処遇をめぐる問題についても考察をする。

2. 字幼稚園の運営の実態と保母の要求

　沖縄の集落で設立された字幼稚園は、住民の自治的な営みの中で活動を展開したが、財政上その運営は、厳しかった。字幼稚園は、自治体からの補助はほとんど得られず、住民の支援により支えられていた。保母の手当は保護者の保育料であり、字幼稚園を教育施設として整備する財政的な支援はなかった。各地の字幼稚園は、保育活動に必要とされる最低限の教材・教具までが不足していたのである。琉球政府による実態調査（1963年）では、字幼稚園の抱える課題として、以下の点を挙げていた[6]。①保護者負担による字幼稚園経営であるため、遊具等を含む施設設備が不十分かつ未整備であること、また施設設備の整備を図るのであれば、保護者の負担が増すこと、②専用の園舎がないため、字公民館の一室を使用していること、③有資格者（保母資格）は沖縄全体で8名のみであり、圧倒的な数の字幼稚園は、無資格者による保育活動が行われていた。こうして、教材・教具の乏しい中で、無資格の保母の献身的な働きにより、字幼稚園は運営されていたのであ

る。この間の字幼稚園保母の実態について、具志川市史編さん室は、聞き取り調査を実施している。調査によると、園舎等の施設設備はなく、字公民館や野外で遊戯や歌を教えたりしていた、という。字安慶名幼稚園の保母であった平川文子は、次のように語っている(7)。

　公民館では、税金徴収や軍用地などの支払もやっていたので、その時は子どもはじゃまになるので山に入って遊ばせていた。子どもたちをただ遊ばせておくだけではいけない。何か身につけさせようと那覇や石川の幼稚園に行って教科書を集めたり、遊戯や歌を習ってきて子どもたちに教えた。午前で子どもたちは帰して午後は資料集めをした。資料や教科書が全然なかったので自分達で足を運んで探すしかなかった。

　離島の状況も同様である。宮古島市平良字西原の字幼稚園保母であった比嘉千代（昭和13年生）は、当時の状況を次のように述懐している(8)。

　西原の公民館で保母として働いたのは、高校を卒業して1年経ってからでした。昭和31年頃ですね。5～6年しました。先輩の保母が辞めるというので、代わりに始めました。先輩達が次々やっていて、私も引き受けた感じです。結婚したら、村の若い娘がやるような感じで。次、空いているからやって、という感じ。もちろん、資格も何も持っていないですよ。当時は、西辺幼稚園と呼んでいて、午前中だけの活動でした。子どもの数は多くて、100名位いたのではないかと思います。西原は結構子どもの数が多くて、大浦や福山からも子どもが来ていました。多分、大浦や福山だけでは子どもの数が少ないので、公民館では預かることができなかったのではないかと思います。公民館を借りて活動をしていましたが、特に援助があるわけではなく、月謝が25セントとか集めて、それを給料としてもらっていました。月7ドル位だったのではないかと思います。徴収袋もあって、お金のない人からは取りませんでした。部落からの援助もない、市からの援助も何もなかったですよ。あの頃は、物価も安かったら生活ができたんじゃないかと思います。

字幼稚園の保母の手当は、主に保育料が充てられたが、それだけでは生活を営むことが困難であった。区（字）の補助も僅かであったため、必然的に自治体からの補助を要求する声が強くなった。沖縄本島の具志川村の保母は、「給与の改善を訴える」として、具志川村当局に対して援助を訴えた。訴えの内容をみると、①村内各区の字幼稚園の保育料には格差があり、保母の給与改善を図ろうとすると当然保育料は値上がりしなければならず、そうすると園児数が少なくなること、②給与が低すぎるため若い人の定着率が低く、勤務年数が短いこと、以上である[9]。こうした字幼稚園及び保母をめぐる問題の解決を図るために、前原地区幼稚園教師会（具志川村を含む、会長：池宮城節子／西原幼稚園）は結成された。同会は、幼児教育の振興を図るために結成され、授業研究会を行い、幼児教育の技術向上に努めることを目標にしていたものであり[10]、全琉球の組織よりも先に結成された。1963年9月1日、沖縄幼稚園協会（初代会長：中山興真、同協会の前身は1959年に発足した「幼稚園教師の会（仮称）」）は結成され、未認可幼稚園の認可運動、認可幼稚園（公・私立）の充実化、入園率の引き上げ、園児に対する給食、免許取得に要する講習の拡大、未認可幼稚園職員の受講資格の獲得、小学校教諭並の給与と身分保障の確立等について組織的に取り組むことを明らかにした[11]。1962年開催の沖縄教職員会の第八次教研集会は、沖縄の幼児教育の問題について初めて本格的に取り上げ、沖縄本島前原地区（具志川村を含む）の現状や課題について公立園との比較で報告されている[12]。報告によると、字幼稚園を小学校長の管理下に置き、人事権や予算についても教育委員会の管轄下に置くことを提言した。字幼稚園の実態をふまえた議論の中で、琉球政府は、字幼稚園を含む未認可園対策に対する補助金交付を行う施策を始動した。

3. 幼稚園教育振興法と公立幼稚園の設立

　1965年（昭和40）6月、琉球政府中央教育委員会は、幼稚園教育振興補助金交付規則を定めた。同規則は、園舎、備品及び幼稚園教員の給料の100分の20の補助を行い、毎年10％増額し後に50％まで補助す

るものである。続いて、1967年（昭和42）7月には、幼稚園教育の振興を図ることを目的とする幼稚園教育振興法が成立した。同法は、公立幼稚園教員の給与、新設公立幼稚園の園舎の建設、園舎の増改築、設備備品の充実等の経費について琉球政府補助を規定し（第5条）、幼稚園の公立化を促進した。また、中央教育委員会議決の「幼稚園教育振興総合計画（1968年）」は、幼稚園の設置の促進と施設設備の充実、幼稚園の教育内容の充実、幼稚園教員の現職教育及び養成のための措置、幼稚園教員の待遇の改善を基本方針としたものであった。具体的な施策としては、沖縄の全小学校に幼稚園を設置すること、地域の就園率を考慮し、全琉的な設置促進を図るため、当分の間、5歳児教育に重点をおくことを示した。こうして、琉球政府の施策として幼稚園振興を取り上げ、幼稚園に対して振興補助を行った1966年（昭和41）頃から急速に公立園の設置が増加している[13]。

　以上の琉球政府の幼稚園振興に係る施策の中、具志川の幼稚園ではどのような変遷がみられたのであろうか。結論から先に述べると、1966～1967年と1970年の2回で具志川の字幼稚園の公立化が全て実現した。「表1. 具志川の幼稚園変遷図」をみると、まず村内には26の字幼稚園があったが、1966年（昭和41）に具志川幼稚園（字幼稚園2園を統合、幼稚園教諭1名採用）と川崎幼稚園（字幼稚園3園を統合、幼稚園教諭2名採用）が誕生し、翌年には、田場幼稚園（字幼稚園4園を統合、幼稚園教諭2名採用）が設立されている。これら公立の3園の設置により、字幼稚園は26→17になり、1970年の公立化は、この17の字幼稚園を廃園・統合して4園を設立した。先の3園の公立幼稚園については、「具志川教育区立幼稚園に関する規程（1966年7月20日、規程第19号）」を根拠としているが、設置者については明確にされていない。教育委員会を設置者として明確に打ち出し、各小学校に併置して幼稚園の通園区域を併置校の学区域として規定したのは、「規程第19号」を改正した「具志川区教育委員会幼稚園設置規則（1970年4月12日、規則第6号）」である。同規則第1条は、「具志川区教育委員会は、幼児を保育し、心身の発達を助長する目的で幼稚園を設置する」とし、園長は併置校の校長、副園長は教頭がそれぞれ兼任するとした（第3

表1．具志川の幼稚園変遷図 ※昭和47年（1972）以降の変遷は省略

```
行政区    字幼稚園（26園）→（1967年／字幼稚園17園）→公立幼稚園（1970年／7園）

具志川    具志川幼稚園 ───┐ 具志川幼稚園  昭和41年（1966）4月1日公立認可
（金武湾） 金武湾幼稚園 ───┘ （字幼稚園2→公立園1）

田場      田場幼稚園  ─────┐ 田場幼稚園  昭和42年（1967）7月1日公立認可
赤野      赤野幼稚園  ─────┤ （字幼稚園4→公立園1）
上江洲    上江洲幼稚園 ────┤
大田      大田幼稚園  ─────┘

天願      天願幼稚園 ──────┐ 天願幼稚園  昭和45年（1970）4月1日公立認可
宇堅      宇堅幼稚園 ──────┘ （字幼稚園2→公立園1）

川崎      川崎幼稚園  ─────┐ 川崎幼稚園  昭和41年（1966）4月1日公立認可
栄野比    栄野比幼稚園 ────┤ （字幼稚園3→公立園1）
昆布      昆布幼稚園  ─────┘

西原      西原幼稚園  ─────┐ あげな幼稚園  昭和45年（1970）4月1日公立認可
安慶名    安慶名幼稚園 ────┘ （字幼稚園2→公立園1）

平良川    平良川幼稚園 ────┐ 兼原幼稚園  昭和45年（1970）4月1日公立認可
上平良川  上平良川幼稚園 ──┤ （字幼稚園6→公立園1）
喜仲      喜仲幼稚園  ─────┤
志林川（昭47年7月行政区）  │
米原      米原幼稚園  ─────┤
兼箇段    兼箇段幼稚園 ────┤
赤道      赤道幼稚園  ─────┘

新赤道（昭51年12月行政区）

宮里      宮里幼稚園  ─────┐ 高江洲幼稚園  昭和45年（1970）4月1日公立認可
江洲      江洲幼稚園  ─────┤ （字幼稚園7→公立園1）
高江洲    高江洲幼稚園 ────┤
川田      川田幼稚園  ─────┤
塩屋      塩屋幼稚園  ─────┤
豊原      豊原幼稚園  ─────┤
前原      前原幼稚園  ─────┘
```

※具志川市史編さん室『具志川市史だより』第17号、2002年3月、70頁から転写（一部加筆）

上平良川区幼稚園修了記念　1956年3月　瑞慶覧春子氏提供

上平良川区幼稚園卒園記念　1967年3月　瑞慶覧春子氏提供

条)。また、具志川幼稚園、川崎幼稚園、田場幼稚園、高江洲幼稚園、天願幼稚園、兼原幼稚園、あげな幼稚園の7園は、設置区域をそれぞれの小学校の学区域とした。こうして1970年(昭和45)には、名実共

に具志川には公立の7園が誕生し、この時点で、具志川の字幼稚園は全て廃園となった。具志川の公立幼稚園設置は、まさしく、先述した幼稚園教育振興総合計画の趣旨に沿うように、幼稚園を小学校に設置するものであった。

　以上のことから、具志川では、複数の字幼稚園が1つの公立園にまとめられていることがわかる。たとえば、公民館の幼稚園であった具志川幼稚園と金武湾幼稚園は、公立の具志川幼稚園へ、宮里、江洲、高江洲、川田、塩屋、豊原、前原の7つの字幼稚園は、公立の高江洲幼稚園に再編・統合されている。このことは、集落の子育ての場であった字幼稚園の廃園に伴い、小学校区を単位とする公立幼稚園に子どもが通園するという、幼稚園教育の広域化・拡大を意味し、子どもも他の集落の子どもと園での共同生活をすることになった。そのことは、字幼稚園保母の時代は、集落の子どもの世話をしていればよかったものが、字幼稚園の統合により公立園となると、「幼稚園教諭」として通園してくる全ての幼児に対しての教育活動が期待された。こうして、住民の相互扶助の精神を基底に成り立っていた集落の子育て事業（字幼稚園）は、公共機関たる学校（幼稚園）が登場することで、その役割を終えることになった。住民は、公的サービスを享受するシステムを選択することになり、子どもも公教育へ参加することになったのである。

　一方、字幼稚園保母をめぐる諸問題が表面化した。いわゆる、未認可幼稚園の公立への移管の道筋が見え始める中で、保母の処遇をめぐる問題であった。公立幼稚園は、有資格者が求められるが、これまでの字幼稚園の保母の全員が資格を持っているわけではなかった。そこで、有資格者を優先的に公立幼稚園に採用し、無資格の保母については、具志川市教育区委員会内の学校関係職が空いたら優先的に採用することを決定したのである[14]。

4. 字幼稚園への補助金と公立幼稚園化をめぐる動き
行政当局への陳情書の分析から

　具志川の字幼稚園保母は、未認可幼稚園たる字幼稚園の教育諸条件の整備や保母の身分をめぐる諸問題について、強い関心と改善意欲を持

ち、具志川村保母協会を設立した。同協会は、全沖縄の就学前教育の条件整備を目指す沖縄幼稚園協会の運動路線と軌を一にしていた。ここ具志川では、保母協会を中心に行政当局への陳情運動を繰り広げた。字幼稚園の条件整備をめぐる議論は、1960年代に活発化しているため、ここでは特に、1960年～1970年の具志川村へ宛てた陳情書を分析対象とした。

まず、この10年間に提出された陳情書は、19ある（「表2. 陳情書等一覧」参照）。これをみると、1960年～1969年までは、主に字幼稚園への補助金交付や保母の待遇改善に係る内容であり、1966年と1970年の陳情は、字幼稚園の公立促進や字幼稚園保母への退職金支給願い、公立幼稚園に採用されなかった離職者に対する救済願いである。では、以下、陳情書の内容について検討を加える。

1960年、具志川区教育委員会、具志川村区長会、具志川村教職員会は、村長と議会議長宛に「幼児園に対する補助金交付陳情書」を提出した（1960年9月19日）。当時の教育委員会の財政では、幼稚園費を十分賄えない状況であったため、村当局に補助金交付を願い出たのであった。同書は、字幼稚園の施設・設備の不備、保母給与の低額を問題視し、区経営の字幼稚園を補助対象として、保母の給料は区長会で決定すること等を盛り込んでいた[15]。同書と翌年の1961年陳情書は、結果的には、村議会では「不採択」となったが、沖縄本島中部地区の未認可幼稚園の実態調査（幼稚園数、管理者、園舎の有無、保母の給料、保育料等）及び具志川村内の字幼稚園の実態調査（保母の給料、区の補助、設備等）等の貴重な資料を付したものであった。中部地区と村内の字幼稚園の実態を記したこれらの資料は、字幼稚園によって管理者が異なること（小学校の校長が園長としての立場をもつ者もいれば、区長もいる）、園舎等の教育条件に係わる整備の貧弱さ、保母給料の中部地区間及び村内の区間の格差等が詳細に報告されていた[16]。

1962年からの陳情書は、村議会で取り上げられ、以後、「採択」が続く。保母の給与改善、保母協会への補助、保母への年末手当支給、公立幼稚園促進に関する陳情等は、村議会で認められるが、これは、全琉的に字幼稚園を含む未認可幼稚園に対する関心が高まり、また

1965年の琉球政府の幼稚園教育振興補助金交付規則の制定以降、幼稚園の整備が進展し始めていたことが背景にある。1966年、具志川村では、字幼稚園の公立化促進に関する陳情書が初めて出された。こ

表2．陳情書等一覧

	件名	請願・陳情者	議決月日	議決結果
1	幼児園に対する補助金交付陳情	具志川区教育委員会、他2団体	1960. 9.21	不採択
2	保姆の待遇改善に関する陳情	具志川村保姆協会長 端慶覧春子	1961. 6.29	不採択
3	保姆の給与改善について陳情	具志川村保姆協会長 玉城豊子	1962. 6.30	採択
4	保姆協会への補助陳情	保姆協会長 平川文子	1963. 6.29	採択
5	幼稚園保姆の待遇改善ついて陳情	具志川村保姆協会長 平川文子	1963.12.20	採択
6	待遇改善について陳情	具志川村保姆協会会長 福原良子	1964. 7. 2	採択
7	保姆への年末手当支給方について陳情	具志川村保姆協会会長 福原良子	1964.12.22	採択
8	待遇改善について陳情	具志川村幼稚園協会長 池保節子	1965. 6.28	採択
9	待遇改善についての陳情	具志川村幼稚園協会会長 知花洋子	1966. 6.29	採択
10	公立幼稚園促進に関する陳情	具志川村幼稚園協会会長 知花洋子外	1966. 6.29	採択
11	待遇改善に関する陳情	具志川村幼稚園保姆協会会長 山口文子	1967. 6.24	採択
12	待遇改善に関する陳情	具志川村幼稚園協会会長 上江洲エイ子	1968. 6.29	採択
13	年末手当増額支給に関する陳情	未認可幼稚園、安慶名幼稚園、平川文子外19名	1968.12.30	採択
14	保母の待遇改善について陳情	具志川市幼稚園協会会長 福原良子	1969. 6.28	採択
15	ミルク給食についての陳情	区長会一同、父兄会一同、幼稚園協会一同	1969. 9.26	採択
16	公立促進についての陳情	区長会一同、父兄会一同、幼稚園協会一同	1969. 6.28	採択
17	請願　退職金支給方についての請願書	具志川市幼稚園協会	1970. 6.30	採択
18	離職者手当支給方についての陳情書	天願自治会長、島袋綜吉、外11名	1970. 6.30	みなし採択
19	退職金支給方について陳情	中頭地区教職員会、具志川支部長　比嘉繁三郎	1970. 6.30	みなし採択

具志川市議会『具志川市議会史第3巻・資料編2 議会の活動』第3巻、1997年より。

の陳情書は、具志川村幼稚園協会から具志川村議会議長宛のものである(17)。陳情書は次のように述べている。

　(前略)近年幼稚園教育が重要視され各地区の教育区に於きまして幼稚園の公立促進がなされ実際公立幼稚園がふえつつあり具志川村幼稚園協会としても幼稚教育に専念できる様にと努力して居りますが未だに公立幼稚園が一園もなく他地区の教育区に比べて肩身のせまい思いをなしせめて年次計画に一園でも公立幼稚園が実現する事を全協会員の大きな希望であります。
　幸にして具志川、川崎両園が小学校内に統合され、公民館使用よりは恵まれた環境で子供達が保育されて居ります。この様に公立に一歩近い段階にある幼稚園をすべての面において幼児の教育に合致した基準の幼稚園におし進めて頂き正しい姿におきかえて下さいます様何卒皆様方の御配慮を賜ります様別紙の通り連名書を添えて陳情致します。(以下、略)

　沖縄の未認可幼稚園の公立化は、1960年代後半期以降、進展する。具志川の場合、字幼稚園の公立化が実現するのは1966〜1967年の3園が端緒である。具志川村の幼稚園協会を中心とした団体の公立化運動の成果ともいえるが、字幼稚園の公立化は、幼稚園の安定的運営を担保する一方、字幼稚園保母の処遇をめぐる問題が表面化する。つまり、これまでの字幼稚園の保母については資格の有無は問われなかったが、公立化した場合、幼稚園教諭としての資格が必要となる。字幼稚園の公立化と連動して字幼稚園の保母の身分を公立化＝公務員として再雇用出来るのかどうかが、問題として生じた。こうした状況を見通したかのように、1969年の「公立促進についての陳情」は、資格取得中の保母については、「最低基準の段階で現職員に優位の条件をお与え下さいまして人事問題を御考慮頂き、永長頑張ってこられた協会員を一人でも多く正しい条件に引き上げて頂ければ(18)」と述べている。では、具志川村では、字幼稚園の保母の処遇をめぐってどのような事態が生じたのか、これに対してどのような解決の方途が見出されたのか、以下、具体的に検討する。

5. 字幼稚園保母の処遇をめぐる問題

　1970年4月、具志川市の全区立幼稚園（字幼稚園）の17園は、7園に統合され、公立幼稚園に移管した（「表1. 具志川の幼稚園変遷図」参照）。ここで問題になったのが、当時の字幼稚園保母20名の処遇に関することであった（「表3．具志川の字幼稚園保母の処遇状況（1970年4月時点）参照」）。字幼稚園保母は、公立園の職員として採用するように運動を展開していく。具体的には、具志川市幼稚園協会は、公立幼稚園発足に伴い、11名（8名の有資格者、3名の資格取得予定者）の職員を優先採用するよう市当局に要請したが、教育委員会は、有資格者の8名のみを優先採用（同一条件の場合は現職を優先）した。こうした教育委員会の対応に対して、市幼稚園協会は、教育委員会宛に要請書を提出した（1970年2月17日）。要請の内容は、以下の通りである[19]。

　　（前略）幼稚園の公立化は、教育の機会均等の立場から当然の事であり、区長会、父兄会と共に本協会は真剣にこの問題にとりくんでまいりました。
　　更に公立化にともなう幼稚園教師の免許の取得についてもあらゆる機会をとらえて研鑽をつんでまいりましたが、身分の不安定（公立幼稚園でない）なために単位取得のための特別な行政措置も行なわれないため、必要な単位を取得できないまま現在に至っております。
　　このような悪条件の中でも、本土の通信教育等の制度を利用して本会員は日夜研鑽にいそしんでいる矢先に公立と同時に有資格者だけをとりあげると言うことは片手おちな処置だと考えます。

　同時期、市幼稚園協会と足並みを揃えるように、市内4つの区長（公民館長）は、教育委員会宛てに、「幼稚園の公立に伴う人事についての要請」を出している。要請書は、字幼稚園保母の資格取得を条件に公立幼稚園教諭としての採用を要望している[20]。

　　（前略）さて公民館長として此の度の公立に伴う人事について懸

表3. 具志川の字幼稚園保母の処遇状況（1970年4月時点）

	字幼稚園名	氏名	勤務年数	資格の有無	1970年4月1日	備考
1	あげな	A	不明	有	あげな幼稚園	公立園採用
2	あげな	B	8年	有	あげな幼稚園	公立園採用
3	宇堅	C	不明	有	あげな幼稚園	公立園採用
4	高江洲	D	不明	有	天願幼稚園	公立園採用
5	豊原	E	19年	有	高江洲幼稚園	公立園採用
6	前原	F	7年	有	兼原幼稚園	公立園採用
7	上平良川	G	22年	有	兼原幼稚園	公立園採用
8	米原	H	11年	有	兼原幼稚園	公立園採用
9	宮里	I	5年	無	失職	不採用、離職者手当要求（235＄）
10	塩屋	J	8年	無	失職	不採用、離職者手当要求（344＄）
11	江洲	K	12年	資格取得中	失職	不採用、離職者手当要求（576＄）
12	赤道	L	12年	無	失職	不採用、離職者手当要求（736＄）
13	川田	M	10年	無	失職	離職者手当無し、但し、1970年5月1日、市内小学校の事務主事補として採用される
14	兼箇段	N	5年	無	失職	不採用、離職者手当要求（245＄）
15	平良川	O	21年	無	失職	不採用、離職者手当要求（1,480＄）
16	西原	P	3年	資格取得中	失職	不採用、離職者手当要求（127＄）
17	あげな	Q	18年	資格取得中	失職	不採用、離職者手当要求（1,170＄）
18	あげな	R	14年	無	失職	不採用、離職者手当要求（854＄）
19	天願	S	3年	資格取得中	失職	不採用、離職者手当要求（180＄）
20	喜仲	T	1年	無	失職	不採用、離職者手当要求（51＄）

「離職者手当支給方についての陳情書」「請願 退職金支給方についての請願書」（うるま市史編纂室蔵）、具志川教育区教育委員会『教育要覧』1971学年度、95頁をもとに作成。

念されますことは無資格である別紙現職員のことであります。御承知の通り四名の教師は永年恵まれない待遇と悪条件を克服して幼児教育の重要性を認識し自己研修もおこたらず幼児教育に精魂を打ちこんで精進されていることは衆知の認めることだと思います。

しかしながら当時は単位取得のための特別な行政措置も行なわれないために今まで資格取得が遅くれたことは遺憾に存じますがこれまでの教育愛の情熱と実績並に通信教育により資格取得に努力している事実をお認めくださいまして臨時免許状有効時間中に資格を取得することを条件に採用してくださいますよう要請致します。

中頭教職具志川支部と具志川市幼稚園協会は、「未認可幼稚園の公立移管に伴う職員人事についての要請」(1970年3月13日付) を具志川区教育委員会に出している[21]。要請は、教育委員会の有資格者の優先採用に対して、「免許所持者及び1970年3月末日までに免許取得可能な者については無条件に採用していただくこと」を要望し、同時に、資格取得中の3名の字幼稚園保母についても公立園での採用を要望している。その理由は、次の3点である。これまで、字幼稚園保母は、①身分不安定の中においても絶えず教材の工夫並びに教育の環境整備に努力し幼児教育一筋に励んできたこと、②単位取得については本人が怠けていたのではなく未認可幼稚園の教師であるため講座を受ける機会が得られなかったこと、③3人ともすでに通信教育を始めており1971学年度までには免許がとれるので有資格「臨免」の措置で採用してほしいこと、以上であった。字幼稚園の公立園への移管に伴い、職員採用については、市議会でも議論されていた。議員からは、有資格者であると共に経験者優先の意見があり、これに対して市教育委員会は、字幼稚園保母のうち有資格者5名、資格取得可能者3名については面接試験により採用の可否を決めると答弁した[22]。

市幼稚園協会は字幼稚園保母の長年の実績を勘案して公立幼稚園における継続的な雇用を要望しているわけであり、また無資格者等の理由により離職せざるを得ない者に対しては、給料(全額)×勤務年数倍の退職金の支給並びに退職者の中で希望者には再就職の道を開くこ

とを要望した[23]。この2点に対して、教育委員会は、「離職者手当（退職手当の意－筆者注）」の支給については、法的根拠がないため支給は不可能であること、また教育委員会関係の職員に欠員や増員が生じた場合は再雇用について考慮するが、適格者であるかどうかという点から十分調査・検討を加えること、と回答している[24]。

結果的に、具志川市の公立幼稚園は、字幼稚園保母の経験を持つ8名（有資格者）と新規採用をもって発足した。無資格のため幼稚園を去らざるを得なかった保母は、一名（字川田幼稚園保母のM）を除いて再雇用されたことはなかった。

6. まとめ

本稿は、沖縄の字幼稚園はどのようにして公立幼稚園に移管したのか、公立幼稚園の設立にあたって、当時の字幼稚園保母の要求は具体的にはどのようなものであったのか、そして字幼稚園保母の身分保障をめぐってどのような問題が表面化し議論されたのかについて、1960年代の具志川村に焦点をあてて、考察した。本研究で明らかになった点は以下の通りである。

まず、沖縄の字幼稚園は、1960年代の中頃から教育条件整備が進み、後半からは公立化の運動が展開した。具志川村の場合においても、幼稚園協会等の保母組織が補助金交付や待遇改善要求を前面に掲げて運動を展開し、1970年には幼稚園の公立化を実現させた。字幼稚園の公立化は、就学前の教育機関の条件を整備し、教育の機会均等を幼少の子どもに保障していく上でも画期的であった。こうした公立園の整備は、1972年の日本復帰を目前にした沖縄の幼稚園教育の本土化、標準化を目指すものであり、沖縄における就学前教育の制度化が一応の完成を迎えたともいえる。次に、字幼稚園は、公立幼稚園として再スタートするわけであるが、字幼稚園保母の資格有無により、公立園での採用については明暗が分かれた。公立園は、公の教育施設として設置され、そこの職員は、有資格者を証明する「幼稚園教諭」が求められる。幼稚園協会は、無資格者若しくは資格取得中の字幼稚園保母のこれまでの実績を主張し、公立園での採用を希望するが、行政当局の理解を得ることは

困難であった。やむなく離職した保母は、公立園での活躍は出来なかったが、これまでの字幼稚園を支え、公立園を実現させた者として記録されるべきであろう。沖縄の就学前教育は、集落の自治的・自発的な字幼稚園によって支えられ、多くの無資格の保母の手により運営され、沖縄の子どもの保育・教育活動を担ってきた。沖縄の公立幼稚園の前史には、この字幼稚園と保母の存在を抜きに語ることは出来ない。

　ところで、沖縄の字幼稚園は、集落の中で生まれ、集落の自治的な子育て・教育機能を持つ組織として成立してきた。字公民館の運営基盤の脆弱さや無資格保母という課題はあったが、集落社会の中で根付き、機能してきたのである。字幼稚園の公立化は、上述したように、幼児の教育・保育に係る条件を整え、教育保障を一定程度前進させたということはいえようが、一方で、集落社会で果たしてきた子育ての教育機能が、集落の外に分化され、外部化されてきたともいえる。字幼稚園時代、保護者と字幼稚園保母との関係は、地縁・血縁関係を基盤とした集落社会という世界の中でお互い近い存在であったが、公立園の登場は、それと無関係に成立し、子どもに対する公教育の保障を前面に展開し始めたのである。沖縄では、「地域の教育力」の低下について議論されて久しいが、ここで述べてきた集落の子育て機能の外部化（字幼稚園の公立化）は、地域の教育組織の解体（字幼稚園の廃園）と再編成（複数の字幼稚園→公立幼稚園の設置）を伴うものであった。

注及び引用文献

(1) 当時、字幼稚園は、未認可幼稚園に類別された。ここで述べる"未認可"とは"無認可"の意味合いとは異なり、近い将来、認可されるべきものという意味で、当時の字幼稚園保母は呼称した。

(2) 嘉納英明「沖縄の字公民館幼稚園の成立過程に関する研究－宮古・八重山諸島を中心に－」平成22－24年度 科学研究費補助金報告書 基盤研究（C）) 22530896 2013年3月、8～9頁。

(3) 福地曠昭著『戦後20年・教育の空白－本土と沖縄の比較－』沖縄教職員会刊、1965年、44～45頁。文部科学省HPの「我が国の教育水準」（昭和50年度）の「第1章 教育人口と教育機会」では、「1.就学前教育 都道府県別の状況」を表示している。ここでは、1965年（昭和40）の沖縄の幼稚園就園率は70％を超え、兵庫県に次いで全国第2位である。いかなる統計処理がされたのか不明であるが、福地の指摘とは非常に異なる。

(4) 嘉納英明「沖縄の字公民館幼稚園の成立に関する研究」『名桜大学総合研究所紀要』第21号、2012年3月所収、参照。

(5) 叶堂隆三「集落を支えていく力－五島列島の事例から－」日本村落研究学会監修・秋津元輝編『村落社会研究45 集落再生－農山村・離島の実情と対策－』農村漁村文化協会、2009年、100頁。

(6) 嘉納英明「沖縄の字公民館幼稚園の成立過程に関する研究－宮古・八重山諸島を中心に－」平成22－24年度 科学研究費補助金報告書 基盤研究（C）) 22530896 2013年3月、12頁。

(7) 具志川市史編さん室『具志川市史だより』第17号、2002年3月、65頁。

(8) 2010年5月28日、聞き手：嘉納英明、於：比嘉千代の自宅。

(9) 「沖縄タイムス（朝刊）」1961年5月12日。

(10) 「沖縄タイムス（朝刊）」1963年8月31日。

(11) 『50年のあゆみ 地域における幼児教育』糸満市立米須幼稚園発行、1997年3月31日、71～72頁。

(12) 沖縄教職員会『沖縄教育－第八次教研集会研究のまとめ－』1962年、303～330頁。

(13) 沖縄市教育委員会編『沖縄市学校教育百年誌』1990年、977～978頁。

(14) 「沖縄タイムス（朝刊）」1970年4月26日。

(15) 具志川区教育委員会・具志川村区長会・具志川村教職員会「幼児園に対する補助金交付陳情書」1960年9月19日、うるま市史編纂室蔵。

(16) 具志川村保姆協会会長 端慶覧春子「陳情書」1961年5月6日、具志川村議会議長 富川盛得宛。

(17) 具志川村幼稚園協会会長 知花洋子 具志川村幼稚園協会代表 端ケ覧春子「陳情書」具志川村議会議長富川盛徳宛、1966年5月7日、うるま市史編纂室蔵。

(18) 区長会一同・父兄会一同・幼稚園協会一同「公立促進についての陳情」1969年6月10日、具志川区立教育委員会・具志川市長・具志川市議会宛、うるま市史編纂室蔵。

(19) 具志川市教育委員会「公立移管に伴う職員人事についての要請」1970年2月17日、

具志川区教育委員会宛、うるま市史編纂室蔵。
(20) あげな公民館長他3「幼稚園の公立に伴う人事についての要請」1970年2月、具志川区教育委員会宛、うるま市史編纂室蔵。
(21) 中頭教職具志川支部・具志川市幼稚園協会「未認可幼稚園の公立移管に伴う職員人事についての要請」1970年3月13日、具志川区教育委員会宛、うるま市史編纂室蔵。
(22) 具志川市議会『具志川市議会会議録』1970年3月30日。
(23) 具志川市幼稚園協会「退職金支給方についての請願書」1970年5月29日、具志川市議会議長宛、うるま市史編纂室蔵。
(24) 「安慶名区長代表との懇親会開催について」具教委発289号、1970年4月22日、うるま市史編纂室蔵。

参考文献
① 具志川教育区教育委員会「1971年5月編 具志川教育区教育委員会例規視集」
② 具志川教育区教育委員会『教育要覧1971学年度』

第4章

集落の教育文化力の形成

字公民館図書館・
文庫の設置、
学習支援の事例研究

北大東村なかよし塾　2010年

第4章 集落の教育文化力の形成
字公民館図書館・文庫の設置、学習支援の事例研究

　これまでみてきたように、沖縄の集落では、子どもに関わる様々な教育文化活動が営まれてきた。これらは、戦前に組織化され、戦後再生・継承されてきたものであるが、これら諸活動以外にも、字公民館を拠点としてひろがりをみせた地域教育活動を挙げることができる。それは、区（字）立の図書室・文庫活動であり、また、子どもへの学習支援の新しいかたちとしての「学習会」のことである。前者の字立の図書室は、戦前の青年会による図書室の流れを汲むものであり、これらの営みは、集落における地域教育文化実践とも呼べるものである。また、読谷村の字公民館の図書室設立運動とその流れに位置づけられる子供文庫の設立は、戦後の沖縄社会において公的機関の未整備な状況下にありながら、区民の教育文化に関わる要求に応えるかたちで実現したものである。これらの教育文化機関は、村の再生と復興のシンボルとして各集落で設立され、区民の読書文化要求に応えながら、次世代の子どもを主体とした文庫設立のエネルギーを生み出した。この読谷村の地域教育文化力は、他村の集落にも影響を与え、その地域の教育文化力を引き出した。
　次に、子どもの学習支援の新しいかたちとしての「学習会」に注目したい。近年、村や字の子ども支援として様々な展開がみられる。たとえば、北大東島の村営「なかよし学習塾」は、孤島に暮らす子どもの基礎学力の定着と学習の習慣化を図るため村独自の「塾経営」とし

て知られている。この塾では、退職教員を採用して運営している。本章では、特に、子どもの基礎学力の保障を担うものとして、区民全体の支援と責任で「経営」されている宜野座村字惣慶(そけい)の学習会を取り上げる。序章第2節の「沖縄の社会教育研究の到達点－先行研究の検討－」において、末本誠は、惣慶区の学習館は、教育隣組の活動を背景に大人が総がかりで字の子どもの教育に責任をもつ体制が築かれていたと述べている。惣慶区は、区民の視点から子どもの生活や学力に関わる課題解決に挑み、区民の合意と支援を受けながら具体的な活動を創出した事例であり、集落社会全体で学習支援を組織化した新たな地域教育運動の生成を果たしている。

　本章では、第一に、読谷村字波平の字立の図書室の事例を検討し、第二に、字座喜味の子ども会を中心に設立された字の文庫活動について考察を進める。第三に、宜野座村の地域学習組織たる「学習会」の設立過程について検討する。これらの事例を検討することで、字の子どもの地域教育文化活動に関わる組織が区民の支援により展開されたことを明らかにする。

第1節　字公民館図書室の設立と展開　読谷村の場合

　本節は、字公民館を拠点に広がる地域の教育文化活動の動向をみながら、区民への読書文化の普及を図るために区民自らが字公民館内に設置した図書室・文庫(以下「公民館図書室」と略)に注目するものである。この公民館図書室は、子どもを含む地域住民の読書環境の基盤の一端を形成し、集落に住む子どもに対して日常的(気軽)に文字や図書にふれる機会を提供してきた点で実に教育的な機能を有している。また区民が主体的に公民館図書室を設立し運営を支え、区民の読書文化要求を直接、その運営に反映させようとする、まさしく区民に開かれた地域一体型の教育文化機関としての役割を果たしてきた。このような区民に開かれた公民館図書室は、戦後の"むら"の復興と再生

というプロセスのなかから生まれてきたものであり、そこには、自主的な図書室運営を志向する区民の自治意識が基底にあったのではないかと思われる。そして、字公民館の組織のなかに公民館図書室という子ども・青年の教育文化に関わる自治的・共同体的機能が位置づけられ、その教育文化環境を区民の共同事業として営み、今日、具体的な姿として我々の前に提起しているといえる。

以上をふまえて、本節では、地域興し・村興しの"むら"として知られ、字公民館を拠点に地域づくりの運動や諸活動も盛んな読谷村の公民館図書室に注目し、それの成立の経緯、要因、展開過程にについて考察する。公民館図書室の設立において民衆の自治と共同の力を集約しそれを発揮したのは、字の青年会であるが、公民館図書室設立時の青年会関係者の証言や関係資料の分析を通して、特に、設立の目的や運営状況について明らかにする。次に、青年会主導の公民館図書室の設立・運営から字公民館の組織として図書室が改めて位置づけられるが、その経緯とその後の地域における図書文化活動の広がりについて考察し、あわせて、字の青少年の健全育成とどのように関連していたのかについて検証する。以上の二点の考察を通して、戦後の"むら"の復興過程において、青年会を中心とする区民の自治文化運動の成果として公民館図書室が生成され、定着してきたことを明らかにする。

1. 読谷村内の公民館図書室の設立

1 読谷村と字波平

読谷村は、沖縄本島中部の西海岸に位置し、東シナ海にカギ状に突き出た半島にある。1972年（昭和47）の日本復帰時の人口は2万3千人であり、その後人口は増え続け、現在では3万9千人余を数えている。1985年に発足した村内で最も新しい行政区である「大添（おおそえ）」を含めて23区の行政区がある。読谷村は、独特の文化を形成し、「読谷山花織（ゆんたんじゃはなうい）」、「喜名焼（きなやちむん）」に代表される焼物等の伝統工芸や各地の民俗芸能が盛んな村である。沖縄戦では米軍の上陸地点となり、空と海からの猛爆により焦土と化し、戦後一時期は村域のほとんどを米軍の基地施設として接収された。村内で元の居住区に戻れずに強制的に他地区に移住させ

られた者も多い。こうして読谷村は焦土のなかから戦後復興を始めたのであり、戦争を生き残った区民は自らの生活再建と共に地域復興が最大の願いであった。

旧波平公民館　2010年

なみひらたんぽぽ文庫　2010年

区民の戦後復興の拠り所となったのは、各集落に存在した字公民館である。字公民館は、戦前は、「村屋」「事務所」と呼称され、戦後は、字公民館として再建されると、集落の復興の中核的な機能を併せもつようになる。

　字波平は、戦前から村内で最も人口の多い集落として知られている集落である。戦後、戦禍を避けるため県外や台湾、国頭の山中に避難していた住民も帰村し、村の復興を始めた。1949年（昭和24）6月、敗戦後の混乱した地域環境の整備と住みよい集落の再建をめざして、波平振興会が発足した。振興会の目的は、会員相互の研修、農村娯楽の開催改善、農作物の増産保護取締、風紀取締、体育の奨励、火災・盗難・暴行の予防鎮圧等であった。また、波平青年会（1947年）、波平婦人会（1948年）、学事奨励会（1950年）等の教育組織が次々と結成され、字公民館を拠点に村の教育復興が図られ、以後、青年と婦人による地域活動の広がりがみられた。とりわけ青年会は、生き残った僅かな会員で青年会独自の修養の場として波平青年倶楽部を建てたり、字内に防火用水溜池の設置や自警団を結成したりして、字の生活安定のために活動を始めた。村の復興の動きのなかで、波平青年倶楽部は、文化復興の礎として、あるいは公民館図書室の原型の文庫設立運動へとつながるのである。この青年倶楽部こそが、字の図書室の設立につながる、地域文化の芽生えであった。

2 青年会と公民館図書室

　青年会は、村の戦後復興と関わって、食糧増産等の生活再建で大きな役割を果たしていたが、ここでは特に、文庫・図書活動との関係に注目したい。戦後、字公民館のなかに文庫あるいは図書室を設置し、区民の読書文化の向上を図る取り組みは各地域でみられた。1950年代、沖縄本島の具志川村では村青年連合会が村議会室の一部を借りて「青年文庫」を設置し、字公民館への「巡回文庫」を実現させたり[1]、北谷町桃原区では、地元の青年会が字公民館の一角に青年図書館のスペースを確保したりしていた[2]。これは青年会活動の一環で地域に文庫を設置した事例であり、また豊富な財源を基盤に宜野座村や金武町

では、字公民館の中に図書室を設置し、専任司書も配置する等の教育文化活動を展開している地域もみられた。

読谷村の場合、1931年（昭和6）に沖縄県連合青年団の大会で通俗教育の観点から「青年文庫の普及及び充実を図ること」が決議されていたが、既に、字渡慶次では、1922年（大正11）に青年文庫が設置され[3]、字高志保では、1934年度（昭和9）以降、公民館予算に図書費が計上されたり[4]、字波平では戦前公民館内に図書館が設置されていた[5]。このように、戦前から集落社会で文庫または図書館に関わる動きがあったことに留意したい。

では、戦後の文庫・図書室設置に関わる実態はどうだろうか。戦後、

表1. 読谷村の青年文庫（1956年12月現在）

字名	公民館構造	備考
1. 喜名	瓦葺平屋	青年文庫 175 冊
2. 親志	竹茅葺	
3. 座喜味	瓦葺平屋ブロック壁	
4. 上地	－	
5. 波平	木造瓦葺平屋	青年図書館蔵書 700 冊
6. 都屋	木造瓦葺平屋	
7. 高志保	瓦葺ブロック壁	青年文庫 107 冊
8. 渡慶次	スラブ葺ブロック建	青年文庫 200 冊
9. 儀間	草葺	
10. 宇座	瓦葺平屋板葺	青年文庫 603 冊
11. 瀬名波	瓦葺平屋ブロック壁	青年文庫 70 冊
12. 長浜	瓦葺平屋ブロック壁	青年文庫 755 冊
13. 伊良皆	瓦葺平屋ブロック壁	
14. 楚辺	一部スラブ平屋、瓦葺ブロック壁	青年会図書 500 冊、児童用 300 冊
15. 渡具知	瓦葺平屋ブロック壁	青年文庫 220 冊
16. 比謝	瓦葺平屋ブロック壁	
17. 大湾	瓦葺平屋ブロック壁	青年文庫 80 冊
18. 古堅	草葺平屋	
19. 大木	瓦葺平屋	
20. 牧原	－	
21. 比謝矼	－	
22. 長田	－	

読谷村役場総務課『村の歩み』1957年、60頁。

読谷区教育委員会は、字公民館の実態調査を実施している。調査結果をみると、1956年（昭和31）の時点で、村内の字公民館内で図書・文庫活動を展開したのは、村内22の字のなかで10字を占め、村民の半数が字の文庫の存在を身近に感じていたと考えられる（「表1．読谷村の青年文庫」（1956年12月現在））。表1をみると、"青年文庫"と呼称している字が多く、"青年図書館"、"青年会図書"と呼ぶ所もある。蔵書数に注目すると、字楚辺は、1951年（昭和26）に青年図書館を開設し、青年会図書500冊、児童用300冊を保持して村内一の蔵書数を誇り、字長浜は755冊、字波平は700冊の蔵書を有し、村内での文庫活動は一定の広がりをもって展開していたといえる。これら村内の字公民館内に図

表2．字別一人当たりの図書数

字名	図書（冊）	人口（人）	図書数／一人当たり
1. 喜名	825	1745	0.47
2. 親志	50	148	0.34
3. 座喜味	520	1616	0.32
4. 上地	－	75	－
5. 波平	**3169**	**2246**	**1.41**
6. 都屋	29	541	0.05
7. 高志保	601	1530	0.39
8. 渡慶次	**1100**	**1380**	**0.8**
9. 儀間	20	830	0.02
10. 宇座	58	1198	0.04
11. 瀬名波	－	902	－
12. 長浜	200	1140	0.18
13. 伊良皆	30	775	0.04
14. 楚辺	**2300**	**2385**	**0.96**
15. 渡具知	73	658	0.11
16. 比謝	20	450	0.04
17. 大湾	150	694	0.22
18. 古堅	34	796	0.04
19. 大木	20	600	0.03
20. 牧原	－	251	－
21. 比謝矼	－	206	－
22. 長田	10	139	0.07
計	9209	20305	0.45

読谷区教育委員会『昭和43年度社会教育史料公民館編（情報交換第10号）』1968年4月1日現在

書室が設置され、字楚辺、字波平(なみひら)、字座喜味(ざきみ)では、専任の司書を配置して図書の貸出業務を展開し、区民の文化的な教養を高める地域の施設として存在してきた[6]。「表2. 字別一人当たりの図書数」をみると、一人当たりの図書数が多いのは、字波平であり、字楚辺、字渡慶次と続いている。なお、字渡慶次の公民館図書室では、文学作品や小中学生向けの教育関係書が揃っていた[7]。

2. 青年会主体の文庫活動と波平青年図書館の設立

　戦後の読谷村の文庫設立に関わる動きがいち早く見られたのは、字波平である。この文庫設立の動きは、戦後の字の経済と文化振興を願う区民の願いと重なるものである[8]。波平公民館は、戦前から現在地にあったが、戦禍により灰燼に帰し、1947年（昭和22）に「仮事務所」として区民の行政事務を始めた。翌年には、木造茅葺の行政事務所を建築し、1950年（昭和25）、木造赤瓦葺の「字波平区事務所」として区民の戦後処理の一切の業務を担った。1952年（昭和27）、公民館設置要綱により、波平区事務所は「波平公民館」と改称された。戦禍を避けるために各地に避難していた区民も波平に帰郷し、戦後復興の中心的な役割を果たす波平公民館の整備がこの頃進むのであった。

　区民の歩みを記した『波平の歩み』によれば、青年会による月刊誌キング講読倶楽部等がつくられ、青年会員や区民からの寄贈を受けて青年倶楽部内に、「波平青年文庫」を創設した、という。波平公民館からほど近いアガイジョウ（遊び庭）には米軍払い下げのコンセットがあり、そこが青年の交流の場になっていたので、青年倶楽部と呼ばれた。青年倶楽部は出入りが自由な場であり、卓球台等がおかれ、中高校生や青年のいわゆる遊び場となっていた。波平在住の上地正夫（昭和8年生）は、青年会がアガイジョウの米軍コンセットに青年倶楽部を結成し、米兵が集落に侵入しないように自警団や防火見廻りをしていたことを証言し[9]、上地武雄（昭和11年生）は、大型のコンセットのなかには雑誌や卓球台があったことを述べている[10]。『波平の歩み』では、上地正夫の証言を裏付けるように、村の再建のために青年会の組織化が図られ、防火用水の確保と警察と協力しての自警団の結成を

行ったことが記されている[11]。敗戦直後の波平青年文庫関係の資料は皆無であり、当時の関係者の記憶も定かではないためその実態は明らかではない。しかし、少なくとも波平青年文庫は、波平の青年会との関わりのなかで生まれ出たものであり、村の復興を願い、活動を始めたものであったといえる。

波平青年文庫が「公民館図書室」としての体裁が整えられるのは、1950年代に入ってからである。1951年（昭和26）の台風により青年倶楽部が倒壊した後、当時の青年会長・知花昌徳（昭和5年生）は、区内の会員に図書館建設を呼びかけるとともに、資金計画、建築計画について議論した。会員一人当たり二百円の負担と字内有志、会員の労力奉仕によって、総工費五万五千円で、1952年（昭和27）に木造赤瓦葺の独立した図書館が完成した。

知花昌徳は、なぜ、図書館建設を提案したのか。字波平に図書館が必要であると考えた知花は、戦後の新しい時代を迎えて、戦前の農業を中心とする生活スタイルから、学問をすることで新境地を開いていくことが大切であると認識していたからである[12]。また、知花は、①戦後の混乱期のなかで時代を切り拓き、青年の目を開かせるためには図書館が必要であったこと、②その図書館建設に対しても区民のなかには反対もあったが、図書館建設の提案についてはやがて理解が得られたため、青年会費から図書費を計上して建設したこと、③司書に相当する図書係を置いたこと、を語っている。青年倶楽部から端を発した波平青年文庫は、字青年会の主体的な運営によって図書文化運動を始めたのである。青年会費から図書館建設経費を計上し、住民総ぐるみで波平青年文庫を建設したわけであるが、実際の文庫の実務や運営は青年会から選出された図書係に委ねられた。

上地正夫は、図書館建設当初に配置された図書係の1人である。上地は、役場勤務の傍ら、兼職で無給の図書係を担当していたが、波平の子どもだけではなく、近郊の集落の子どもも文庫に通っていたことを述べている。文庫の図書は、貸文庫業を営んでいた者から譲り受け、また波平青年会は1953年（昭和28）から青年会費を2倍に引き上げて、その内の半額を文庫経営に充てた。このように波平の青年文庫は、波

平の青年による発案から生まれ出たものであり、青年会の自発的・自主的な運営を行っていたといえる。しかしながら、文庫運営の財源は青年会員から拠出された会員予算をもって運営されていたため、財政的には厳しい状況が続いた。そのため、1954年（昭和29）から1961年までは、公民館の運営予算から青年文庫に対して図書購入費が助成された。たとえば、1956年（昭和31）の図書館の全予算は29,900円であり、その内、青年会負担金15,000円、公民館補助金14,400円、雑収入（寄付金他）500円である。公民館補助金は全予算のほぼ半分であった。また、予算の主な支出は、図書購入費や月刊雑誌購入費に充てられた[13]。

表3．波平公民図書館の変遷

名称	青年倶楽部　波平青年文庫／波平青年図書館	波平公民図書館／なみひらたんぽぽ文庫
年（西暦）	戦後⇒1951　　　1952⇒	1962⇒　　　1997⇒
運営主体	波平青年会	波平区公民館
運営予算	青年会予算 公民館運営予算から助成 （1954－1961）	波平区公民館運営予算

　以上のことから、図書館の運営主体は、波平青年文庫（波平青年図書館）と呼称されていた1961年頃まで波平青年会であり、その主たる運営費は青年会の予算であった。この頃、青年会は、共同耕作地（300坪）からの収入を諸行事や運動競技、産業講習会、教育隣組の教育費等に充てていたが[14]、図書館運営もこれによって支えられていたものと考えられる。波平公民図書館として再出発するのは1962年からであり、波平区公民館の予算で運営された（「表3．波平公民図書館の変遷」参照）。このように、青年会による公民館図書室の設立・運営は、青年会の村の復興・再建にかける願いを基本としながら、自覚的・自治的な行動の結実した"かたち"を生み出した。

波平公民図書館　撮影年不明（読谷村史編集室所蔵）

3. 波平青年文庫・波平公民図書館の活動と図書文化活動の広がり

　青年文庫に対する公民館予算からの助成は、1961年（昭和36）まで続き、翌年は、館内の手狭さと建物の老朽化に伴い、全面改築がなされた。1962年7月に開館した新図書館により、青年会運営の青年文庫から公民館運営の波平公民図書館へ移管された。波平公民図書館は、図書館運営の強化のために運営委員会を設置し、専任司書係を置いた。新図書館開館後、「波平公民館運営規約（1965年1月）」が出来たが、その規約をみると、公民館の最高企画機関である審議委員会の各部組織のひとつに文化部が位置づけられ、そこでは学事奨励会や社会教育に関する事項等と並んで図書館に関する事項も取り扱われるようになっている。つまり、波平公民館の組織のなかに図書館の運営が位置づけられ、公民館の役員としての司書は、「図書館運営を司どる」（第33条）とされた。司書の業務は、館内外の清掃、書架の整頓、戸締まりを始めとして、図書の貸出・管理、読書指導、利用者状況調べ、各種出張等、多岐にわたる内容であった。この各種出張のなかには、沖縄図書館協

会、中部司書研究会、司書講習が含まれ、公民館図書室としての情報収集や司書の資質能力を高める研修内容も含まれた。こうして公民館運営規約のなかに「司書」に係る規則が明文化されたことは、公民館活動のなかに図書室運営が位置づけられ、区民総意のもとで字公民館を拠点に図書文化活動が再出発したことを意味した。

　波平公民図書館の有給司書として採用された者は、金城キク（昭和14年生）である。金城は、1958年に読谷高校を卒業し銀行に採用されたが、波平公民図書館の図書係として1960年に採用され1963年まで勤めた。金城は、銀行員と同待遇での採用であった、と述べている[15]。また金城は、石川琉米センターの指導を受けながら、図書の購入や整理、貸出業務一切を担当した。蔵書冊数は1,532冊（1963年）、2,382冊（1964年）、2,670冊（1965年）と増加した。こうした蔵書冊数の増加は、1962年（昭和37）の字内の献本運動や南方同胞援護会からの一次配本（1963年）によるものであった[16]。

　1965年の図書館運営機構図をみると、館長、副館長、図書館運営委員8名の下に、図書選択部5名、貸出部（司書・青年会）、サービス部5

第1回波平読書祭　1962年（読谷村史編集室所蔵）

名、ライブラリークラブが置かれていた。開館時間は夏期は午後2時〜10時、冬期は午後2時〜9時である。金城が図書係として勤務していた1962年（昭和37）11月に第1回波平読書祭を開催している。金城の証言によると、子どもの作品展示等があったとしているが、第4回開催の波平読書祭では、作品展示、図書館案内、石川文化会館との懇談会、映写会、青年会のレコードコンサート、標語・感想文入賞者表彰等、多彩な内容であった[17]。また、金城キク作成の「1967年度図書館照合結果報告書」によると、一日の平均利用者は、館内77名、館外23名である。また、小学生の利用者60％、中学生17％、高校生12％の割合であり、分野別蔵書をみると、文学が3割を超え、社会科学、歴史と続いている[18]。

　ところで、波平の公民図書館の活動と専任司書の配置は、図書活動を進めてきた村内の他地区にも影響を及ぼしている。既に、楚辺公民館図書館は戦後早くから活動を始めていたが、楚辺青年会（文化部）は、図書運営や青年活動等について波平公民図書館を訪れ、懇談会をもっている[19]。その後楚辺では教養部及び青年会文化部の要望を取り入れ、波平の専任司書の配置を倣い、1964年（昭和39）に司書を配

第2回読書まつり　1963年（読谷村史編集室所蔵）

置した[20]。

　地域の公民館図書室の活動の成果は、1967年8月の「第1回 公民館における図書館運営発表会」の開催に結実する。開催場所は、読谷村楚辺区民図書館である。この発表会は沖縄図書館協会、那覇、中部、北部各教育連合教育委員会共催で開催された。発表会では、首里当蔵公民館の教育隣組との協力による読書活動の展開や楚辺住民図書館の読書に関する講演会、区内の理容館と美粧院を活用した移動文庫、教育隣組単位の読書会の実施、多読賞の授与、展示会等の取り組みを報告している[21]。ここで登場する教育隣組は、子ども会の前身にあたる地域子ども組織であり、1960年代に入ると各地域で組織化され、活発な活動を進めていた。特に楚辺区民図書館では、教育隣組単位に図書館内で読書会が開催されたり作品展が行事として行われる等、教育隣組も公民館図書館と結びつきながら活動を展開したのである。

　このように波平公民図書館は、活動の拡大・強化を背景にしながら他地区への自治的な文化活動の有り様を提起し、また集落全体の自治的な文化活動を牽引している。これらは、区民による自治的・自発的な共同事業であり、集落における教育文化活動の具体的な姿であった。自治的な文化活動の拠点としての波平公民図書館は、以後、地域の教育諸問題にも対応しながら新たな展開をみせるのである。

4. 読谷村不良化防止運動と児童文庫・青年文庫の整備

　戦後、読谷村は青少年の保護育成と環境浄化を目標に「青少年不良化防止運動」を展開した。1958年（昭和33）5月の第7回運動は、青少年の盗犯の防止と環境浄化を運動の目標に掲げていた。こうした取り組みの背景には、青少年による民家や軍施設への窃盗行為が多発していたからである[22]。一方では、村内の交通量の激増と大型バスの運行、軍用車輌の増加に伴い、輪禍から子どもを守るために各集落内に遊び場が設置された。読谷村の「子供遊び場設置補助」による整備事業は、主に集落内における遊び場の整備補助事業であった。1958年5月の子どもの遊び場設置状況によると、村内15の集落で遊び場が完成し、滑り台やブランコ、シーソー、鉄棒、砂場等が設置されている。

この遊び場の設置は、青少年の環境浄化と環境整備の立場から進められたものであり、同年11月の「第8回読谷青少年不良化防止運動実施計画」は、さらに、各字として健全娯楽施設の設置を奨励している。これをみると、「各区の公民館を開放して図書児童文庫を備え教養を高める」「子どもあそび場所の設置促進維持強化を図る」「あそび用具の増設とくに運動用具を備える」等となっていて、遊び場設置と並んで公民館図書室の充実強化を謳っている。1959年の「第9回青少年不良化防止運動」は、その実施事項として11項目を掲げ、部落懇談会の開催や村だより、親子ラジオによる宣伝啓発と並んで、「各字公民館の児童、青年文庫の強化」を挙げている[23]。

　波平においては、1957年（昭和32）の字公民館の運営方針で、図書や遊び場の充実、健全娯楽の奨励が謳われ、図書文化事業を展開していた公民館図書室は、健全育成を図る視点から改めて見直されるのである[24]。読谷村の青少年の置かれている状況に危機感を抱いた村民は、不良化防止運動を展開しながら、各字の取り組みのひとつに字公民館図書室・文庫を子どもの健全育成の場として捉えていたのである。村民の不良化防止対策と公民館図書室との関係を表す1960年代の関係資料は散逸して確認できないが、日本復帰直前の1971年5月の「広報よみたん」では、公民館活動のなかで青少年の健全育成を図るための議論が行われている。これをみると、公民館活動でスポーツ行事や学事奨励会の開催、そして「図書館を通して教養の向上をはかる」ために「図書をそろえて学習の場にすることが望ましい」としている[25]。こうして公民館図書室は、地域における青少年の健全育成の場として認識され、「学習の場」として期待されるのである。

第2節　読谷村座喜味子供文庫の設立

　松田武雄（名古屋大学）は、沖縄の字（集落）公民館の活動について、「行政の末端組織としての機能を担っている一方で、行政とは相対的に

独立した地区独自の自治的活動や、伝統芸能に象徴されるような文化活動が活発に行われる場[26]」であると指摘している。松田が指摘するように、沖縄の字公民館における自治的活動や文化活動は、各字の歴史や風土に培われながら様々な活動の態様を生み出し、教育文化に関わる活動も多様である。前節でみたように、集落共同体における様々な教育的営為のなかでも、読谷村の字公民館における図書館は、区民の教育文化に対する意識を高めるために区民自らが主体となって設立した草の根の教育運動ともいえるものであり、地域の自治文化活動の具体的な姿として存在している。現在、読谷村内で図書館・文庫活動を精力的に進めている字公民館は主に3つの字であるが、戦後間もない頃から村内の字公民館内で図書・文庫活動を展開したのは、村内22の字のなかで10字を占める程、村民の文化的な意識は総じて高かった。

　ところで、読谷村内のなかでも優れた図書館活動を進めてきたのは、字楚辺、字波平、字座喜味の図書館・文庫である。いずれの字図書館も、主に区民を対象に図書の貸出業務を展開し、区民の文化的な教養を高める地域の施設として存在してきた。字楚辺は、米軍基地からの収入を基盤に体育館附設の大型公民館を建設した（2004年4月）。館内には図書館を拡充整備し常勤の司書を擁する等、積極的な図書館活動を進めている。字波平の図書館は、戦前、区民からの蔵書の寄贈と当時の区長の尽力により「波平青年文庫」として出発したものである。同文庫は、沖縄戦により字公民館とともに灰燼に帰したが、1952年（昭27）、青年会独自の計画によって木造赤瓦葺の図書館建設を契機に再始動した。字座喜味の子供文庫は、区民と子どもの協同による草の根の文庫活動として知られ、しかも文庫活動を拠点に様々な文化活動を生み出し、村内外に大きな影響を与えた活動であった。

　これらの事例は、地域の字公民館を拠点にシマ社会全体の取り組みとして図書館・文庫運動を組織化したわけであり、換言すれば、地域における新たな教育運動の生成をみせるものである。こうしたシマ社会において組織的な地域教育運動を生み出した原動力、加えてこれを支える要因と活動内容を明らかにすることは、衰退したと言われる地域の教育力の再生を考えるひとつの"手がかり"になるだけではなく、

"成功事例"の要因を析出することで、他地域に対して地域教育力の再生の示唆を与えることにもなろう。

本節では、特に、子どもと地域住民の協同による座喜味文庫の創出過程に注目したい。同地域で文庫運動を生み出した原動力とは何であったのか、また、その原動力を「子供文庫」という形に結実させた「地域の教育文化を支える力」を明らかにすることで、地域教育の組織化の要因を析出することを目的としている。なお、ここでは、字座喜味の子供文庫設立の背景と過程を文書資料群と設立に関わった関係者の証言をもとに、文庫設立に関わる区民の活動を浮き彫りにし、子供文庫の活動の実際と文庫活動の閉鎖に至るまでの過程を明らかにしていく。

1. 地域の教育運動の原動力 その1　危機意識と防止対策

1960年代以降、読谷村内では各字毎に教育隣組が結成され始めた。第2章で明らかにしたように、教育隣組の結成には地域の婦人会が関わり、主に犯罪から子どもを守るという健全育成のための地域教育組織として活動を展開していた。字座喜味では、1962年に教育隣組が結成され、字の婦人会長は教育隣組の役員を兼ねていた。当時、婦人会活動で指導者的な役割を果たしていた松田敬子は、精力的に教育隣組の結成と活動を進め、子どもの生活・学力・出席の向上と共通語励行にも力を注いでいた。教育隣組結成の理由として松田は次のように述べている[27]。

> 部落の組織ができましたのが1962年であります。動機といたしましては、あちらこちらで青少年の不良化や学力向上の問題が取り上げられその対策が講じられつつあり、私達の部落から一人でもそのような問題になる子供をだしてはならないという意見が高まってきたからです。そのため婦人会が立ち上がって教育隣組を結成いたしました。PTA行事の年間一回や二回くらいの集会では実際に身近な問題を話し合いすることはできませんでした。（略）婦人会長さんが部落の総責任者として運営していくことになり、二十名の組長さん

方はそれぞれ自分の組の責任をもって独自の活動を始めました。

(傍点－筆者)

続けて、松田は、学校と保護者間のお便り帳の交換、各家庭もち回りのぜんざい会、レクリエーション大会等の親睦的な行事や子育てに関する父母の研修会等を計画・実施していくことで、地域間の意思疎通を促し、加えて子どもの教育問題は地域の問題であることを区民に投げかけている。婦人会は青少年の健全育成の一環として教育隣組の活動に取り組むが、1979年（昭和54）の子ども会育成会結成以後、同会はその役割を引き受けることになる。子ども会の結成は、日本復帰後、県内で急速にみられるもので、地域組織としての教育隣組が子ども会の組織に移行していくのである。座喜味子ども会育成会会則は、「子どもたちの心身の健全な成長及び福祉の増進をはかることを目的」（第3条）とし、これの目的達成のための事業として、①子ども会活動を円滑に進めるための物的・精神的援助、②子ども会の指導者の養成と確保、③生活環境の整備の促進、④子ども理解のための広報活動の実施、⑤会員相互の研修の充実の5点を掲げた。

字座喜味の不良化防止と学力向上に係る対策として、婦人会を中心に教育隣組の結成と子ども会の活動を展開していくのであるが、子どもの生活環境の具体的な整備の視点から、地域文庫の設立運動が形成されるのである。字座喜味にとって、なぜ文庫の設立が必要であったのか。また、地域文庫を設立するために、地域の声の集約を図り、それを文庫という"かたち"にするにはkeyman（核）の存在が不可欠である。そのkeymanの存在と地域のなかで果たした役割について、以下、考察を進める。

2. 地域の教育運動の原動力 その2
地域の教育力の組織化とkeymanの存在

地域住民の子ども会育成会に対する期待に応えるように、育成会の役員は、子供文庫という地域文庫運動を提唱し、結成の翌年には子供文庫設立に関わる資金調達の議論を積み重ねていく。子供文庫の構想

の中心は、座喜味子ども会育成会の環境美化部長であった喜友名昇(後、育成会会長。1985年〜2000年)である(「図1. 座喜味子ども会育成会組織図」参照)。喜友名は、子ども会育成会の組織の継続・発展を目的として子供文庫を構想し、当時の状況について次のように述べている[28]。

　1980年に初代の子供文庫が建設された。建設にあたっては、当時の共栄会(成人会)が計画して、育成会の父母が協力し、資金づくりはざきみ祭りを企画し、二日間さまざまなバザーを行った。また、区民の方々に寄付金を募ったところ、八十万円余のお金が寄せられた。その資金を基に、十坪程のプレハブづくりの子供文庫を建設した。内部の本棚や内装などは地元の大工の方々が協力してくれた。本は、県内の新聞社やマスコミを通じて呼びかけ、二千冊程の本が集まった。区民や子供たちの夢と希望の文庫は、子供会の活動の拠点となって、今日の子供会活動の活性化のうえで大きな役割を果たしてきた。
　　　　　　　　　　　　　　　　　　　　　　　　(傍点－筆者)

図1. 座喜味子ども会育成会組織図

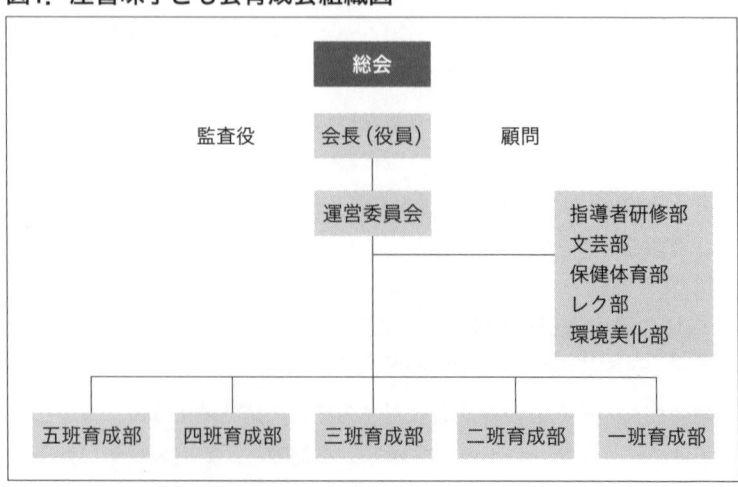

```
                    総会
                     |
  監査役         会長(役員)        顧問
                     |
                 運営委員会 ――――― 指導者研修部
                     |              文芸部
                     |              保健体育部
                     |              レク部
                     |              環境美化部
     ┌───────┬───────┼───────┬───────┐
  五班育成部 四班育成部 三班育成部 二班育成部 一班育成部
```

資料：子ども会育成会「祝 座喜味子供文庫びらき」

喜友名の証言から、子ども会育成会の組織の継続・発展を目的として子供文庫の設立が位置づけられ、子ども会活動の拠点としての文庫設立であったことがわかる。子ども会活動の活性化の点からも文庫の存在が重要視され、主に子どもを対象としているものの、まさしく字座喜味の地域教育文化運動の核であった。では、ここで座喜味文庫がどのような経過で設立されたのか、詳細にみておきたい。

　文庫設立の具体的な動きがあったのは、1980年のことである。字座喜味の豊年祭の前夜祭に子供文庫設立資金造成を目的としたバザーが開催され（同年7月）、これらの資金をもとに座喜味子供文庫が設立された。子ども会育成会の記録「祝　座喜味子供文庫びらき」によると、当初中古バスの改装・整備を構想していたが、予算不足から中古プレハブを活用しての文庫開設になった。プレハブ建設後、内部の改装は区在住の大工によるボランティアによって整備し、区民に文庫用図書を呼びかけ集めたのである。この間、子ども会育成会は5つの班の育成会や教育隣組の役員と会合を重ね、文庫びらきに奔走した。子供文庫は約33平方メートルのプレハブ平屋で座喜味公民館の敷地内に建設された。各戸500円の寄付と座喜味体育協会、青年会の補助を受けての建設であった。内部設備造成基金集めバザーの開催により資金を確保して、材料を購入し区内の大工を始めとする奉仕作業によって完成した。こうして、基金造成から実際の文庫設立に至るまで、座喜味区民の理解と協力の上で、文庫設立に至るのである。

　先に、喜友名が述べているようにマスコミを通しての宣伝により、「山口児童文化研究所（東京）」を始め県外から約1,500冊の書籍が届けられ、ラジオ沖縄の朝の番組「おはよう日本」での「沖縄の子供たちに本を贈るキャンペーン」（1981年10月）効果により、その一部の書籍が座喜味子供文庫に届いた[29]。ラジオ沖縄と座喜味子供文庫の橋渡し役を果たした松田敬子は、次のように述べている[30]。

　その頃、ラジオ沖縄で奥さまレポーターというものがあって、私は、依頼を受けて引き受けました。ずいぶん長いことレポーターをしましたね。私の担当は、読谷や嘉手納の地区で、地域の出来事、

たとえば、海へのゴミの投げ捨てのことや子どもの様子、お年寄りの暮らしのことなど、とにかく、地域のニュースを取り上げてラジオで話をするんです。座喜味では、子どもや親が一生懸命に文庫を作ったんだけど、もうお金もなくて、建物の中味はカラッポ状態。そんなことを話したら、すぐにいろんな所から電話が来て、本が大量にやってきました。これを文庫に届けたりしました。婦人会も一生懸命だったね。地域の子どもの教育は、婦人会の仕事だという考えがあったもんだから、文庫の本を集めたり、子どもたちに本の読み聞かせもしたりしましたね。　　　　　　　　　（傍点－筆者）

　松田は「地域の子どもの教育は、婦人会の仕事だという考え」に突き動かされ、子供文庫の実態を村内外に伝えた。また座喜味の区民は、子供文庫の実現のために図書を収集したり、文庫完成後は区内の子どもを対象に読み聞かせ会を開く等、地域ぐるみで子供文庫を支えるのである。
　このようにみてくると、子ども会育成会－喜友名は、地域住民の期待に対して、子供文庫を設立するという具体的な提案をし、そこに区民のエネルギーを組織化することに成功したものといえる。また、座喜味の婦人会は、子供文庫の設立に対して終始支援体制を組み、文庫支援のために特にマスコミを効果的に活用したのであった。

3. 地域の教育運動の原動力　その3　ざきみ文庫の設立と住民理解

　「初代の子供文庫は老朽化し、白蟻が発生し、またスペースも狭くなり活動に支障をきたし」、子どもたちから「もっと広い文庫、かっこいい文庫が欲しい」との声に後押しされ[31]、1986年頃から新しい文庫の建設運動は始まった。当初、新文庫は子供文庫の名称は使われず、「児童館」であった。子ども会役員は児童館建設に対する区民の協力を呼びかける立て看板を区内に設置しアピールした。児童館建設には相当程度の資金が必要である。子ども会役員は資金調達のためには区民の協力が不可欠であることを訴えた文書を発行し、区民の理解を求めた。実際の資金づくりは、読谷まつりや区の豊年祭、親子エイサーまつり

でのバザー、リサイクル用品の販売、空き缶回収等であった。児童館建設に係る積立金は、1986年度（昭和61年度）から毎年度実施され、1990年度（平2年度）には合計積立金は260万円余になっていた[32]。子ども会は、建設資材購入のための資金協力を呼びかける立て看板作りをし[33]、座喜味公民館前で建設資金づくりのためのバザーを開催する等[34]、子ども会育成会の協力を得ながら自分たちの「児童館」の実現をめざして活動を進めた。子ども会育成会は、新館建設運動を進める一方で、毎年5月の学事奨励会において「座喜味子ども文庫多読賞」として個人賞とファミリー賞を設けて表彰する等、文庫活動はそのまま継続していた[35]。

　1992年（平成2）3月、座喜味子ども会育成会による第一回の文庫設計図の検討会が行われた。これは実質的な文庫建設準備委員会の発足会であった。検討会では文庫の必要性とこれまでの活動の経過報告が中心となり、以後、文庫建設準備委員会は翌月の会合にて「ざきみ児童館（仮称）」の建設案を作成するに至るのである。座喜味子ども会育成会の「児童館建設（仮名）案 1992年4月15日」は、図書館、子供銀行、ミニ美術館（2階の空間部分）、区民の学習の場をもつという区民の文化交流の場として活用されることを期待した。同館の運営方法は、退職教員の協力を得て平日は午後3時から6時まで開館し、土日は、子ども会と育成会の会員によるものである。子ども会育成会は建設業者との打ち合わせ、資金面の検討会を続ける一方、モデルハウスや先進的な具志川市立図書館（現在のうるま市立中央図書館）の見学等の学習会を積み重ね、子どもの願う児童館建設の実現をめざして育成会役員や区民は運動を繰り広げた。文庫建設準備委員会は文庫建設実行委員会に発展し、子ども会資金300万円、区の補助金200万円、区内寄付金200万円、企業寄付金100万円、借入金500万円、合計1,300万円の資金での建設が決定した。但し、建物本体のみ業者側、電気・水道工事及び内装工事は区民によるボランティアの手によるものであった。座喜味子供文庫建設実行委員会と座喜味区長は、子供文庫の老朽化と白蟻被害による新文庫建設の理解と協力を得るため、次に掲げる「趣意書」を作成し、村内外と県外へ発送した[36]。

私達がこれまで13年にわたり子供達の活動の場として、また子供達の読書力向上のために大きな役割を果たして来た子供文庫も老朽化や白蟻の被害などによってその役割を果たす事が出来なくなって参りました。
　最近、学校への週5日制の導入にみられる様な教育行政の変化や、学校教育の多様化、子供達の読書ばなれや学力向上対策など、地域としてこれから取り組まなければならない問題がたくさんあります。その様な問題を解決するためには、どうしても子供文庫の建設は必要なものであると考えております。
　従来の建物はあまりに狭小で、図書の貸し出しにとどめておりましたが読書できる場も設定した建物をと考えました。又、子供達に夢を与える様なメルヘンチックな木の香りのする、さらに21世紀の批判にたえられる様な建物を建設したいと考えておりますので、皆様の御協力をよろしくお願い致します。

座喜味子供文庫建設実行委員会　実行委員長　喜友名昇
座喜味公民館　区長　當山操

　建設案中の「ざきみ児童館」の名称は、後に「ざきみ文庫」に決定した。「ざきみ文庫」の実現に向けて、子ども会育成会は区内400世帯を5班に分けて寄付金徴収を始めた。主に区外在住者、村内外の企業、役場、議会、模合、学校等を訪問し、寄付金を募った。こうして区民総出による「ざきみ文庫」は、1992年11月に完成した。建物は木造1階建て、一階は99平方メートル、中二階は66平方メートルである。

4. 地域の教育運動の原動力　その4　ざきみ文庫の運営力と司書の存在

　「文庫利用の規定」及び「ざきみ文庫規約」は、1993年10月に制定された。ざきみ文庫の運営は、座喜味子ども会と育成会を主体とするものであり（ざきみ文庫規約第9条）、その目的は、「生涯教育、社会教育を達成するために、必要な図書及びその他の資料を収集し、整理し、保管して、児童生徒、父母、区民に提供し、有効的な利用をはかること」（同規約第2条）である。ざきみ文庫は、文庫運営委員会と図書運営委

員会を設置し（同規約第3条）、文庫の経費は寄付金、補助金、その他を以って充てられ（同規約第4条）、専任の司書を置き、規約、備品帳簿、会計簿、利用者貸出し簿、日誌、図書原簿の帳簿を置くことになっている（同規約第8条）。こうした文庫運営上の規約に則り、子供文庫は活動を展開していく。

　ところで、喜友名昇は子供文庫という箱物の資金集めに奔走したことを語り、完成後のざきみ文庫の運営については司書の資格をもつ、山城勢津子（1985年～1999年迄育成会副会長）の手腕を高く評価している[37]。

　　我々は建物を作ることに一生懸命で、実際、いろんな方々にお会いして寄付金を募ったりしていたんだが、建物が出来て、文庫が完成すると、運営方法についてはわからない。もちろん、本を買うお金も十分じゃない。山城さんはいろんなノウハウを知っているもんだから、また、研究会とか補助金のことなんかについても情報を仕入れて、運営に生かしていたね。

山城は、先の「文庫利用の規定」に則り「ざきみ文庫」の貸し出しの手順を示し、文庫当番表の作成、登録カードや利用者名簿の整備、貸し出しの記録を詳細に記した。また、早くから司書の視点から「ざきみ文庫だより」を発行して、子供文庫の活動の状況を発信した。一方、子ども会の役員は、「子の星　しんぶん」のなかで、子ども会や公民館、読谷村の行事やお知らせを発信した。

　山城は子供文庫の司書としての業務を手がける一方、外部資金の情報を収集しそれを獲得して文庫の運営に充てたり、沖縄地域児童文庫連絡協議会に関わるなかで著名な童話作家を招いた読み聞かせ会や児童文庫に関する研修に積極的に参加したりして、子供文庫の質的向上に大きく寄与した。たとえば、外部資金に関していえば、「読谷村ノーベル平和賞を夢見る村民基金（1993年9月）」の165冊20万円分の図書、「日本生命財団（1993年7月）」の50万円分の図書・紙芝居購入費、「伊藤忠記念財団（1993年3月）」の150万円の補助金等の獲得があり、

これらは、ざきみ文庫の運営を円滑ならしめるものであった。また、1992年10月、沖縄地域児童文庫連絡協議会の役員による文庫調査と図書支給（160冊15万円分）が行われたり[38]、同協議会主催の文庫活動関係者のざきみ文庫の見学・交流を通して、他の文庫活動にも影響を与えた。ざきみ文庫を見学した関係者は次のように述べている[39]。

　以前から、是非一度は訪ねてみたいと思っていた「ざきみ文庫」は広い敷地内に建つ公民館と隣り合っていました。静かな集落のなかに洋風でかわいらしい感じの建て物はどこからも目立ち、子ども達に「行ってみたい」という意欲をかきたてるような文庫でした。文庫のなかの書架や閲覧台には工夫が凝らされ、またその月の行事に因んだ図書の紹介がなされており、その時は六月の「慰霊の日」に合わせて平和学習に関する図書が紹介されており、運営面でも色々考えられていて、私にとってとても参考になりました。「ざきみ文庫」設立までの経過について、建設実行委員長の喜友名様からお話を伺いその情熱と地域の方々の理解と協力的な態度に感動しました。

　主宰者から、まず初めにこれまでの運営経過を説明してもらいました。立派な文庫が設立するまでの苦労話を説明してもらい地域の皆様の協力や奉仕作業に対する熱心な姿に感心しました。又、文庫のなかの設備には、色々とアイデアがあって特に本棚の形、それから子供達に興味を示してもらおうと、文庫における毎月の行事に関連する子供集会や絵本の紹介の仕方、そして絵本の種類も選定されているのには、主宰者や父兄の皆様の熱心な指導にも気がつきました。

　訪問者は、文庫のなかの書架や閲覧台の工夫、月行事に因んだ図書の紹介、月行事に関する子ども集会や絵本の紹介の仕方、絵本の種類の選定等、山城の司書としての運営力を学び、また、文庫設立に至るまでの経過説明を受けるなかで、「地域の方々の理解と協力的な態度に

感動」して帰路に就くのであった。子供文庫は、平日の月曜日から金曜日までは午後3時から6時まで、日曜日は午前9時から12時までの開館であった。図書貸し出しの他に、大学の研究者や教育者による講話、紙芝居制作・実演家による読み聞かせ会、手作り絵本教室等を開催し、見学者を積極的に受け入れた。毎月第二火曜日は、「小学生読書会」が開かれ、小学校3年生以上なら誰でも参加できる会活動もあった。司書の山城は、子供文庫の運営と活動をふりかえり、当時の状況について次のように述べている[40]。

　私はプレハブで文庫をしているときから司書として関わっていました。お金もない時代だったので、その頃、ユネスコから助成を頂いたこともありました。沖縄県子どもの本研究会や沖縄地域児童文庫連絡協議会の会員だったこともあって、助成金の情報などはそこから入ってきました。「以前、どこどこの助成金をもらった」とか、「何とか財団から補助金をもらった」とか、そういう声や情報を手に入れては、座喜味の子供文庫として申請をしてきました。おかげさまでいろんな方々から助成金を頂き、文庫の運営をやってきました。また、中央公民館にあった図書館から50冊ほど本を借りたこともありました。

　助成金の情報だけではなく、研究会に参加すると、本や童話の世界で第一線で活躍している方の情報や新しい動きもわかりましたので、是非とも、座喜味の子供文庫で講座や読み聞かせ会をして欲しいと思いました。座喜味の子どもたちだけではなく、地域の方々にも良書を紹介したり、いい意味での刺激を与えることはよいと考えたからでした。こうした文庫の取り組みを月1回発行の便りで流したのです。

　自分の子どもが小学生や中学生だと、育成会のメンバーとして文庫の運営に関わらないといけないと思いましたけど、子どもが大きくなると文庫の運営は後の人に任せることになりました。文庫の運営は、子ども会と育成会が中心になってすることになっていましたから。しかし、自分たちが経験したことや運営のあれこれについて、後

継者になる人に十分引き継ぐことができなかったんじゃないかと思っています。今、ふりかえってみますと、あれほど頑張った座喜味文庫の建設と運営は結局、自己満足だったのかなとも思うこともありました。もちろん、はじめは、座喜味の部落に文庫ができたので、多分、物珍しさも手伝ってたくさんの子どもたちが来ましたが、しばらくすると、やって来る子どもの数は少なくなってきました。退職なされた先生をボランティアで司書役をお願いしましたが、来室する子どもの数の少なさにがっかりしておられたのも事実です。

山城は、ざきみ文庫運営のために外部資金を積極的に活用したこと、子供文庫を通して地域への文化発信を絶えず行ってきたことを述べているが、山城自身が培った文庫の運営方法や人的ネットワークを後継者に十分引き継ぎできなかった点を挙げている。山城の述懐と関わって、司書役として子供文庫に協力した退職教諭は「ざきみ文庫 一年のあゆみ」の冒頭で「文庫一周年に思う」と題し、以下のことを述べている[41]。

私は開館当初から司書役（3時～6時）をしておりますが利用者は日に一人か二人、開店休業の状態もよくあります。文庫は図書を借りるだけでなく勉強するスペースも充分ありますので、毎日多くの人が利用してくれるものと夢を持っています。それが、開店休業の状態が続く時には、私も人間ですから、大衆への啓蒙が足りないと知りつつ、私は「招かざる人」でしょうかとつい思う時があります。意地悪な言葉になりましたが、私達の文庫は字内外の皆様のご芳志でできた大事な施設です。文庫運営委員会を中心に対策を練り、その活用を計る必要があります。

喜友名は、上記の退職教師の指摘を認識し、文庫の活用方法について検討を重ね、「広く区民に利用してもらおうという視点にたって、英会話教室・空手道教室等広く区民に呼びかけているところ」であった[42]。しかし、隣接する座喜味公民館の老朽化が進み、国の補助事

業を得て規模を拡大して新設されるのに伴い、同文庫の取り壊しが決定した。山城勢津子によれば、公民館の新設と文庫「移設」も検討されたが、財政的な理由により最終的に撤去されたと述べている[43]。座喜味公民館の全面改築に伴い（2005年）、敷地内に立地していた子供文庫は新公民館内の図書文庫に吸収されることにより、子供文庫の活動は停止した。

新館建設直前の子供文庫を取り巻く状況について付言すれば、①「木造の子供文庫は白蟻が発生し始め、何年もつかわからない。しかも、区民の存続に向けての意識も低かった」という声や[44]、②子供文庫の日曜開館を運営する子ども会育成会の協力の難しさが表面化し、日曜開館が難しくなったこと、③1987年度から文庫を利用する者が減少してきたこと[45]、以上の諸点を指摘することができる。新公民館内に所蔵された文庫の活用方法については、座喜味区の今後の課題であるが、子ども会・育成会は、区内外の協力を得ながらプレハブから始まりメルヘンチックな子供文庫を設立・運営させたことは、子どもと大人と地域を結びつける機会をつくっただけではなく、子供文庫活動を営みながら子ども会・育成会を中心に様々な地域活動を切り拓いてきたといえる[46]。

第3節　宜野座村惣慶区の「学習会」

かつて子どもはその地域での生活の営みを通して、そこに住む人々と結びついたり、仲間と共に遊びの空間を見出したり、あるいは地域の歴史や文化、伝統に触れることで次第に地域の一員としての自覚をもち、また地域の担い手としての成長を期待されていた。一方、地域のなかで子どもが育まれていたということは、子育てが地域の共同事業であり、子どもの自立を支援するシステムが地域のなかに存在していたことを意味する。換言すれば、子育てという私事的な親業が、地域の共同的な営みとして行われていたのである。しかし、こうした地

域で子育てを支援していくという態勢は、都市化や核家族化の過程で崩壊の道を辿り、つまるところ地域の共同事業であった子育ては私事化し、親の子育て不安を増大させる結果を導いた。佐藤一子は、「子育ては、地域社会や学校・幼稚園などでの親同士の関係づくりをつうじて共同的な意思を形成していく営み(47)」であるとして、子育てをつうじて親（大人）同士の主体的な関わりが重要になるだけではなく、大人と子どもが共に共同的な関係を創出していくなかで豊かな子育ての内容が伴う性質のものであると述べている。これは、子育てにおける「共同的な意思」のなかには、子育てを人任せにしない、大人が主体的に子育てに参画するという積極的な意味を含むものである。

　子育てにおける「共同と参画」の視点で、沖縄の集落共同社会（シマ社会）における様々な教育文化活動をみたとき、区（字）民によるそれの継承と発展が主体的に行われ、特に子どもの成長・発達にかかわる教育的な営みについても実に多岐にわたる活動が営まれている。これまでに述べてきた事例は、シマ社会で生活を営む子どもの成長・発達の場において島人（シマンチュ）による主体的・共同的な子育ての参画がみられたことを端的に示し、しかもその活動内容を一括りにできない豊かさがみてとれる。こうしたシマ社会における教育的な営みは、シマの歩みのなかで独自の活動をかたちづくるが、沖縄の本土化（本土並み）が加速し始める1972年（昭和47）以降は、その影響を少なからず受けるようになる。

　復帰後の沖縄教育の本土化を象徴的に示すものとしては、児童生徒の学力と高校・大学進学率の本土並み施策である。特に1980年代後半から始まった学力向上対策推進（以下「学対」と略）は、児童生徒の学力の本土並みをめざす一大事業として今日まで継続されているものであり、地域の教育活動のなかには、学対を意識した活動を受け入れざるを得なくなり、本来の自治的な地域活動が歪められ後退する事例もみられた(48)。ここでは特に復帰後の地域教育活動のなかでも、子どもの生活の実態に危機感を抱いた区民が学習支援活動を始め、地域ぐるみ・大人総ぐるみで基礎学力向上を果たしてきた事例を検討の対象とする。これは、区民の視点から子どもの生活や学力に関わる課題解

決に挑み、区民の合意と支援を受けながら具体的な活動を創出した事例であり、シマ社会全体で学習支援を組織化した新たな地域教育運動の生成でもある。こうしたシマ社会において組織的な地域教育運動を生み出し、これを支える要因と活動内容を明らかにすることは、衰退したと言われる地域の教育力の再生を考えるひとつの"手がかり"になるだけではなく、沖縄のシマ社会における教育文化活動の多様性をあらためて示すものとなる。

惣慶区学習会　2014年

　本節で取り上げる、宜野座村惣慶(そけい)区の学習会（1977年設立）は、区民主体の子どもの学習支援組織として30年以上に及ぶ実績をもち、2005年度には「博報賞（教育活性化部門団体の部）」を受賞する等、沖縄県の教育施策＝「学対」の論理とは異なるシマ社会独自の学習支援活動を形成し維持している。発足当初、小学生の学習支援活動から始まった学習会は、教育隣組や学事奨励会等の区民の協力・支援を受けながら、近年では、小学生の学習会（国語・算数・算盤）に加えて、書道教室、親子読書、教育隣組全体総会及び学事奨励会の開催、青少年健全育成指導員の強化、空手教室やミジタヤー子ども太鼓活動等、

多岐に及ぶ学習活動を展開し、シマ社会における子育て支援活動として注目されている。

本節は、惣慶区学習会の設立の背景と設立過程に注目する。特に、学習会の設立のために、区民がどのような目的で支援活動に関わり、実際の活動を展開したのか、という点を明らかにする。

惣慶区学習会　2014年

1. 変貌する村と子どもの荒れ　父母・住民の学びと自己変革へ

宜野座村は、戦後、金武村（現在の金武町）から分村した自治体である。同村は沖縄本島の北東部に位置し、現在、惣慶区、宜野座区、松田区、漢那区、福山区、城原区の6つの行政区からなる。人口は、5千人余（2007年3月）である。1952年（昭和27）、松田区海岸部に米陸軍キャンプ・ハーディ基地が建設され、1959年（昭和34）には同村の山林部分はキャンプ・ハンセン（金武町・恩納村・名護市・宜野座村にまたがる広大な演習場）建設のため強制的に接収された。そのため、宜野座村は村内の米軍施設から派生する軍用地料を積極的に活用して村財政の安定財源として確保してきた点に財政上の特徴がみられ[49]、歳入総額に占める基地関係収入割合は27.5％である（平成12

年度普通会計)。これは、金武町(38.0％)に次いで高率の割合である。元来、宜野座村の軍用地の形態は村有地が主であり、隣村の金武町は個人有地が多い形態となっている。軍用地の大半を村有地が占めるということは、村財政における安定的歳入が確保できることを意味し、この軍用地関係歳入による自主財源の確保ができた源は、上述した1950年代の新規の軍用地接収を受け入れた村当局と村民の決定にあった。宜野座村の軍用地接収受け入れの主たる理由は、戦禍からの復興とこれまでの自給零細単純農業からの転換であり、米軍を村内に駐屯させることによって村経済復興促進と区民の福祉繁栄を意図した。結局、村当局の新規軍用地の受け入れ容認により各区も村当局の決定に従った[50]。これにより、戦前は純然たる農村地域であった宜野座村は、米軍基地誘致を境に変貌していくのである。

　基地誘致が村をどのように変貌させたのか、以下、宜野座村惣慶区を中心にみたい。

　村内の他地区と同様に農村地域であった惣慶区は、新規軍用地の受け入れを表明した区である。戦前、惣慶区は、教育熱心な村として知られていたが、それは、「勉強堂」なるものが惣慶区を含め村内に3箇所存在していたからである。「勉強堂」とは、上級生が下級生の学習を世話をするものであり、青年団が直接関わっていたという証言もある[51]。また、「勉強堂」は、「各地域の親たちの労力の賦役と寄附金によって作られ」、地域の集会、品評会、親睦会にも利用された[52]。このように、「勉強堂」は集落における教育文化的な営みの拠点として知られ、区民を相互に結びつけ、人的交流を促進する公の施設であった。一方、惣慶区では、明治期以降、上級学校への進学者に対しては学資補助を与えたり、就学率の向上を図るため学事奨励会を盛んに開催したりしていた。また、大正から昭和前期においては、区の資金をもとにした貸与制度を確立して中等学校への進学者の増加を図る取り組みがみられる等、教育に関わる事業が様々な形態をもって行われていた。この点と関わって、『惣慶誌』では次のような描写がある[53]。

　　当字では小学校創立当時の強制入学者や、国頭高等への進学者に

は学資補助が与えられたという。これが、広い意味の奨学金のスタートといえよう。大正の初め頃から区民の向学心が高まり、小学校教育と「タイアップ」して字の原、山勝負(注)と一緒に小学校生の学事奨励会が盛大に行なわれた。また、中等学校への進学希望者もふえていったが、当時の中等学校進学はよほどの財力がないと田舎の百姓の力では無理であった。しかし昭和の初め頃から字の発展のためには優秀な人材を育成することが最も大切だということで、中等学校や大学に進学する者には字資金から戸主に毎月五円宛貸与することになった。これは、卒業後六ケ月してから五円宛返済するようになっていた。当時は規約や予算等はなかったが、この制度ができてからは中等学校進学者が急増し、その利用者は男子十四人、女子十一人の計二十五人に及び、現在各方面で活躍して字発展の推進者になっている。しかし、この制度は終戦と同時に自然消滅した。

(注) 原、山勝負…農事奨励のひとつ。耕地の手入れ、農産物、山林の植栽手入れ保護等の成績を品評。

戦前の「勉強堂」や人材育成を目的にした学資補助・貸与制度の存在は、惣慶区民の教育に対する関心の高さを語るものである。その学資補助・貸与制度は沖縄戦により一時中断するが、戦後、区出身者の資金提供をもとに、1950年代初頭には改めて奨学金制度としての基盤が整備された[54]。同じく『惣慶誌』では次のような描写がある。

　昭和二十五（一九五〇）年、字出身のハワイ移民開拓者の大先輩である伊芸長吉氏、新里源太郎氏、仲間文助氏等が郷土見舞訪問をされた時、「部落発展の基は人材育成」が第一であると、当時の字の指導者の新里文八氏と一緒になって部落青少年の教育奨励資金に使ってくれと多額の金額を寄贈された。このすばらしい厚意が一般区民に感動を与え、区民が一体となって「惣慶奨学金貸与制度」の創設となった。寄附金を基に区予算から必要な金額を繰り入れ、昭和二十六（一九五一）年四月から事業開始した。その後はさらに外国からの郷土訪問者や区民の祝い記念に多額の寄附金がよせられて

いる。現在の奨学金資金は「六百万円」あって、貸与条件は、家から通学出来ない高等学校や各種学校生には月「五千円」、県内の各大学生には月「壱万円」、県外の大学、専門学校には「壱万五千円」となっている。なお、資金が不足の時はいつでも字費から繰り入れる仕組みになっている。現在までの貸与者は九十九人に達している。

惣慶区の奨学金制度の整備について議論されていた頃、漢那区では教育懇談会の開催に引き続き、戦後第1回目の学事奨励会が開催され（1949年5月）、宜野座区においても学事奨励会が開催される（1952年）等、宜野座村域で教育復興の具体的な動きが始まっていた。惣慶区では奨学金制度が設立され、区在住の子どもの上級学校への進学者増を促すものの、一方では、集落の近郊に存在する米軍用地・施設のなかに出入りする子どもの実態から区民は不安感を抱いていた。区民の不安とは、非行児や長欠児の問題や少年による事件の発生であり、その後に起こる少年による山火事の事件は、惣慶区民に対して青少年問題の深刻さを突きつけた[55]。

　戦後、間もない頃、惣慶は戸数一二〇戸、人口七〇〇余人の純農村部落であった。住民は素朴で竹を割ったような気風で、封建的な考え方が濃厚であり、父母兄姉は家業に熱中するあまり、子どもの教育に対しては関心が薄いようであった。児童・生徒のなかには優秀なものもいる反面、非行児や長欠児もいた。問題少年による事件も他部落より多いような感がした。ことに一九五九～一九六〇年頃にかけては、中校生が米軍演習地内に立ち入り、薬きょう拾いをして小使銭を稼ぎ、なかには日に十弗の収入を得る中学生もいた。この薬きょう拾いの影響で非行児や長欠が増え、野宿した非行児による山火事まで発生した。この山火事が村内で大問題となって、区民から異口同音に「惣慶からこのような非行少年が出たのは、恥だ、残念だ」という声があがった。

こうした状況のなかで、1959年（昭和34）、惣慶区・宜野座区・福

山区を校区とする宜野座小学校において「不良化防止懇談会」が開催された[56]。この「懇談会」では、地域の切実な問題は教育問題であることが区民の共通の認識になり、しかも、青少年の不良化防止について具体的な対策を迫るものであった。子どもの米軍施設内への出入り問題や山火事の騒動が発端になり、惣慶区では、不良化防止対策の具体案として、1961年（昭和36）6月、区一円の教育隣組を組織化した。全区民参加の教育隣組の結成は、惣慶区の子どもの健全育成は全区民体制で取り組むことの現れでもあった。区全体の教育隣組の会長は区の婦人会長が兼ね、各班の教育隣組長についても婦人会役員が兼任した。また、副班長には男性区民を充て、子どものいない家庭も協力し、各班の教育隣組への指導者は集落に在住する現役教師や元教師が担当した。こうして地域の婦人会が中心となって教育隣組を運営し教師が関わる体制が確立されたのである[57]。

惣慶区婦人会は、1959年（昭和34）から区の補助金をもとに予算を組み、会活動が本格的に始まった。婦人会の1960年代初頭の活動をみると、子どもの夢を育み健やかに育てたいとする願いをこめて「手作りの鯉のぼり活動」を始め、教育隣組を強化し、机、黒板、蛍光灯等の学習用具を各家庭に贈ったり（1962年）、各教育隣組で教師を交えて、家庭学習の仕方についての話し合いをもつ（1963年）等、婦人会や教育隣組による具体的な活動が取り組まれていた。また、区民と教師との話し合いも実施されていた[58]。このようにみると、1960年代前半において、子どもに関わる地域教育組織が区民の支援と協力により成立していたといえるが、特に婦人会が全面的な支援をしていた。惣慶区婦人会の活動は、次の3つの目標の具体化であった[59]。

① とがめる前に、子供に条件を揃えてやろう。（環境の整備）
② おしつける前に、子供を理解しよう。（父兄研修）
③ 永続する組織で子供を見守る。（運営の合理化）

惣慶区の教育隣組は、婦人会の全面的な協力を得ながら、学習環境の整備や児童生徒への指導の充実、学校と家庭・地域との連絡強化、

組織の強化を目標に掲げ、毎月の教育費積み立て模合、各教育隣組における年間計画の立案、親子読書会、レク的行事の開催を精力的に進めた。惣慶区の教育隣組が真っ先に取り組んだ子どもの学習環境の整備について、『惣慶誌』では次のように描写されている[60]。

　まず最初に取り組まれたのは、児童は環境の中で育てられるという児童憲章の中の一部分である教育環境の整備であった。その第一号として、部落の全児童・生徒に、勉強室、机、腰掛、小黒板、鉛筆削が百パーセント整備された。また児童・生徒のいる全家庭には一九六〇年十一月に蛍光灯が無料で、しかも電燈料も無料で配布されたのは他にみられないことであった。さらにすべての子どもへ同じにという配慮から備品購入資金として育英資金（当時四,〇〇〇弗）から一括貸付けで整備された。その返済に当たっては各班で教育模合が起こされ、返済されたのである。この模合いは今でもつづけられているが、その使途は各班の構想で積み立てられている。現在はこの資金で環境・設備的構想から次第に発展して、年二回の親子ピクニックが実施されている。

「惣慶区資料[61]」によれば、1961年5月の教育隣組結成式では沖縄子どもを守る会事務局長の池原早苗を講演者として招聘し、当日は蛍光灯が子どもに贈呈された。翌年には机や腰掛け、鉛筆削りが贈られ、「小黒板の共同制作作業」も行われる等、区民による手作りの学習用具が子どもに提供された。惣慶区民の活動は、子どもの教育環境の整備こそが子育てにとって最良のものであるとの認識に立つものであった。惣慶区では、子どもの学習環境・用具を整備していきながら、1970年代初頭に至るまで父母・区民は講演会や他地区との懇談会を開催し、子育てに関わる学びを深めていく。『惣慶誌』では、当時の状況について次のような記述がある[62]。

　（前略）児童・生徒の福祉向上のための認識が学校依存から脱して自ら求めるところとなり、積極的な自己研修が行なわれるように

なったのである。つまり、子どもたちの教育環境の整備が児童・生徒の福祉向上とばかりを考えてやってきたのであるが、それだけでなく「私達親はどうすればよいか」という疑問が出てきたのである。そして今からでもおそくはないということで、部落の先輩で琉球少年院長の森山徳吉氏をまねいて「問題の親」と題して講演会が開かれ、積極的な話し合いがなされた。そこでは全区民親の重責と現代っ子に対する認識が新たにされた。こうして次々と起こる問題について班長・区行政委員、教職員ともに討議された。第二回目には子供を守る会の事務局長の池原早苗氏をまねいて「問題の子と題して」の講演会がもたれ、さらに親たちの感銘が深くされ、こうしたことは、幼稚園舎の施設設備内部備品が一気に整備に結びついていった。第三回目には北部連合区主事の上地憲先生をまねいて幼児教育についての講演会がもたれた。このような経過の中で、親はだんだん親のやるべきことをなにかを考えるようになっていったのである。さらに学力問題が一大センセーションを起こしてきた。ときには文教局の調査課の徳山清長先生をまねき、「沖縄の学力の状況と村内児童の実態について」をテーマに講演会がもたれた。このようにして惣慶の親たちは、上からの命令でなく自分達の考え方をかえなければならないという方向にむかっていったのである。

(傍点－筆者)

　上記は、子どもの生活環境を第一とする親の考えから、親自身の自己変革の大切さに気づいた場面を如実に表現している。それは、惣慶区民の「子どもたちの教育環境の整備が児童・生徒の福祉向上とばかりを考えて」活動を展開してきたことから、「私達親はどうすればよいか」、「上からの命令でなく自分達の考え方をかえなければならない」という姿勢への転換に現れている。そして村外の教育関係者の講演を積み重ね[63]、「全区民親の重責と現代っ子に対する認識」を深めることにつながるのである。父母・区民の学びは、自己の成長と子育てに対する自己変革へとつながり、子ども会と育成会の結成、その後の学習会設立に向けてのエネルギーへと転化していくのであった。

2. 子どもの学習支援の主体者としての成長と参画
学習会の結成と活動

　1974年（昭和49）3月、村内の6区に子ども会と育成会が結成され[64]、その後結成された村子ども会育成連絡協議会（村子連、1976年12月結成）は、子ども会活動の充実や育成会の相互連携、関係機関との連絡等を目的に活動を始めた。子ども大会（1978年）、子ども主張大会（1979年）、育成者の集い（1980年）等が初期の主たる活動である[65]。1972年の沖縄の日本復帰後、地域で子どもの育成事業に関わる組織設立の機運が高まるなかで、これらの組織は誕生し機能し始めたのである。1977年度（昭和52）の宜野座村婦人会長であった浦崎ハツは、当時の状況を回顧して「子どもは地域の宝という考えが地域の中に強くあった。だから、婦人会としても教育隣組や子ども会の活動には全面的にサポートした」と述べている[66]。浦崎の発言は、復帰前の地域の教育隣組活動に対する婦人会の果たした役割のみならず、復帰後の子ども会の結成や活動においても婦人会の支援があったことを指摘したものである。復帰後、地域活動が盛んになる中で、復帰前に結成されていた教育隣組の変革を求める声が挙がったのもこの頃である。子どもの自主性を育むためには、子ども会の結成が必要であり、それを支援するために育成会を設けることが必要だと考えられた[67]。これについて、『惣慶誌』では以下のように記されている。

　惣慶では教育隣組という組織を昭和三十六（一九六一）年五月六日に結成し子どもたちの健全育成をめざして活動してきたのであるが、その活動だけでは、子どもたちの自主性・協調性・積極性を育てることはじゅうぶんではないということから、昭和四十九（一九七四）年三月六日に子ども会が結成された。子どもの生活する場をみてみると、学校・家庭・社会の三つに分けられるが、この各々の生活はどれにかたよってもいけないし、またどれかが不十分であったりしては、現在の激動する社会情勢の中では子どもたちは育たない。そこで、子ども会が自主的に活動できるように育成していくための「育成会」が連合班単位に子ども会結成と同時に結成さ

れた。組織は、役員・運営委員会・相談役がおかれ、指導機関として「行事指導部」・「レク指導部」があり、末端の育成者には連合班の育成会員の方々が当っている。尚、昭和五十一年十二月二十九日に指導機関として宜野座村子ども会育成連絡協議会（村子連）が結成され、区育成会と相連携しあって子ども会の育成強化に力をいれている。

　「図2．惣慶区子ども会・育成会の組織図」は、惣慶区における子ども会結成4年後の組織図である。これをみると、惣慶区には、3つの子ども会が結成され、それぞれの子ども会に対応して育成会が設置されている。教育隣組は、育成会の組織の中に包含され、教育隣組長は婦人会長が兼任している。このように惣慶区では、地域組織として子ども会や育成会、教育隣組が組織化され、しかも、婦人会を含め、地域の大人が参画しているのが特徴的である。こうした地域の子ども組織が出来上がった、1974年（昭和49）8月15日、惣慶区の公民館（区長・幸喜徳善／1972年度〜1977年度）において、区民による子育てに関わる全体総会が開催された。これは、「長い休みを子供たちが無事に乗りきるためにどのような心がまえをすればよいかを全体で話しあうため」開催されたものである。惣慶区を校区とする宜野座小学校の関係者や区民は、「家庭と学校、学校と地域がいかに連絡をとりあって、子供達の学習や夏休みの行事、しつけについて健全な育成と指導を図るかに焦点をしぼって協議」が行われた。校区内の子どもの実態について、学校関係者は、生徒の暴力行為、金銭まきあげ、飲酒喫煙、無免許運転、万引き、催眠術あそび等を報告し、学校、家庭、地域住民による防止対策につとめることの申し合わせが行われた[68]。この全体総会は、宜野座小学校及び宜野座中学校の子どもの生活実態を区民に知らしめるものとなった。

　区長の幸喜は、惣慶区の子どもの実態に驚き、子どもの健全育成のために区民挙げての活動を起こすべきだと考えた。区長が考えたのは、区民による区の子どものための学習の場の提供であり、学習会の設立構想であった。区長は、後日、退職教諭の新里ツルを訪ね、学習会設

立をもちかけた。新里は区長から学習会への協力依頼を受けた時について次のように述べている[69]。

　当時の区長さん、現在は村の助役さんをお勤めになっておられる幸喜徳善さんが私の家におみえになり、教育に関するいろいろなお話に花を咲かせ、これからの惣慶の子どもたちのためにぜひ学習会を作ってくれるようにと再三のお願いにこられる、あの尊いお姿には頭の下がる思いをしました。余りの熱意に私も感動し、一事が万事だ何事もやれば出来ない事はないと自覚し、奮起心を促し、やっと承諾し、このようにして学習会の道は開かれたのです。

図2．惣慶区子ども会・育成会の組織図

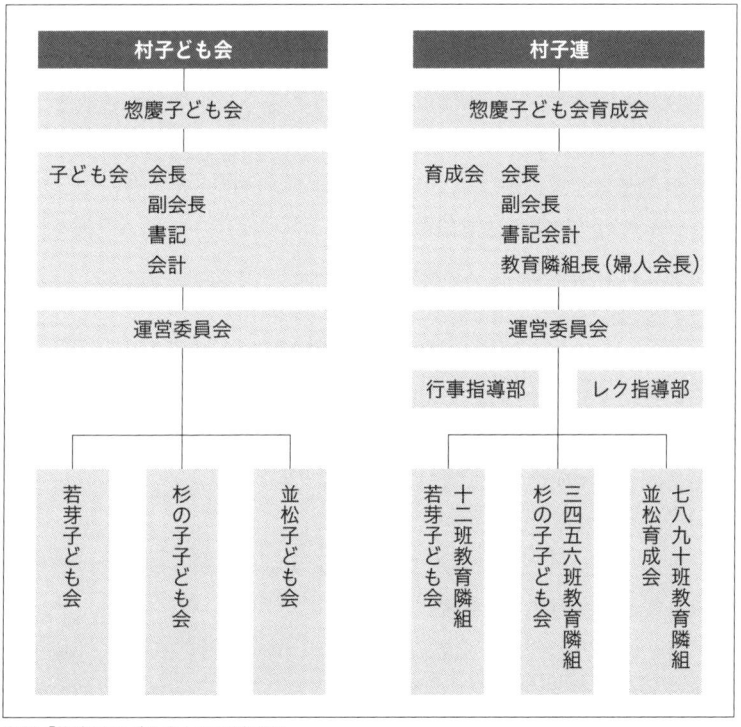

```
                村子ども会                          村子連
                    │                                │
              惣慶子ども会                      惣慶子ども会育成会
                    │                                │
         子ども会  会長                       育成会  会長
                  副会長                              副会長
                  書記                                書記会計
                  会計                                教育隣組長（婦人会長）
                    │                                │
              運営委員会                         運営委員会
                    │                          ┌─────┴─────┐
                    │                      行事指導部    レク指導部
         ┌──────────┼──────────┐          ┌────┬────┬────┬────┐
       若芽       杉の子     並松        若芽  十二   三四五六  七八九十
      子ども会   子ども会   子ども会   子ども会 班教育  班教育   班育成会
                                                 隣組   隣組      並松育成会
                                                        杉の子
                                                        子ども会
```

資料「惣慶区子ども会」1978年7月

幸喜は、区長就任前に宜野座小学校PTA会長（1971～72年度）に就任し、区内の子どもの教育問題には多大な関心をもっていた。PTA会長2年目には、惣慶区長も兼ね、各種団体の整備、区内桟橋や公民館広場の拡張整備、区内放送設備の整備、土地改良事業の推進、墓地公園の建設、惣慶誌発刊等、地域住民の生活向上のために積極的に取り組んでいくのである。その中でも特に学習会の結成について次のように語っている[70]。

　　当時、子どものために親も含めて区民が何か一緒になってやることはとても大切なことだと考えていました。昭和47年に私は区長になったんだけど、しばらくして区からも補助があるからということで、何か子どものために起こそうということで学習会を作ることになった。その頃、女の先輩たちが時々公民館の一角で、子どもたちの勉強の世話をしていたので、じゃあ、これを、形として学習会にした。そして、新里ツルさんにお願いして協力してもらった。ご苦労さんということで、費用弁償ということで少し手当を出しましたね。もちろん、こうしたことも含めて、区の総会で承認してもらってからだよ。区長がいいと思っていても、区長一人の考えでは出来ないからね。惣慶には軍用地料が入ってくるから、それの一部を使って学習会を運営していくわけさ。

　新里ツルは学習会発足時から12年間継続して教壇に立ち、特に子どもの補習指導に関わった。新里ツルと同じく学習会発足時から講師として関わり、現在も教壇に立つ、平田信（元小学校教諭）は、学習会発足に関わって次のように証言している[71]。

　　その当時は、石川に住んでいたんですが、毎週土曜日には惣慶に帰ってきて、何かこの惣慶に貢献できないかなと考えていました。それで、強制的にではなくて、公民館の一角の部屋を借りて、6年生だけを対象に勉強を教えていました。惣慶の学習会が始まる前の話ですね。公民館から特に依頼されたわけではないし、親戚の子や知り

合いの子どもたちを集めての学習会でしたね。当時、子どもたちの中には薬莢拾いをして売り歩いたり、山火事を起こしたりしていろんな問題があったもんだから、何かしないといけないなと思っていました。それで、公民館で学習を始めました。その頃、のちに学習会の初代会長になる仲間源蔵さんという方がいて、もうその人は亡くなったんですが、惣慶の現状をみて、「組織を作ろうじゃないか」と言い始めて、区民に働きかけたんですね。仲間さんは先生でもなんでもないのですが、教育に対して非常に熱心な方でしたね。「平田さん、僕が会長になるから、6年生だけではなく、1年生から6年生までの学習を始めよう」ということで、みんなの協力をつけようということで。そしたら、机や腰掛け、黒板なんかも、区民の手作りで準備しました。婦人会の役員も一生懸命で、各班の教育隣組の班長は婦人会の役員が兼ねましたね。今もそれはずっと続けていますね。また、仲間さんは、「大学に行きたくても行けない子どもたちがいるので、区の予算で何とか行かせるようにして欲しい」とか、会合の度に、色々意見を出していましたね。もちろん、最初は無償で、ボランティアで関わって、手当が出るようになったのは、しばらくしてからだね。

　区長の幸喜の構想が具体的な"かたち"として提案されるのは、1977年（昭和52）3月のことである。惣慶区において学習会の結成準備会がもたれ、学習会の基本方針や運営方法について区民の話し合いが行われた。発会の趣旨は、児童生徒の基礎学力の克服のために下校後の学習習慣の確立と自ら学ぶ意欲の喚起、学習方法を学ばせることにあった。翌月、学習会は正式に結成され、①基本的な学習習慣の育成、②人材育成、③基礎学力の向上、④教育環境の整備の4点を具体的な方針として確認している。学習会結成に先立ち、惣慶区学習会役員（会長・副会長・会計各1名）と退職教諭を含む指導教員3名を決定し、国語と算数の補習が公民館ホールで始まった。その後の事業計画をみると、4月の入会式に始まり、授業参観日、中学生の学習会の開始、教育講演会や担当講師や役員、受講生を交えての反省会もあった。また、定期的に役員会を開催している。このようにみてくると、会費と区の

補助金を主たる運営費をもとに学習会が継続され、定期的な授業参観、役員会の開催、講師と役員、生徒との反省会等を計画し実施していることから、学習会の状況が区民にもよくわかる仕組みとなっている。

学習会役員の第二代会長の伊芸正勇（元沖縄市立山内中学校校長）は、学習会発足時点から会結成に関わりをもち、公民館ホールで行われていた学習会の状況を次のように述べている[72]。

　　当時、私は三原小の教諭として六年を担当していたので、高学年の部の指導に割り当てられた。三原小の少年野球の指導のかたわら毎週火曜日、金曜日の指導はちょっとつらかったように思われる。学習会が発会して間もないので、子どもたちの学習意識がとても低く、仕方なく学習会へ参加していたのを覚えている。注意力の散漫な子、わがままな子、甘えっ子がいて、惣慶の将来が心配であった。この子どもたちは自分のもてる能力を十分に発揮していないのである。子どものもっている能力をフルに引き出してやるのが我々教師及び親の責務である。子どもたちに、本気でやる気をおこさせれば子どもが自分のもっている天分（素質）を十分にみがくことができるものだと信じ、二ケ年間後輩のために頑張ってみました。その甲斐があって、子どもたちは少しずつ学習意欲が育ってきたように思う。

伊芸の「回顧」によれば、学習会の運営は保護者負担（月額500円）と区予算で賄われ、①基本的な学習習慣の形成を図るために対象は小学生であること、②国語と算数の個別学習指導を主とすること、③低中高学年のクラスに分け、週2回の学習指導であること、であった。1978年（昭和53）4月、毎年学習会総会が開催され、役員と指導教員の改選が行われたり、また、学習会発足当初から役員と指導教員との話し合いも定期的に実施されたりした。1979年（昭和54）から小学生を中心とした補習学習と合わせて高校受験対策として数学・国語・英語の主要科目の補習が始まり、翌年4月には、惣慶区の公民館に隣接した学習館が完成したことで、以後、惣慶区の学習会は学習館を拠点に本格的に学習支援を行うのであった。

学習館は、キャンプハンセン周辺学習等共用施設設置助成事業として国庫補助及び区負担として各々2,600万円、合計約5,000万余円の総工事費をかけて完成したものである[73]。学習館は、図書室、会議室、研修室、展示室を備えている。特に、子どもの利用度の高い図書室（1980年8月1日開館）は、学習室と隣接して利便性のある施設である。蔵書数3,894冊、閲覧机、腰掛け、書架、雑誌架、新聞架、カウンター、事務・製本室、リラックスコーナー（3畳）の小規模ながら本格的な図書室である。専任の司書も配置されている。地元新聞紙や全国紙、学生向けと一般向けの月刊雑誌を定期的に購入し、区民の自学自習センターとして資料の収集を図っている点が特徴的である。図書室が学習室と隣接していることもあり、子どもは、学習室に通いながら図書室に立ち寄り、図書を借りている。1980年（昭和55）8月から1981年3月までの利用状況をみると、図書貸し出し総冊数は4,443冊であり、小学生が多く借り、次に一般、中学生、高校生の順になっている[74]。

　ここで学習会への参加者数を例示的にみると、1981年度（昭和56）の区内の児童数117名（男子66名、女子51名）のうち、学習会への参加者数は107名の9割であり、中学3年生38名（男子18名、女子20名）のうち、15名の4割であった（「表4. 年度別学習会児童生徒数（人）」参照）。

表4. 年度別学習会児童生徒数（人）

年	1977	1978	1979	1980	1981	1982	1983	1984	1985
男子児童						62	67	69	58
女子児童						47	52	49	47
児童計	96	110	129	116	107	109	119	118	105
男子生徒			4	2	7	6	5	8	11
女子生徒			10	5	8	7	7	11	10
生徒計			14	7	15	13	12	19	21

宜野座村教育委員会『第8回 宜野座村社会教育総合実践活動発表大会』1987年、15頁。
※生徒は、中学3年生のみである。

　1981年（昭和56）以降の学習会の総会では、役員と指導教員の改選、前年度の事業報告と決算承認及び次年度の事業計画と予算審議も行われ、宜野座区の母親の会と役員の懇談会（1982年）、宜野座区4班の教

育隣組で親子読書会（1982年）、珠算検定や高校進学対策のため宜野座区・漢那区・惣慶区父母との懇談会も始まる等、村内の学習会の活動は広がりをみせた。

3. 惣慶区学習会会則と予算

　惣慶区学習会会則は、10周年と20周年の『記念誌』に掲載され、若干の字句の違いを除けば、全て同一の規定である（以下、『10周年記念誌』をもとに記述）。会則は全17条から構成され、惣慶学習会の事務所を学習館図書室に置くとしている（第1条）。また、「惣慶区に在住する小学校児童の父母を会員として組織」し（第2条）、「会員相互の親睦を計り、協力して児童生徒の学力向上、児童の心身の健全な育成、学習環境の整備のために、努力すること」を目的としている（第3条）。学習会は、第3条の目的の達成のため、「小学校児童各学年毎に週1回学習会を開き、又、そろばん等の学習会」、「学習会授業参観や、先生方との懇談会」、「研修会、講演、文化施設等の見学」、「児童福祉増進のために努める」の4つの事業を規定している（第4条）。学習会の経費は、会費と区からの補助金、寄附金をもって充てるとされ（第11条）、会費は児童生徒一人につき、年間5,000円である（第12条）。同会則から言えることは、惣慶区在住者を会員として、児童の学力向上のために学習会等を開催し、父母による授業参観や学習会講師との懇談会を通して学習会に対する会員（区民）の理解を図っている点にある。

　先に、区長の幸喜は、「軍用地料の一部を使って学習会を運営していく」と述べているが、学習会結成時以降の村及び区の軍用地料割合の推移をみれば、毎年一定の軍用地料が村や区の歳入として組み込まれていることに注目したい。特に、沖縄の日本復帰後、宜野座村の歳入全体の約20％は、軍用地の運用収入である。また、区への軍用地料の配当は、松田区、宜野座区、惣慶区、漢那区の4区であり、福山区、城原区には地料の配当はない。1977年度（昭和52）から1985年度（昭和60）までの推移をみると、宜野座村への軍用地料の割合は増加し、各区の軍用地料の割合は横ばい若しくは微増である。1977年度（昭和52）から1981年度（昭和56）年度までの地料の割合をみると、惣慶

区は4区の中で最も割合が高く、翌年度以降も漢那区に次ぐ割合で推移している（「表5．年度別軍用地料の推移（千円）」参照）。

表5．年度別軍用地料の推移（千円）

年度	1977	1978	1979	1980	1981	1982	1983	1984	1985
村全体	275,299	291,671	305,410	355,660	378,834	423,335	481,888	496,463	516,311
松田区	59,504	63,046	66,031	62,792	66,618	69,663	63,962	66,016	68,666
宜野座区	64,859	68,782	71,898	68,500	72,963	78,423	72,923	74,668	77,650
惣慶区	77,074	81,721	85,621	81,644	86,963	92,827	86,317	89,088	92,646
漢那区	73,863	78,122	81,860	78,062	83,413	105,451	98,056	101,204	105,246
合計	550,599	583,342	610,820	646,658	688,791	769,699	803,146	827,439	860,519

沖縄県宜野座村『分村40周年記念誌』1986年、154〜155頁。

次に、「惣慶学習会予算の経緯」をみると、「区の補助金」と「会費及びその他」から各年度の予算が組まれている。学習会発足の1977年（昭和52）は、30万円の予算（区補助金12万円、会費及びその他18万円）であったが、1987年（昭和62）は、7倍増の216万円（区補助金125万円、会費及びその他91万円）である。ここで、1982年度（昭和57）の惣慶学習会の決算書をみると、会費として区内の児童111名から月500円の10ヶ月分（5,000円）を徴収し、区から補助金（90万円）等を合わせて、約170万円の歳入額（予算）である。予算の約7割は、事業費（手当費、指導費等）であり、授業を担当する講師には1回につき3,500円の手当が充てられ、年337回の授業数で約115万円が計上されている。消耗品費や教科のドリル代についても予算が計上されている。

小結

本章は、読谷村の公民館図書室と子供文庫、宜野座村の「学習会」を取り上げ、集落の教育文化力の形成について事例研究を行った。それぞれの事例研究で明らかになったことをまとめると以下のようになる。

まず波平公民図書館は、村の復興と再生を願う青年会を中心に設立

運営され、自覚的・自治的な運動を展開してきた末に実現したものであった。図書室の実現には中核となる指導者の存在とそれを支える青年層・区民の力が結集したからであり、特に、青年会の地域文化活動に対する貢献は大きかった。公民図書室の設立運営は、青年会が主体的に担っていたが、これは、戦後の"わが村"の教育文化に関わる復興の担い手は、当時の青年自身が自覚的・自治的な意識をもちながら、それに突き動かされて運動を展開したからである。財政的な事情により青年図書館は、波平公民館図書館として字の公民館附設の図書室として生まれ変わるが、区民に対する図書文化活動を広めたいとする発足当初の青年会の願いは、継承され、発展的な活動を繰り広げた。その後の公民館図書室は、区民に対して図書文化を提供し、また区民の支えにより公民館図書室を中心にしながら集落全体の自治的な文化活動を牽引していきながら、他地域の図書文庫活動にも影響を与えた。しかも、公民館図書室は、地域における青少年の健全育成の場として、改めて、その機能が期待されたのである。これらのことから、公民館図書室はまぎれもなく区民の自治に根ざした共同体的教育文化事業であるとともに、自治的文化の生成と継承を創出し、自覚的な区民による豊かな地域づくりの可能性を示した。

付言すれば、波平公民図書館は、青少年の活動の場所、地域の文化、教育、交流の館として広く区民に親しめる図書館を目指して（波平公民図書館活性化計画委員会／1996年結成）、1997年から「なみひらたんぽぽ文庫」の名称に変わり、平成21年度は波平区公民館全面改築のなかで、「たんぽぽ文庫」の在り方が議論されている。区民参加型の文庫の運営と子どもの居場所づくりの視点から、新たな公民館図書室の創出が期待されている。

次に、読谷村の字座喜味というシマ社会において、子どもの教育文化環境をかたちづくりそれを育むために起こった地域教育運動は、中古プレハブの文庫活動から始まった。シマの小さな文庫活動は、子ども会とそれを支える育成会、区民の理解と協力をもとに設立され、まさしくシマぐるみの教育文化活動の結晶ともいえるものであった。中古プレハブ文庫は、後に木造二階建ての「ざきみ文庫」として生まれ

変わることになるが、それの設立過程においてシマ社会のエネルギーを文庫運動に集約し、子どもの夢実現に全力を注いだ育成会のリーダーシップは、極めて高いものであった。また、子供文庫の運営やそこにおける活動を村内外に発信したことで、さらに文庫の理解と協力を得ていくことができたのである。子供文庫の設立は、文庫活動を通して育まれた人と人とのつながりを深めていくことになり、子ども会・育成会の様々な活動を進めていく上で貴重な財産であった。

　以上の座喜味子供文庫の設立過程に注目した時、座喜味というシマ社会において組織的な地域教育文庫運動を生み出した背景には、地域における青少年の不良化や学力向上に関わる区民の危機意識があった。区民の子育てに関わる危機意識は、教育隣組という地域の教育組織を生み出したわけであるが、この組織を活かし、後の文庫運動を展開させていくためには、複数のkeymanの存在とそれを支える区民の姿があった。たとえば、婦人会役員が、教育隣組の運動と連携して地域で様々な行事活動を通して連帯感を育む仕組みをつくり、区民の関心を地域の教育問題に向けさせた点である。こうしたシマ社会の連帯感を基盤に子ども会育成会は、子どもの読書環境を整えるために文庫の設立という具体的な提案をして、これを実現させるための運動を展開したのであった。座喜味の子供文庫構想の立ち上げから設立に至るまで、子ども会育成会と子ども会は、いわば、シマ社会全体を巻き込んでの運動を進めたといえる。子供文庫設立後、司書の山城は、業務を遂行しながら外部機関との連携・協力体制を築きながら、外部資金を獲得し、それを運営費に充てる等の卓越した文庫の経営手腕を発揮した。座喜味というシマ社会での子供文庫の設立と運営をみたとき、地域の中の連帯感をもとにしながら、文庫設立運動のkeymanが地域の人材とつながり、人と人を結びつけながら地域活動を展開したのであった。

　座喜味子供文庫の設立は、シマ社会における教育運動のひとつのかたちとして我々に提案したのであるが、それが今日まで継続できなかった点について付言しておきたい。確かに、座喜味文庫の設立に関わる区民のエネルギーは大きかったが、山城がいみじくも述べているように、文庫の運営方法や人的ネットワークが後継者に十分引き継げ

なかった点はあるものの、それ以上に、文庫設立間もない頃から開店休業状態になっていた点に注目する必要がある。区民による文庫利用の激減は、区民の文庫への関心の低さをそのまま物語るわけであるが、近郊の村立中央図書館の整備充実や県下の小中学校挙げての学校図書の読書運動の展開等が、少なからず子供文庫の運営に影響を与えたものと考えられる。

　最後に、惣慶区学習会の設立過程についてまとめておきたい。

　惣慶区の学習会設立の背景には、子どもの教育に関わる諸問題が区民にとって切実な問題として浮上したからであり、これを解決するための術として教育隣組の結成へと結びついたことである。教育隣組を担ったのは、日々子育てに向かい合っている婦人（会）であり、その婦人（母親）は、教育隣組の役員を兼任した。教育隣組を通して大人の手による学習環境の整備事業は一定の実績をあげたが、その後の講演会や学習会を通して父母・区民の学びは、自己変革・成長へとつながり、学習支援の主体者としての意識の発現がみられた。父母・区民の学習会を通しての学びと自己成長・変革により、子どもの学習支援者として変わること－親自身の意識・態度の変化－が生まれたことは、シマ社会における学習会を設立する上で重要な契機であった。父母・区民の学びは、シマ社会の中での学びから始まり、沖縄子どもを守る会や他機関の指導者からの学びへとひろがり、それをシマ社会の中で具体的な"かたち"として結実させたものが、学習会であった。

　父母・区民の子どもの学習支援者としての意識への変革は、学習会の結成を生み出したのであるが、惣慶区においては結成時において複数のkeymanが登場する。父母・区民の学びを集約し学習会という"かたち"にしたが、そこでは区長と区内在住の教師の働き、及び学習会設立に対する区民の理解と協力・支えが不可欠であった。このようにシマ社会の人的資源を有効につなぎ、機能させている点が惣慶区学習会の特徴である。地域における教育活動には、こうしたkeymanの存在とそれを支える地域父母住民の存在は欠かせない。学習会は、子どもの学習を支援するというスタンスであり、区民の理解と協力を得やすいという面はあるものの、集落公民館内に学習の場を設けることで

常に区民に対して活動内容が見える"かたち"にした点は重要である。

　惣慶区では、潤沢な軍用地代が字の予算として組み込まれ、それをもとに教育活動が計画・実施されている点も見逃せない。惣慶区と並び松田区、宜野座区、漢那区は区の補助金をもとに教育活動を展開しているが、区の補助金が十分でない地区は、活動そのものが限定的である。惣慶区にあっては区民の豊かな教育活動を保障するという観点から、今後においても活動内容に見合った効果的な予算配分を随時検討することが必要である。

注及び引用文献

(1) うるま市具志川市史編さん委員会編『具志川市史（教育編）』第6巻、うるま市教育委員会、2006年、510～520頁。

(2) 桃原区青年文庫には、戦後引き揚げ者の図書が借り集められた。青年文庫開設当初から深く関わっていた北谷初等学校教員の津嘉山寛喜は、教員や青年会員が当番制で図書業務に従事し、十進分類による図書整理を行っていたと述べている。また、図書の貸し賃を徴収し、これを新図書購入に充てたという（下勢頭誌編集委員会編『下勢頭誌』北谷町下勢頭郷友会、2005年、350～352頁）。

(3) 山城吾助編『渡慶次の歩み』1971年、83頁、165頁。

(4) 高志保区「昭和7年度以降 予算決算書綴」（読谷村史編集室蔵）。

(5) 新垣秀吉編『波平の歩み』1969年、41頁、72～73頁。

(6) 字楚辺では、1951年に青年会文庫が発足し、1964年専任司書が置かれ図書館の運営は司書を中心に行われた［読谷村 1967］。また、近年、米軍基地からの収入を基盤に体育館附設の大型公民館を建設した（2003年）。館内には図書室を拡充整備し常勤の司書を擁する等、積極的な図書館活動を進めている。

(7) 村内の公民館図書室のなかで、1960年代初頭の「図書目録」が残されているのは、渡慶次公民館である（読谷村史編さん室・福地加奈子作成「渡慶次公民館図書館目録」）。これをみると、当時、公民館図書室で備えられた図書の分野や区民の読書傾向がわかる。同「目録」によると、1961年4月から図書の受け入れが始まり、翌年から教育委員会の寄贈、1966年からは石川琉米文化会館からの寄贈もある。「目録」は、受け入れ年月日、登録番号、著者名、書名、価格、分類図書記号、備考の欄からなり、1,108冊を記録している（その内10冊は分類不明）。日本十進分類法をもとに1,098冊を分類すると、4割は小説や物語等の文学で占め、2割は小中学生向きの学習指導に関わる教育関係書、続いて自伝・伝記・人生訓・教訓等となっている。石川琉米文化会館からの寄贈の多くは、社会科学関係書である。

(8) 波平公民館の門柱は、右に「経済門」、左に「文化門」と刻み込まれ、波平の経済、文化の発展を象徴している。かつて存在していた字の共同売店は経済振興を、公民館図書室は文化振興を意味した。

(9) 上地正夫からの聞き取り（2008年8月26日、於：なみひらたんぽぽ文庫）。

(10) 上地武雄からの聞き取り（2008年8月26日、於：なみひらたんぽぽ文庫）。

(11) 新垣秀吉編『波平の歩み』1969年、41頁、79頁。

(12) 知花昌徳からの聞き取り（2008年9月10日、於：那覇市古島、知花昌徳宅）。

(13) 波平図書館「部落の歩み」1956年、21頁（読谷村史編集室蔵）。

(14) 戦後沖縄社会教育研究会編『沖縄社会教育史料』第2集、1978年、92～93頁。

(15) 金城キクからの聞き取り（2008年9月12日、於：読谷村字波平、金城キク宅）。

(16) 知花哲雄「波平公民図書館の沿革と抱負」1964年、5～6頁（読谷村史編集室蔵）。

(17) 読谷村「読谷村だより」第105号、1965年。

(18) 金城キク「1967年度図書照合結果報告書」（読谷村史編集室蔵）。

(19) 波平図書館「日誌（1963年度）」（読谷村史編集室蔵）。

(20) 字楚辺誌編集委員会編『字楚辺誌「民俗編」』字楚辺公民館、1999年、141頁。
(21) ソ辺区民図書館「第1回公民館における図書館運営発表会」1967年、読谷村史編集室蔵。
(22) 読谷村「読谷村だより」第23号、1958年。
(23) 読谷村「読谷村だより」第41号、1959年。
(24) 読谷村字波平「公民館落成式、総蹶起大会要覧」2頁、1957年、読谷村史編集室蔵。
(25) 読谷村「広報よみたん」第149号、1971年。
(26) 小林文人・島袋正敏編『おきなわの社会教育－自治・文化・地域おこし－』エイデル研究所、2002年、36頁）。
(27) 読谷村座喜味婦人会編集委員会編『読谷村座喜味婦人会75周年記念誌』1990年、298〜299頁。
(28) 前掲、『おきなわの社会教育－自治・文化・地域おこし－』209頁。
(29) 「琉球新報」1982年1月21日。なお、山口児童文化研究所は漫画百冊の寄贈に続き、天体望遠鏡を贈呈する等、座喜味子供文庫に協力した（「琉球新報」1982年1月17日）。
(30) 2007年1月8日、松田敬子（昭和2年生）宅（座喜味429番地）にて聞き取りを実し、2007年1月13日、再度電話インタビューにて補足した。
(31) 前掲、『おきなわの社会教育－自治・文化・地域おこし－』210頁。
(32) 座喜味子ども会育成会「1990年度定期総会資料」17頁。
(33) 「琉球新報」1988年5月22日。
(34) 「琉球新報」1988年12月13日。
(35) 座喜味子ども会育成会「学事要覧」1986年5月10日・座喜味公民館、座喜味子ども会育成会「学事要覧」1988年5月21日・座喜味公民館、参照。
(36) 読谷村座喜味「ざきみ文庫 建設のしおり」1992年11月28日発行、所収。
(37) 2007年1月5日、喜友名昇から聞き取り（於：座喜味公民館）。
(38) 沖縄地域児童文庫連絡協議会編「オートブルニューズ」第7号、1992年12月15日発行。
(39) 沖縄地域児童文庫連絡協議会編「オートブルニューズ」第9号、1993年10月1日発行。
(40) 2007年1月5日、山城勢津子から聞き取り（於：座喜味公民館）。なお、2007年1月13日、再度電話インタビューを試みた。「祝 平成17年度　内閣府 善行青少年及び青少年健全育成功労者 善行青少年の部（団体）受賞記念誌」平成18年（2006年）2月12日、5頁、参照。
(41) 司書・山城勢津子編「ざきみ文庫 一年のあゆみ」中の「文庫一周年に思う 比嘉房雄」より。
(42) 前掲、『おきなわの社会教育－自治・文化・地域おこし－』210頁。
(43) 「沖縄タイムス」2004年6月10日。
(44) 2007年1月5日、喜友名昇から聞き取り（於：座喜味公民館）。
(45) 新館・ざきみ文庫の開館（1992年11月）前の座喜味子ども文庫利用者別統計表（1985年〜1992年）によると、1986年度の1,969冊をピークに翌年から下降し、1990年度は461冊、1991年度は324冊と激減している（座喜味子ども会育成会『1991年度 定期総会』資料）。
(46) 座喜味子ども会・育成会は、座喜味の伝統芸能である棒術の継承や屋久島体験学習、

募金運動、米軍基地建設反対署名運動等、様々な活動を繰り広げた。
(47) 佐藤一子著『子どもが育つ地域社会』東京大学出版会、2002年、7頁。
(48) 拙著「沖縄の教育隣組～具志川市・教育隣組の地域組織活動と「学力向上対策」に焦点をあてて～」『教育』No531、1991年1月、国土社、110～123頁。
(49) 「琉球新報」1960年（昭和35）1月25日。
(50) 詳細は、新里民夫「1950年代における宜野座村の軍用地受け入れの諸要因と米軍との交渉過程の特徴に関する考察」『宜野座村立博物館紀要 ガラマン9』2003年3月、参照。
(51) 宜野座小学校創立百周年記念誌編集部編『宜野座小学校創立百周年記念誌』宜野座小学校創立百周年記念事業期成会、1989年、199頁。
(52) 宜野座村誌編集委員会『宜野座村誌 第1巻 通史編』宜野座村役場、1991年、294～295頁。
(53) 宜野座村惣慶区『惣慶誌』1978年、153頁。
(54) 同上、154頁。
(55) 同上、183頁。
(56) 「琉球新報」1959年（昭和34）9月17日。
(57) 惣慶区の教育隣組の目標は、学習環境の整備、児童生徒に対する指導の充実、学校と家庭、社会との連絡の強化、下部組織の強化である。活動方針は、教育積立模合の実施、年間計画を立てる、親子ピクニック、年一回の教育関係行事の実施となっている。惣慶区の教育隣組の組織は、区内の9つの班毎に教育隣組が結成され、各教育隣組の代表者（班長）は区の班長会を組織している。班長会は区や区内の教職員、婦人会、青年会とつながりをもっている。（前掲『惣慶誌』、185～186頁）。
(58) 前掲『惣慶誌』、171～172頁。
(59) 宜野座村教育委員会『資料 第6回宜野座村社会教育総合実践活動発表大会』16～18頁。
(60) 前掲『惣慶誌』183頁。
(61) 「惣慶区資料」とは、「沖縄県宜野座村惣慶区資料No.3惣慶区の取組（惣慶区学力向上対策の取組とそれを支える教育隣組の活動）」を示す。同資料は、「博報賞」申請資料の一部であり、原資料は、惣慶区公民館所蔵である。
(62) 前掲『惣慶誌』184～185頁。
(63) 拙著『戦後沖縄教育の軌跡』那覇出版社、1999年、211～212頁。惣慶区の教育隣組の結成前後、池原早苗は、村内の小学校母親学級や婦人会研修会等で精力的に講演会活動を行い、沖縄子どもを守る会として教育隣組を支援した。
(64) 1974年（昭和49）3月6日、沖縄県教育庁社会教育主事・大嶺自吉と宜野座村教育委員会社会教育主事・長浜宗夫の指導により、惣慶区において子ども会が組織化された。
(65) 宜野座村子ども会育成連絡協議会『20年のあゆみ』1996年。
(66) 浦崎ハツより聞き取り（昭和4年生、2008年5月9日、於：浦崎宅－字宜野座60番地）。
(67) 前掲『惣慶誌』179頁。
(68) 宜野座村役場発行「広報ぎのざ」第13号、1974年8月15日。
(69) 惣慶学習会「創立10周年記念誌」昭和62年8月15日、13頁。
(70) 幸喜徳善より聞き取り（昭和3年生、2008年5月2日、於：幸喜宅－惣慶1894-1番地）。

(71) 平田信より聞き取り（昭和5年生、2007年6月19日、於：惣慶学習館図書館）。
(72) 前掲「創立10周年記念誌」昭和62年8月15日、15頁。『惣慶誌』では、学習会発足の状況について次のように述べている。「経済力の成長にともなって各家庭「テレビ」「ラジオ」が完全に普及し、公民館の傍に広い遊び場もできたため子どもたちは実にのびのびと幸福な毎日を送っているが、反面児童生徒の学力が遅々として向上しない。そのために教育隣組が強化され、各組で学事奨励会が実施されてきたが、なかなか実績が上がらない。そこで昭和五十二年四月、区行政委員で教育振興委員会を新設して、字出身の現場教師、勧退教師、父母の合同会議を開き、六月から「惣慶学習会」を設定し、毎週火、水、金の三日間、公民館で開設して、国、算、習字の既習教材の学力補充が行なわれるようになった。小学生、中学生の生徒百五十人を対象に、教師が七人、父母は五人宛で実施して成果を上げつつある。これは、どこまでも子供一人ひとりの勉強に対する態度の育成と家庭学習の助長の学習会である。」（宜野座村惣慶区『惣慶誌』1978年、154〜155頁）。
(73) 宜野座村役場「広報ぎのざ」第84号、1980年7月15日。
(74) 宜野座村教育委員会『第2回 宜野座村社会教育総合実践活動発表』1981年、46頁。

終章

研究の成果と課題

読谷村 1964年（沖縄県公文書館所蔵）

終章 研究の成果と課題

　本研究は、沖縄の集落共同社会における教育文化的な組織とは何か、またその地域教育組織のもつ機能とは何か、という研究課題を提示し、具体的な事例を検討していくなかで、これらのもつ機能の特質について帰納的に明らかにした。換言すれば、沖縄の集落の子育て論、あるいは、沖縄の地域における子どもの生活文化史について論究してきたともいえる。集落共同社会において子どもの教育文化に関わる地域組織は、明治期にその萌芽がみられ、それを土台としつつも、戦後は、区民の自覚的な意志と責任による様々な教育組織の結成と運営が展開したことである。注目すべきは、これらの地域教育組織は、字（集落）を基本に成り立っていたことであり、地域の教育とは、まさしく字の教育を象徴的に示していたといえる。区民の戦後の地域教育組織の視線の先は、目の前の子どもの健やかな成長と発達にあり、これを区民全体の責任で担うことが共通認識としてあった。一方、戦前の地域教育組織の設立過程をみたとき、明治政府・沖縄県庁の国（県）民皆学の方針から、集落総ぐるみで組織化されてきたものの、区民の意識は、上からの方針（＝政府・県庁）にどれだけ応えられるかにあったといえる。では、これらの内容と関わって、本研究で明らかにしたことを、以下、二点でまとめることにする。

　まず第一に、沖縄における近代学校の設立後、児童の就学を促し修学を保障しようとする学事奨励会が成立したが、これこそが近代沖縄の集落における教育的・文化的土台であったことである。では、この学事奨励会の実体とは何か。本質的な性格はどのようなものであったのだろうか。そもそも学事奨励会は、那覇・首里の旧士族層を中心にひろがったものであり、その主たる目的は、子弟の育英奨学を促進す

るという「修学」機能を中心に展開したものであった。つまり、旧士族層のそれは、地方の学事奨励会でみられた就学率の維持・向上を図る就学督促策をもつものではなかった。旧士族層は、近代公教育をいち早く受け入れ、各門中の資金力をもって子弟の上級学校の学歴獲得をめざし、新たな時代を生き抜く術（＝学歴）の価値を見出していたともいえる。一方、地方で成立した学事奨励会は、国家政策の強制的な「就学」策を受けながら、教育関係者等による就学督促と相まって就学率の公表等による競争原理を巧みに使い、集落総ぐるみでこれを支持し、集落内の就学督促態勢をつくりだした。いわば、国策・県策による皆学方針のもとで、学事が振興され、集落の中で就学督促体制としての学事奨励会がつくりだされたのである。また青年会による学習会や夜学会、あるいは壮丁教育が各地域で盛んに行われるが、これらと学事奨励会がむすびつきながら官民挙げての県民皆学の態勢が整えられた。この頃、地域の青年会や婦人会を主体とする風俗改良運動は、通俗講演会や幻燈会、夜学会等の開催を行い、学校未卒業者や無教育者に対して通俗教育の普及徹底を行うことで、近代教育の重要性を区民に植え付けることに成功した。こうして区民の関心は、国や県の意向に沿いながら、子どもの就（修）学率をどのように挙げていくのかという点に関心が払われていたともいえる。その結果、沖縄の就学率は、高率を維持することに成功した。

　こうして学事奨励会は、当時の沖縄社会における皆学態勢をつくりながら区民の関心を近代学校へかわわせたのである。特に、教員や区長、吏員らが中心となった学事奨励会は、児童の学校就学や出席奨励をより一層促す目的で、出席状況による集落相互の競争を行う組織をつくりあげた。集落共同社会の学事奨励会は、学校単位や集落別に重層的に成立し、児童の「就学」の督促を図りつつ、他の教育諸団体との連携の中で「修学」を保障すべく育英奨学の機能を併せもつようになった。これは、児童に近代公教育を受けさせるためには、強制的な「就学」機能だけでは不十分であったため、「修学」機能が付加されたとみるべきであろう。学事奨励会の児童に対する「修学」援助機能は、「就学率」を実質的に支え、上級学校への進学者を送り出す態勢を集落

内で形成したものといえる。つまり、沖縄においては近代学校への就学率・出席率を実質的に押し上げるという、近代公教育の内実をつくりだしたのは、集落内の就学督促態勢やこれを象徴する学事奨励会の存在であったのである。

このようにして、学校の設立と関わって、集落社会で学事奨励会が生成されたことは、まさしく明治期の沖縄社会において教育的・文化的な地域組織（地域の教育力の土台）の形成が図られたことを意味した。この学事奨励会の「就学」機能に「修学」機能を付加し、育英奨学機能としての役割を果たしながら集落の中で根付いたことは、"わが村"の発展のためには新教育を受けさせる機会を保障することが大切であり、そのためには、集落独自の「就学」と「修学」の機能をもって支援していくことの重要性が区民にひろく認識されたといえるのではないだろうか。この学事奨励会のもつ地域教育支援ともいえる機能には、沖縄の集落独自の相互扶助と共同体意識が根底に流れていて、集落内の強固な地縁・血縁関係のつながりを基盤とした。しかもこの相互扶助と共同体意識による強固な基盤は、戦後の村の復興と再生においても、一貫してながれ、地域の教育再生においては、学事奨励会がいち早く結成されたのも当然のことであった。学事奨励会こそが集落社会の地域教育文化の土台であり、これを再結成することは、区民にとって、村の再生と復興を象徴したのである。しかし、戦後、再生した学事奨励会は、字の行事として一部機能するものの、区民の関心は、子どもの非行防止や学力対策、標準語励行であり、これらの諸課題に関わる新たな地域教育組織を求めたのである。

上記と関わって、第二に、戦後の沖縄の置かれている厳しい教育文化環境のなかで、いち早く学事奨励会は再生したが、同会を起点としつつも、集落社会では、これ以降、区民本位の自立的・自治的な地域教育実践が求められ、実際に展開されたのが特徴的である。戦後の学事奨励会は、字の行事として機能したものの、区民の関心は、目の前の子どもの非行防止対策や学力対策に注がれており、これらに対応する新しい地域組織として教育隣組の結成と運営に全力を挙げるのであった。戦後、区民の自覚的な意志による地域教育組織がかたちづく

られ、これを区民の手によって運営させていくという動きが始まったといえよう。区民の関心は、字内の子どもの生活環境をどのようにつくるべきかということであり、それを実質化していく地域教育組織への結成と展開にエネルギーが向けられたのである。したがって、戦後の集落で生まれた地域教育組織こそが、本来の意味で区民の自治と共同の精神で育まれたものと考えられる。しかも、これらの地域教育組織の設立過程をみたとき、区民全体の課題と意向をすくい上げ、集約し、"かたち"として具現化していく際には、keymanの存在とこれを支える区民の姿があった。

　さて、当初、読谷村の各集落では学事奨励会の結成がみられたが、総じて成績別の学力賞や出席賞を設けて子どもを奨励したり、あるいは、貸付を含む育英制度を発足させたりした。まず戦前の学事奨励会の再生が図られたのである。それが、1960年代に入ると、沖縄教職員会の主導する子どもを守る会や琉球政府文教局の指導による教育隣組の結成が行われ、子どもの健全育成、学習に関わる様々な活動が展開されていく。これらの新しい地域教育運動は、米国統治下の沖縄の子どもの実態を反映した内容をもつもので、やがて、学事奨励会の実践内容を超える独自の地域活動を形成した。教育隣組は、防犯的な地域活動と学力向上対策、標準語励行を主たる内容として運動を展開した。同時に、集落では、学事奨励会の内容に対する見直し・検討も行われ、同会は、その後、区の行事として曖昧さを残しながら形骸化していくのであった。戦後、沖縄の地域社会では、米国統治下という特殊な状況のなかで、子どもの生活環境を整えていくことが最大の課題であったことから、地域婦人会をはじめとする区民の関心は、教育隣組の結成に奔走したのである。

　防犯的な性格をもつ教育隣組の結成は、地域婦人会等の他の団体の支援で急速にひろがり、一方では、字公民館を拠点に活動を展開した文庫・図書活動は、青年会や子ども会、婦人会等の諸団体に支えられながら地域の文化活動の裾野をひろげ、定着していくのである。本論で述べた読谷村の公民館図書館は、青年会主体の運営として出発し、字座喜味の文庫活動は、子ども会育成会主体の運営によるもので、ま

さしく、区民の自治的文化の生成と継承を意味し、これらは地域における共同体的教育文化事業として評価されるものである。これらの地域社会教育実践は、地域の中の連帯感をもとにしながら自覚的な区民による豊かな地域づくりの可能性を示した。地域の"核＝keyman"となる人材が、ひとりひとりを結びつけながら地域活動を展開し、新しい村の創造をめざした取り組みであったと評することができる。宜野座村惣慶区の学習会は、地域・父母住民が子どもの学習支援者として変わることで新たな地域活動の契機となるものであった。父母・区民の学びは、集落社会の中での学びから始まり、子どもを守る会や他機関の指導者からの学びへとひろがり、それを集落社会の中で具体的な"かたち"として結実させたものが、学習会であった。

　こうした集落の子どもたちに向けられた眼差しは、幼少の子どもにも同じように向けられた。沖縄の就学前教育の条件整備の貧弱な中で、字公民館内に幼稚園を設置して地域の子育てを担う活動が行われてきたことからそれがいえるであろう。沖縄の集落共同社会に注目した時、子育てに関わる様々な教育的な機能を有していたことが明らかとなったが、これこそが地域の教育力あるいは子育ての機能の実態であった。しかも、これらの機能を支え、継承してきたのは、他ならぬ地域住民の自覚的・自治的な運動であり、集落の教育や子育てに対しては第一義的に集落民が責任を負い、相互に支え助け合う精神風土が根底にあったからである。

　これらのことから、戦後沖縄の字公民館や集落社会において行われたきた貴重な教育遺産を掘り起こしその意味をここで総括すれば、次のように言うことができる。まず、集落の中核的な役割を果たしている字公民館で、共同体意識を基底としながら自治的な意味で子どもの教育文化活動を担っていこうとする自発的な姿勢がみられたということである。これは、区民の側からの自治的・教育的な営みを始めたということで、実に興味深いものがある。親の義務としての（就学前を含む）教育を集落共同体組織の中で具体的な共同化の作業を通して実現していこうとするものであり、それが字公民館幼稚（児）園であったり、図書・文庫活動、教育隣組の活動であった。このように、集落

の自主性・共同性は、地域の教育力や子育て機能の形成においてもみられたのであり、集落共同体における子育ての習俗のなかに教育的な営みが豊かに形成していたものととらえることができる。これらのことから、戦後の集落社会における子育てに関わる様々な教育的な営みは、区民相互の扶助と共同体意識が根底にあって、これらを生み出し、支えてきたものである。

　本研究は、地域の教育力や子育ての機能の形成過程に注目しながら、沖縄の集落共同社会を分析の対象としてきた。近代沖縄における地域の教育的文化的土台として学事奨励会が成立してきたことを明らかにし、他の様々な教育団体とのつながりの中でまさしく教育的文化的土台を形成してきたといえる。但し、学事奨励会と他の団体との位置関係やつながりについては未だ十分に論究されていない。本論で取り上げた、教育隣組、字幼稚園、字図書室（文庫）、地域の学習会は、集落における貴重な地域教育実践であり、これらを掘り起こし、記録したことは、地域教育史研究を一歩前進させたといえるが、沖縄の集落社会における組織的な活動を全て取り上げたのではない。またこれらの地域活動の相互の関連についても掘り下げる必要がある。特に、子どもの教育や子育てに関しては、婦人会の果たした役割が大きかったものと考えられるが、今後は、婦人会活動のなかにどのように位置づけられながら、子育ての地域教育実践が展開されてきたのか、という視点をもちながら研究を進めることが大切である。本研究は、沖縄の地域の典型的な事例を中心的に取り上げ、考察を進めてきたが、これらの事例が沖縄社会全般で言えるものであるのか、とりわけ、宮古・八重山諸島においても同様に語れるものであるのか、という課題は残されている。以上の点については、今後の課題としたい。

資料1. 字公民館幼稚園関係者証言

> **聞き取り調査 ①**

1. 調査日　　2010年5月28日（金）
2. 調査場所　比嘉千代の自宅（宮古島市平良字西原）
3. 対象者　　比嘉千代（ひが・ちよ）
4. 生年　　　昭和13年
5. 勤務地　　西原区公民館
6. 調査内容

　　西原の公民館で保母として働いたのは、高校を卒業して1年経ってからでした。昭和31年頃ですね。5～6年しました。先輩の保母が辞めるというので、代わりに始めました。先輩達が次々やっていて、私も引き受けた感じです。結婚したら、村の若い娘がやるような感じで。次、空いているからやって、という感じ。もちろん、資格も何ももっていないですよ。当時は、西辺幼稚園と呼んでいて、午前中だけの活動でした。子どもの数は多くて、100名位いたのではないかと思います。西原は結構子どもの数が多くて、大浦や福山からも子どもが来ていました。多分、大浦や福山だけでは子どもの数が少ないので、公民館では預かることができなかったのではないかと思います。公民館を借りて活動をしていましたが、特に援助があるわけではなく、月謝が25セントとか集めて、それを給料としてもらっていました。月7ドル位だったのではないかと思います。徴収袋もあって、お金のない人からは取りませんでした。部落からの援助もない、市からの援助も何もなかったですよ。あの頃は、物価も安かったら生活ができたんじゃないかと思います。

　　私と本村テルコさん（現在那覇在住）、仲間初子さん（現在西原在住）の3名で世話をしていました。一人で30名余りの子どもをみていました。小学校に入る前の3歳児から5歳児位まで、いっぱいいました。私がいたときは、西辺小学校の砂川恵昌校長先生が園長でした。時々、公民館に来ては話をしたり、卒園証等もありました。教える道具も何もない時代で、手探りで何でもやっていました。公民館の太鼓を使ったり、自分たちで買ってきた絵本を読み聞かせしたりしていました。学校の運動場でかけっこさせたりしました。西辺小学校の運動会に参加したり、演芸会は公民館でしました。遠足もありました。父兄会には、校長先生が話をしてくれました。

　　私の時代からは、夏休みに講習を受けて、資格を取るような感じになってい

ました。平良で講習会がありました。講習会には公民館の保母さんがたくさん来ていましたね。鏡原とか、久松からも来ていたと思いますけど。児童心理学とか何かをとってね。私は何単位か取りましたが、その後結婚して保母を辞めたのだけど、次からは資格のある人がなったんじゃないかなと思います。資格を取った人が市立の幼稚園の先生になったんだと思います。

結婚して子どもが出来て、名護の許田で住んでいたことがありました。夫が警察官だったもんだから名護で一時期住んでいたことがありました。許田でも同じように公民館で子どもを預かっていましたね。

聞き取り調査②

1. 調査日　　2010年5月29日（土）
2. 調査場所　宮古第一ホテル（宮古島市平良字西里）
3. 対象者　　砂川徳子（すなかわ・のりこ）
4. 生年　　　昭和12年
5. 勤務地　　保良（ぼら）公民館
6. 調査内容

私が保良の公民館で働き始めたのは、結婚前のことでした。当時、22～23歳頃にはなっていたのではないかなと思います。昭和34年頃ですね。保良の公民館の保母さんが辞めるというので、代わりにやって頂戴という形で引き受けました。保母の資格はもっていませんでした。辞めたその先輩保母も資格はもっていませんでした。ここで3年間働いた後、久松の公立幼稚園で助教諭となって、その後、平良市立東保育所の正式保母として採用されました。保良の保母の時、保母資格の講習会があって、保母資格を取得しました。

保良の近くには、公立の幼稚園や保育園がなかったので、公民館で子どもを預かっていたのだと思います。当時は、保良幼児園と呼んでいて、4～5歳位の年齢の違う子どもたちを30名程、預かっていました。私ともう一人の保母の2名で、預かっていました。園長は、区内に住んでいた小学校の先生で、砂川清次さんでした。砂川先生は小学校の先生なので、保育活動について何も知りませんが、園長でした。保良は結構子どもの数が多かったように思います。給料というか、手当は、子どもからの徴収料を頂いたことがありますが、月額10ドル以下で、今でいうとボランティアみたいなものでした。徴収金を保母の2名で分けて頂きました。

子どもと歌を歌ったり、踊ったり、外ではかけっこ等の活動でした。保育活

動のことは何も知らないので、本当に、見様見真似というか、手探りで行っていました。教えてくれる人は誰もいませんからね。午前中の活動でした。近くの福嶺小学校の運動会に参加したこともありました。また、うろ覚えですが、幼児園が市内に集まって発表会をしたこともあります。当時のことですから、子どもはバスか何かに乗せてきたのでしょう。

　福祉事務所から措置費といいますか、補助金みたいなものがありましたが、それも毎月支給というわけではなく、数ヶ月間、滞ることもしばしばでした。西辺の西原区の公民館保母だった、比嘉千代さんは高校の同期生です。

聞き取り調査③

1. 調査日　　2010年5月30日（日）
2. 調査場所　塩川明子の自宅（宮古島市城辺字保良）
3. 対象者　　塩川明子（しおかわ・あきこ）
4. 生年　　　昭和18年
5. 勤務地　　保良（ぼら）公民館
6. 調査内容

　私は、昭和38年11月から昭和44年の1月まで、保良公民館で働いていました。当時は、保良幼児園と呼んでいました。3〜5歳児のおよそ70〜80名の子どもを、同期生の伊良部利子さんと2名で世話していました。私が勤める前にも、たくさんの先輩方がやっていて、砂川徳子さんの次の次辺りが私達でした。私達の前には、平良ヤスエさんや石原幸子さんもいたかと思います。また、私の後には、根間トシコさんらもいました。園長は、保良に住んでいる中学校の校長の砂川徳市先生でした。名誉園長みたいな存在でしたが、卒園式には来て頂きました。公民館は公共施設で、やはり使い勝手が良いので、こうした幼児園があったのだと思います。

　公民館では、午前中の活動で、きちんとカリキュラムもありました。このカリキュラムは、夏期講習等で学んだことをもとにして作成しました。当時は、琉球政府から粉ミルクに係わる補助金等もあった感じで、それで月報報告も作成して提出していました。保良の公民館は、モデル部落公民館ということで高等弁務官資金が提供された施設でした。公民館の敷地内には、砂場や滑り台、ブランコ等の遊具もあって、他の公民館よりも条件が良い感じでした。運動会は、福嶺小学校で行いました。小学校の運動会のプログラムのひとつに入れて、新城や皆福の公民館の子どもたちも一緒に参加しました。運動会の遊戯は、保

母が話し合って決めて、そしてもち帰って子どもと練習しました。
　保育料として10～20セントを徴収しましたが、私達の給料は一人10ドル程度で、役場の人たちが30ドル以上、手にしているのが羨ましいものでした。
　保育士の資格を取るために、保良幼児園で勤めながら、3年間で9科目の履修をめざしていました。平良市内で講習会があって、講師は、本島から来ていたんではないかなと思います。3年間で、少しずつ履修をしていかなければならなかったのですが、姉の病気の看病で、保育士の資格は取得できませんでした。吉野でも公民館で同じような活動が行われていました。

聞き取り調査 ④

1. 調査日　　　2010年5月29日（土）
2. 調査場所　　平良勝子の自宅（宮古島市城辺字新城）
3. 対象者　　　平良勝子（たいら・かつこ）
4. 生年　　　　昭和14年
5. 勤務地　　　新城公民館
6. 調査内容
　私は、かつて、平良市内のはなぞの保育園に勤めていたことがあって、それも1年間のことでした。とにかく子どもが好きで、この経験を活かしたいと考えていました。私が嫁として新城に来た時には、先輩が公民館で保母をしていました。部落の幹部から、多分、区長さんだったと思いますが、声かけがあって、私と新城綾子さんの2名で保母として働きました。今の新城の公民館ではなく、場所は同じ所ですが、昔の瓦葺きの涼しい木造の建物でした。子どもは年齢がバラバラで、しかも50名程もいました。3～5歳児辺りが集まっていました。当時は、新城公民館保育所と呼んでいました。保育料といいますか、徴収をしまして、これを2名で分けて給料としていました。保育料を集めるのは、私達保母がしていました。園長は、公民館長の上原弘道さんでした。
　午前中の活動でした。お遊戯や、あいさつ、園外で散歩をしたりしました。新城の海岸は近いので、遠足として行ったこともありました。演芸会や卒園式もありました。部落の共進会に参加したこともありました。50音を教えたり、数字も教えました。子どもたちはほとんど歩いて保育所に来て、帰りも歩いていました。時間に余裕がある親は、子どもが活動中、見ていたり、お遊戯の時には一緒に踊る方もいました。
　私がこの保育所で働いたのは、昭和37年頃から45年頃まででしたが、公立の

205

福嶺幼稚園が出来てからは、保育所はなくなりました。保母として働きながら、資格を取るために講習会を受けていました。平良市内で講習会がありました。私は、はなぞの保育園で働いていたこともありましたが、資格はもっていませんでした。他の保母も資格はもっていなかったと思います。3年間かけて、講習会を受けて保母資格を取ろうとしましたが、「福祉保育」のみ取得できなかったので、結局、資格は取ることができませんでした。

聞き取り調査 ⑤

1. 調査日　　2010年5月30日（日）
2. 調査場所　下地清（しもじ・きよ）の自宅（宮古島市城辺字新城）
3. 対象者　　下地清
4. 生年　　　昭和15年
5. 勤務地　　皆福公民館
6. 調査内容

　昭和37年の12月から、福嶺小学校の校長先生の住宅の一室で、子どもを集めての幼稚園をしていました。集まった子どもたちは約20名程。皆福の子どもだけではなく、七又の子どもたち、また福東からも1名いました。しばらくして、昭和39年頃、校長先生から「他の部落では公民館でやっているので、公民館でして下さい」ということもあって、皆福の公民館に移りました。これまでは、校長先生が園長だったのですが、公民館に移ってからは、区長さんが園長になりました。七又の子どもを入れて、30名位でした。公民館に移っても、福嶺幼稚園と呼んでいました。

　公民館では1人で教えていました。午前中のみの活動でした。手作りの紙芝居、歌やお遊戯、50音やカルタ作り、工作等、様々でした。部落からの補助は一切なし。お遊戯会の衣装も全て私一人で手作りで完成させました。福嶺小学校の運動会に参加しましたが、この時には、新城の園児も一緒でした。運動会に参加するために、保母同士で集まって、同じ遊戯の練習や打ち合わせもしたりして、話し合いも結構ありました。

　園児からの収入が給料でした。保育料は、月1ドル程度だったと思います。20名いたら20ドルになりそうですが、未納者もいて最後まで払うことなく卒園した子どももいました。昭和40年代に入ると、子どもの数も少なくなり、十数名になっていました。

　市内のはなぞの保育園で講習会があって、私も受講しました。保母資格を取

得しましたが、公立の保育園は平良市内でしたので、当時は、自家用車もなく通うことが出来ないので諦めました。福祉事務所からは、度々、公立保育所に入りなさいと声を掛けられていましたが、城辺町立福嶺幼稚園の開園の時、履歴書を出しましたが、幼稚園への就職はできませんでした。

聞き取り調査⑥

1. 調査日　　2010年9月20日（月）
2. 調査場所　本村恵真（もとむら・けいしん）の自宅（多良間村）
3. 対象者　　本村恵真
4. 生年　　　昭和2年
5. 勤務地　　狩俣小学校、多良間小学校等を勤務後、多良間小学校校長退職（昭和63）。
6. 調査内容

　『たらま（平成21年度多良間村勢要覧）』によると、多良間幼稚園は、昭和14年、私立愛児園として発足し、仲筋字会場を園舎に充てて小学校校長が園長を兼ね、3名の専任職員を置いている。園舎を塩川字会場へ移動後（昭和15年）、愛稚園と改称（昭和16年）、幼稚園と改称（昭和17年）している。昭和21年11月、幼稚園開園式が挙行され、園舎なく小学校の運動場を使用しての活動を始めている。昭和32年、中学校の校舎の一部を園舎に充て、昭和42年に公立幼稚園として歩み始めている（同書10頁）。本村の証言は、この間のものである。

　戦前は、小学校は6年、高等科2年でしたよね。高等科で優秀な方を先生にしてね、採用する感じでしたね。その頃の子どもはもう70代になっていますね。
　戦後は、村立でもない、仮の幼稚園を作って、先生の月謝、給料は、子どもの保育料を集めてこれを、先生にあげていましたね。幼稚園の先生は、子どもの保育料でやるもんですから、資格のない者でしたね。戦後しばらくして、宮古島の久松小学校で、公立幼稚園ができたということで、校長から、「行って、申請資料をもらって来い」と言われて、宮古に行きました。そこまで行って、久松から資料をもらいました。
　話は前後しますが、宮古島から資格のある先生が多良間に来ましたね。給料の面で、保育料だけでは足らないので、役場から一部補助を出しましたね。資格のある先生を採用するように役場に申請したりしましたね。高校は出ているが資格がない者が幼稚園にいたので、辞めてもらって、資格のある者を採用す

るようにしましたね。それでもって、公立にしましたね。公立化した時に幼稚園の先生をしていた人で、多良間に住んでいるのは、天久（旧姓：奥平）孝子先生ですね。

聞き取り調査 ⑦

1. 調査日　　2010年9月21日（火）
2. 調査場所　多良間幼稚園職員室
3. 対象者　　垣花奈緒子（旧姓：兼浜）（かきのはな・なおこ）
4. 生年　　　昭和23年
5. 勤務地　　多良間幼稚園（1972年9月1日〜1976年3月31日）
6. 調査内容

「多良間幼稚園沿革史（多良間小学校蔵）」を手元におきながら、垣花奈緒子は、自身の幼稚園教諭としての歩みを語った。

私は多良間の小学校と中学校を卒業した後、宮古の高校に進学しました。その後、愛知県にある紡績工場で三交代で働きながら、岡崎短期大学で幼稚園の免許状を取りました。二年と半年かかりました。短大に通いながら、また、通信で保育士の資格を取って、1972年の4月に多良間の役場に就職しました。多分、今の総務課辺りに就職したのじゃないかと思います。5月の復帰の時には、ドルと円交換の仕事もしました。伊良皆順子先生が結婚を機に退職することになって、私は、年度途中の9月1日に多良間幼稚園の教諭として採用されました。天久孝子先生としばらく一緒に仕事をしていましたが、段々、子どもの数が減ってきて、昭和51年には、教育委員会に配置替えになりました。その後は、1クラスで天久先生が一人でやっていました。

この幼稚園の沿革史をみると（注：「多良間幼稚園沿革史」）、昭和14年に仲筋字会場に愛児園が出来たとありますが、公民館の会場で幼稚園をやっていたということですね。次の年には、塩川の字会場に移していますね。

天久孝子先生からは、公立幼稚園になったので、教諭扱いですが、その前までは、保母とか、助教諭という肩書きが付いていますね。これは、資格をもっていなかったらそういうふうになっていると思います。花城幸子先生も昭和38年から幼稚園の先生になっていますが、特に資格をもっていたわけではありません。当時の校長は、花城富蔵校長先生だったので、奥さんの幸子先生にお願いして幼稚園を任せていたのだと思います。

聞き取り調査 ⑧

1. **調査日** 2010年10月2日（土）
2. **調査場所** 泉水恵美子の自宅（石垣市新栄町）
3. **対象者** 泉水恵美子（旧姓：新城）（いずみかわ・えみこ）
4. **生年** 昭和12年
5. **勤務地** 川原幼稚園（1961年4月～1964年3月）
6. **調査内容**

　　最初は、牧志つるえさんが設立した「ヤエヤマ幼稚園」で働いていました。その時は、幼稚園や保母の資格はもっていませんでした。その後、福祉事務所が「保母講習会」を開催したので、保母の資格を取りたいと考えて、講習会に参加しました。

　　1961年（昭和36）、川原に幼稚園が出来るというので、私に保母の話が来ました。当時の川原小学校の校長は、崎山英美先生でした。崎山先生は、私と同じ登野城出身で、わざわざ、登野城の私の自宅まで保母のお願いで来ました。部落会長も一緒でした。校長先生と同郷ということと、資格をもっていたから私に話があったのだと思います。また、役場か何かに幼稚園の申請の場合、資格をもっている人が必要だったからかもしれません。私が川原幼稚園の最初の保母だと思います。

　　川原に行くと、幼稚園の建物は、集落のなかにあって、小学校は少し離れていました。その幼稚園も私立というか、部落立というか、公立の幼稚園ではありませんでした。私は、朝早くバスに乗り、川原で午前中子どもの世話をして、またバスで帰るという毎日でした。

　　園には、オルガンと小さな太鼓がありました。給料は部落からもらったのですが、保育料を集めた記憶はありません。遠足はありました。

　　当時の川原は、いわゆる、入植地で、豊見城村からが多かったです。パインやさとうきびを作っていましたが、パインを作っている農家が、少し余裕がある感じでした。とにかく、当時は、みんな貧しい生活で、日雇いの女性もたくさんいて、子どもを預ける人もかなりいました。川原幼稚園は、「子どもを預ける施設」でしたね。親はとにかく生活をすることが精一杯なので、幼稚園は子どもを預かる場所でした。隣の集落の三和や南川原の子どもも預かりました。こんな、幼稚園が他にもあるのか知らないので、他の保母のこととか交流は全く無かったですね。

　　1963年11月に結婚して、翌年3月まで働きました。行き帰りのバス酔いとつわりが重なって、とても大変でした。

聞き取り調査 ⑨

1. 調査日　　2010年10月2日（土）
2. 調査場所　大城フジ子の自宅（石垣市字大浜）
3. 対象者　　大城フジ子（おおしろ・ふじこ）
4. 生年　　　昭和15年
5. 勤務地　　川原幼稚園（1968年～1969年頃）
6. 調査内容

　夫の亀次郎の家族は、昭和16年に豊見城伊良波から入植して来ました。日本政府の計画移民で家族全員で来たそうです。私も豊見城名嘉地出身で、県内の私立大学の夜間を出て、中学校の教員免許を取り、川平で少し補充教員をしていました。復帰前、ここに嫁いで来ました。当時の川原は、水道は引かれていましたが、電気は、夜間になったらつかないような状態でした。とにかく、みんな貧しい生活でした。幼稚園が出来る前は、小さな乳飲み子まで畑に連れて行き、馬車の下は日陰になっているので、そこで寝かしたという話も聞きました。

　私が川原に嫁いできた時には、幼稚園がありました。幼稚園は、川原部落幼稚園と呼んでいて、新城恵美子先生（注：泉水恵美子）や慶田盛先生がいました。若い新城先生は、バスで通っていました。その先生方が辞められて、保母が必要になったので、部落会長さんから声をかけられて働き始めました。私は、教員免許はもっていましたが、保母の資格はありませんでした。午前中の保育活動で、子どもの数は、15～20名くらいでした。預かった子どもの年齢は、バラバラでした。子どもから保育料を取った憶えはありませんが、給料というか、手当は、部落からありました。宮古からの入植者が多い三和部落の子どもも預かりました。

　幼稚園では、遊戯や字のおけいこなどをしました。私の後は、川原幼稚園は、公立の幼稚園になったので、私が、川原部落幼稚園の最後の保母だと思います。

　川原幼稚園は、1969年（昭和44）4月に石垣市立かわはら幼稚園として設立認可されている。　それ以前は、泉水恵美子や大城フジ子らの保母による幼稚園活動が行われ、公立園ではない、いわゆる、字立（部落立）の運営であった。戦後八重山教育の歩み編集委員会編『戦後八重山教育の歩み』石垣市・竹富町・与那国町教育委員会発行、1982年、643頁。

聞き取り調査 ⑩

1. 調査日　　2010年（平成22）11月13日（土）
2. 場所　　　長浜智惠子（長浜宅、与那国）
3. 対象者　　長浜智惠子（ながはま・ちえこ）
4. 生年　　　昭和8年4月7日
5. 勤務地　　港幼稚園（1974年～）
6. 調査内容

　私は、祖納出身ですが、結婚して久部良に住んでいます。戦後の久部良の集落は、今と違って、ものすごく活気がありました。カジキ漁は盛んだし、鰹節工場もたくさんありました。久部良は、今でも「合衆国」といわれているんですが、それは、祖納や比川、宮古や沖縄、糸満、台湾、本土からも多くの人が集まっていたからでした。私の夫の親は鹿児島の枕崎出身でした。久部良は、闇の中継地でした。カジキが特に盛んだった頃は、飲み屋もたくさんありました。

　漁業が盛んだったこともあって、戦後の初めの頃の幼稚園は、「港幼稚園」と呼ばれていました。その幼稚園は、久部良小学校の敷地内にありました。松川カズ（2005年4月逝去）さんという方が長い間、幼稚園の先生として働いていました。その先生が資格をもって先生をしていたのかどうかはわかりません。もし、ご存命であれば、100歳くらいですね。

　私が保育所の保母として働くようになったのは、復帰後のことでした。最初は、与那国の役場の民生課に勤めていましたが、叔父の仲本宗雄が町長になり、その叔父から、「今度、久部良に僻地保育所を作るので、保母として働いて欲しい。なかなかやり手がいないので。」ということで、頼まれて、始めました。私も小さなマチヤグワー（商店）していたので、忙しかったのですが、叔父から頼まれて断れませんでした。久部良保育所が設立されたのは、1974年（昭和49）5月11日でした。私は、最初の保育所の保母でした。当初、同じ民生課にいた、入波平節さんは主任保母として働きましたが、しばらくすると都合により辞めてしまいました。節さんは、保母資格はもっていなかったのですが、小学校の先生を経験をしたこともあったので、声をかけられたのだと思います。節さんは、当時50歳くらいだったのではないかと思います。節さんが辞めた後、民生課からまた一人来ました。私も、資格も何ももっていなかったのですが、六人の子どもを育てた経験があるということで、町長の叔父から頼まれました。祖納や比川に保育所が出来たのはその後でしたね。

　当時の保育所は、久部良の公民館の一室を使いました。公民館長はいたのですが、特に、公民館に常駐するということではありません。当時の館長は、金城タケオさんと言いましたが、常駐しているわけではありませんでした。公民

館が、集落の行事で使われる時は、自宅に子どもたちを連れてきました。昼寝をさせたり、3時のおやつをあげたりしました。

　子どもたちは、朝8時ぐらいから、夕方5時まで預かりました。年齢は2～5歳ぐらいまででした。子どもたちは、弁当持参です。保育料は徴収しましたが、子どものおやつとして使いました。私たちの給与は役所から出されました。公務員としての身分でした。役場は、その後、扇風機を入れたりしていました。

　保育所等の施設がない時代は、使人（カイトウ＝与那国方言）と言って、学校に行っていない女の子に子守をさせましたね。使人に世話になった子どもは、その後も、つながりが強く、兄弟以上でしたね。

　久部良に幼稚園が開園したのは、1948年（昭和23）3月6日である。久部良小学校附属幼稚園として開校したのは、1953年（昭和28）5月9日である（『久部良小学校創立八十周年記念誌』2007年1月）。1948年の幼稚園開園の頃から、1953年の附属園の開園に至るまで、「港幼稚園」として呼称されていたものと推察される。「港幼稚園」から、「久部良幼稚園」に呼称（名称）が変更された理由は不明である。久部良幼稚園が「港幼稚園」と呼ばれていた時代、教諭として勤務していた松川カズは、「園歌」を残している。松川カズの娘は、与那国イエス之御霊教会の牧師である松川マサエである。祖納に文庫を運営していた田頭恵子もカズの娘である。

　松川カズが久部良幼稚園で勤務していた頃、真地フミ（石垣市住在、80代、旅館経営。娘は与那覇エツコ久部良幼稚園教諭）や新里恵美子（昭和22年生）も勤務していた。特に、新里は、カズやフミから、戦後当初の苦労話をよく聞かされていた、という。

聞き取り調査 ⑪

1. **調査日**　　2011年（平成23）2月17日（木）
2. **場所**　　　久米島町字山城（沖縄バプテスト連盟 希望が丘キリスト教会）
3. **対象者**　　木下康子（牧師）（きのした・やすこ）
4. **生年**　　　昭和22年
5. **勤務地**　　久米島ホーリネス教会附属幼稚園（1966年〜1967年）
6. **調査内容**

　私は高校卒業後、すぐに幼稚園の助手として働いたんですね。字比嘉にあったホザナ幼稚園ですね。その幼稚園は、久米島ホーリネス教会の附属幼稚園でした。もちろん、無認可の幼稚園でした。この幼稚園は、教会の附属園ということで1964年から始まっていて、初代の牧師は、東京都出身の大井典子さんでした。教会の設立と同時に幼稚園を開園していました。幼稚園が始まった頃、私は高校生でしたが、卒業後の1966年から1967年の2年程、幼稚園の助手として働きました。大井さんは、東京からバプテストの普及活動で来たんですね。私と大井さんの二人で子どもたちの世話をしていました。私の感じだと、地域の方々から、子どもの言葉の学習をしっかりつけさせて欲しいという希望が強くありましたね。当時は、子どもたちの多くが方言しか話せないので、小学校に上がったときには、困るだろうということで、幼稚園でしっかり教育してくれ、と。方言で育った子どもたちだったので、言葉の教育については幼稚園に対しての期待は大きかったですね。小学校で標準語が始まると、しかも教科書も標準語だと、子どもたちはとても困ると言うことでした。標準語を教えて欲しいという地域の要望は強かったですね。大井さんは、東京出身の方でしたので、きれいな日本語を使っていました。那覇の教会幼稚園から教材や資料等をもらって、歌を歌ったり運動したり、お話をしたりしました。親は、ほとんどが農業をしていました。

　幼稚園の庭には、滑り台やブランコ等もありました。子どもから徴収する保育料というのも、非常に安いもので、この中から遊具等をそろえていたかも知れませんね。私も給料という程のものをもらっていませんでした。ボランティアみたいなものでしたね。私の両親は、クリスチャンでしたので、幼稚園で働くというのは自然というか、当然でした。字比嘉は私の出身でもあるのですが、両親は、教会の土地を無償で提供してそれで教会と附属幼稚園が出来たんです。近郊には、幼稚園らしいものはなかったので、多くの子どもたちが集まりました。また、仲里小学校の運動会のプログラムにこの幼稚園の出番がありました。

　この教会附属の幼稚園は字比嘉にあったのですが、仲里村内から多くの子どもたちが集まりましたね。仲里小学校地域と美崎小学校地域から集まりました。

50～60名程いましたね。牧師の大井さんと私の二人で子どもたちの世話をしましたので、大変でしたね。日曜日には、サンデースクールという教会学校があったので、その延長というか、絵を描いたり歌を歌ったりという幼稚園の活動でした。教会幼稚園の第一期生は、昭和34年生なので、もう、51歳ぐらいになっています。私は、一度、この教会幼稚園を辞めて東京で牧師と幼稚園の資格をとって、1973年に島に帰ってきたんですが、当時の教育委員会の先生から、「公立幼稚園になるので、幼稚園の先生として働かないか」と言われましたが、別の道を考えていましたので、お断りしました。

しばらくして、字宇根でもキャナードという先生が教会の幼稚園をしていました。キャナード先生は、家族で来ていたようです（字宇根の区民によると、昭和34年生以降の子どもが通っていたというが、しばらくして無くなったという）。字儀間でも、教会附属の幼稚園がありました。現在の「みやぎ文具店」の場所に教会の幼稚園がありました。その後、久米島幼稚園が出来ると、子どもたちはそこへ通いましたね。字宇根も字儀間の方も、バプテスト関係の教会だったと思います。

> キリスト教の宣教活動のひとつとして幼稚園の設立は沖縄県内ではよくみられた。上記の木下の証言は、バプテストの例であるが、安齋伸の論文「カトリックの受容と変化」は、八重山のカトリックの宣教事例を紹介しながら次のような指摘をしている。「戦勝国アメリカから神父が来島して、支配者としてでなく、友として奉仕者として教会を建て、神への信仰を説き、歌と踊りと演劇の場を提供し、書籍を貸出し、1955年には幼稚園を設けて子供たちの教育を引き受けるという活動を、優れた伝道士と地元の信望ある信徒たちの協力で展開して行ったのであるから、乾地に雨が滲み込むように、順調な伸びを示したことは充分に考えられる。」（窪徳忠編『沖縄の外来宗教 その受容と変容』弘文堂、1978年、260頁）

聞き取り調査 ⑫

1. 調査日　　2011年（平成23）3月6日（日）
2. 場所　　　北大東村中野（ハマユウ荘うふあがり島）
3. 対象者　　沖山昌子（おきやま・まさこ）
4. 生年　　　昭和6年
5. 勤務地　　北大東小学校附属幼稚園（1947年～1949年）
6. 調査内容

　私は、最初、学校の給仕みたいなことをしていました。昭和22年に幼稚園が出来たんですけど、資格は必要なかったですね。燐鉱山の方に、社員のための弓道場があったので、社員の子どもを預かっていました。建物は残っていたので、そこを使いました。農家の子どもたちは、小学校の隣の幼稚園で、山川マツ子さんがしていました。山川さんは、今、羽地の方にいると聞いたことがあります。幼稚園は、二カ所に分かれていたんですね。午前中は、それぞれの場所で活動して、午後は、私が小学校の隣の幼稚園の方に行って事務をしました。辞令をもらった覚えもありますし、給料もありました。給料は、村からありました。私は、燐鉱山の方で幼稚園をしていたんですけど、会社から給料をもらうのではなく、村からもらっていました。音楽を流したりしましたけど、子どもたちは裸足で逃げ回ったりして、大変でしたね。私たちの後、しばらくして、本島で高校を卒業した人や幼稚園の資格をもった人が採用されました。私たちの頃は、託児所みたいなものでしたね。戦前は、幼稚園というものはなかったので、戦後初めて、幼稚園という言葉を聞きました。

　開拓の島として知られる北大東島では、製糖と並んで燐鉱採掘事業が盛んであった。燐鉱採掘現場周辺は、社宅が整備され、沖山昌子は、その社宅に住み、社員の子どもを預かっていたのである。

資料2. 公民館図書館関係者証言

知花昌徳の証言（2008年9月10日、於：知花宅）
　知花昌徳（昭和5年生、現在、那覇市古島在住）は、戦後、読谷初等学校を振り出しに読谷中学校の英語教師、安岡中学校等を歴任。浦添小学校校長を最後に退職。読谷村内の学校勤務の頃、青年会活動を活発に展開。1952年（昭和27）の波平公民図書館の設立に尽力した。

　1945年の8月に捕虜になって石川に行ったんです。石川に家族がいたもんですから石川から読谷村に帰ってきまして、47年の9月に読谷小学校の教員になったんです。小学校の教員をやっておるうちに、1年か1年半ぐらいで軍に飛び出していったんです。軍に飛び出していって帰ってきたら、「お前、英語教師をやれ」といわれて、中学校にきたわけですがね。教員をしながら青年会の活動をしてましたね。戦後の47年、その頃、もう石川からドンドン波平に帰ってきますから、あっちからもこっちからもね。その当時は、読み物というのは一切無い。本屋はもちろんないです。終戦直後ですからね。するとたまたま、本土帰りの先輩がいるわけですよ。この先輩は、本を色々もっているわけです。羨ましくてしょうがないわけね。英語の辞典ももっているわけですよ。古びたものですよ。でも私は、先輩にね、「それ売らんか」といったんです。「売ってもいいよ」ということになったんで、それで、幾らで売るかといったら千円というんですよ。千円というのはもう、たまげてしまってね。少しでもいいからまけてといったらね、じゃあ八百円だと言ったんですよ。八百円というのはね、その当時の僕の給料が千六百円です。八百円といったら給料の半分でしょう。でも、それでも僕は欲しいわけね。なぜこんなに英語の辞典を欲しがるかと、その動機はね、一中の二年の時、受けもちの座喜味という英語の先生が、生徒と一緒にしか弁当食べないんですよ。そこで先生は弁当を食べながら英字新聞を見ているわけですよ。あの頃の英字新聞というのはもう驚きなんです。日本語一つもないわけ、よく見たらね。先生はご飯食べながら一生懸命見てね、ようし、僕もやるぞ、僕もいずれ英字新聞を見てやるぞと、これがきっかけなんです。だから、英語を勉強したいという気持ちがあるもんだからその八百円という辞典をね、どうしても買う気になったんです。でも、その当時の僕の家族はね、七人の兄弟と母と年とった祖父がいるわけです。九人家族は、僕一人の千六百円で飯を食っているわけですよ。そうしたら、母はね、何一つ文句言わなかった。すぐサッと八百円出して、それでその辞典を買った。

　読谷中学校に勤めているときに、辞書を買って勉強し始めたわけですね。いわゆ

る文字というか、活字にある意味飢えていたところがあった。とにかく、図書に飢えてですね、もう本当に自分が青年会長やって、読み物一つもないわけですよ。それで、青年会長になったら、向こうのあのアガリジョウのアシビナーというところに仮のテントに青年会館をつくったんですよ。この頃は、青年倶楽部といって、コンセットみたいなものをつくった。でも、何もないわけです。戦後ですから映画もない、何をしていいかわからない、読み物もなければ、楽しむのも何にもないでしょう。その当時、本を買う、雑誌を買う、これは庶民にはできない話。庶民の金では買えない、買えないんです。買えなければ、それじゃもういつまでたってもその青年に本を読ませないでいいのかと、それじゃいかないと思う。読めるような方法をとらんといかんと思ったもんだから、青年図書館というのをつくろうと言ったんです。そうしたらね、あざ笑う者もいました。何で今頃本を読む、そんなバカな話があるかというわけ。本や雑誌を見たこともない人が多いわけですから。しかし僕としては、青年の目を開くのはね、本以外にはない。だからどうしても、自分の金では買えなくても読める、そのシステムを作ろうというのが出発なんです。そこで、そのテントヤーグヮーで、青年図書館を作ろうということになった。一応その考えは通ったもんですから、それじゃ青年会費を幾ら集めるから、これは図書費として幾ら出すということを決めてね。最初は波平の事務所にね、本棚を作って置いてあったんですよ。でも、事務所に置くと事務所のものになってしまう、青年のものにならないと。青年図書館というものは青年のものであるからね、事務所にまかせるわけにはいけないということで、青年図書館をつくることになった。

　公民館の左手に瓦家の青年図書館をつくって、図書館の係を置いたんです。それで毎年、図書をどんどん入れて。青年図書館は、事務所とは関係なく、青年会費の中から出しました。事務所とは全然関係ない。青年だけでお金を出して、図書係というのは決めていましたから。僕が図書係の二人を連れて、本屋をまわって。那覇の本屋もまわって。図書館は、完全に青年会が運営しておりました。司書が、午後から本の貸し出しをやっていたんじゃないかな。交代でね。近くの読谷中学校にも図書館はなかったもんですから、中学卒業の青年たちを相手に考えていましたね。二十四、五ぐらいまでの青年を目当てに本は買ったように憶えています。利用者は、割といたと思います。その人たちの全部名前記録して。誰に何を貸していくと、やっていましたからね。予算も計上して毎年図書を増やすようなことでやっていますから。

　でも青年の多くは、図書館に反対の人だったと思います。しかし僕としてはね、これではいけないと思ったわけです。なぜかというとね、波平というのはね、村内で大きな字でしょう。こんな大きな波平でも、みんな無学でね、畑を耕せばいいということだけでは、大変だと思ったわけです。考えてみたら、波平からは、中学進学は僕一人ですよ、同級生で。しかしながら座喜味からも喜名からもね、中学生は

いるわけですよ。もちろん波平からは農林学校に行っているのもいる。いるけれども、他の字に比較するとね、話にならない。波平は、畑が多いもんだからね、昔はね、畑をもって生活は楽だけどね、学問というのは一切否定されていて。それで、青年会の時に、これからの波平というのは、どうしても勉強させなければいかないということがあった。それじゃどうすればいいかと、目を開かせようということで図書館を出発したんです。そういうことがあるもんだから、他の人からは、どう言われておったか、フリティルウーンテ、ヌーヌ図書館だと、図書館アシビドゥクルツゥクイルバーイと言いよったぐらいですからね。

　青年図書館をつくる時、相談相手はいませんでした。というのは、役員のなかにね、いわゆる戦前の中学校、戦前の農林、出てるのがいないんですよ。一人でも二人でもおればね、「中学校ヤ勉強シミランネーナランドー」という話もできますが、青年会の役員のなかにはね、誰一人として上級学校に進んだのいないわけです。高等二年は卒業しているけどね、他にいない。相談相手一人もいません。表だっては反対はなかったです。というのは、僕はもう役員を説得しましたから、こうだよ、他の字はこうだよ、そういうふうにしてね。我々青年として、本を買って置いて読まそうと考えておったんですよ。建物をつくるとなると、本を買う以上にお金がかかる。よくは憶えてないけどね、字にも僕は援助しろと言ったんじゃないかと思います。だから幾らかは、お金出させたというふうな気もちはありますね。そうかといって、表だって文句を言う人はいませんでした。司書は、ボランティアで、給料払った憶えないですね。だから二人でね、交互にやるようにというふうに、言ったように憶えています。

上地正夫の証言（2008年8月26日、於：波平たんぽぽ文庫）
　上地正夫（昭和8年生、現在、波平在住）は、波平の青年会運動に関わり、戦後の青年会図書館の司書としての経験がある。

　青年会で司書をしていたのは、1953年から翌年までですね。1年休んで、56年にしました。1951年に青年会独自の瓦葺きの図書館が建ったんですよ（『波平の歩み』では1952年完成である）。6坪ぐらいあったかね。私たちは、青年図書館と呼んでいました。青年会の役員として図書係というのは、3名おったんですがね（知花昌徳の証言では2名）。その図書係をやったんです。あとの2人の名前は忘れましたが、女性でしたね。図書係として、図書の貸し出しを3名交代でやっていました。貸し出しは、晩だけでしたからね。青年図書館の本は、昔の役場、今の村立図書館の前

に波平出身の古本屋があって、そこの人が本屋を辞めることになって、貰い受けたわけ。今の日本国憲法の看板の所。トタン葺きの建物があってそこでやっていたんですね。青年会が本を買って引き取ってですね。本を借りにくる人というのは、波平の小学生、中学生ですね。長浜、宇座、あの辺の子どもたちも学校の帰りがけに来ました。今のような図書カードみたいなものはありませんでした。

　青年会が本を揃えて、図書館を造る。どうしてそんなことをしたのか、その辺はちょっと私も、よくわかりません。当時の青年会長は中学校の知花昌徳先生だったですね。先生をしながら青年会長をやっていた。その方が中心になって、図書館を建築して。図書館をつくる呼びかけは、知花昌徳さんだったと思います。その頃、本が少なかったもんですからね。その時、波平の出身の先生たちが34～35名ぐらい。高校から小学校まで。その方々が集まりをもって、自分たちも使いながら後輩のために本を購入されてですね。

　この青年図書館の始まりは、アガイジョーのアシビナーのところでコンセットで造った青年倶楽部ですね。当時の青年会が造ったんじゃないか。その役割は大きかったですよ。小さいながら憶えてますけどね。アメリカ軍が、あの近くに兵舎がありましたからね、そこから夜な夜な来るので、青年団が自警団を作るんだ。火の用心もしながら、そういう怪しいものが入ってきたら、棒をもって守るみたいな。ただ、台風でコンセットが潰れて、それで、こっちに移動してきたと思うんですけど。コンセットのなかは意外にも広く、卓球ができましたね。ここに移動してきてから、青年図書館という名前。『守礼の邦』とか、復員して来るときに、内地からもってきた雑誌とか、そういったものが置いてあったみたいな感じしますね。図書館は、無料でした（『波平の歩み』では、有料制の記述がある）。青年会で予算を組んだので、無料だったと思いますね。図書館の図書は、予算から出したり、波平出身の先生方が、模合をしたりして、そのお金で本を買って、自分たちも読んだり、後輩にもということで。その頃、図書館が出来たということで、個人の家に置いてある本を寄贈するんですよ。

　1962年に鉄筋コンクリートの建物が出来ますね。その時に、波平の読書祭りが開かれた。これは、読書週間、全県的に11月の1日から一週間づつかな、あったんですよね。1日から7日まで。11月3日の時に波平独自のパレードみたいなものもありました。11月3日、文化の日ということで波平の行事としてやっている、そこが大きな特長なんです。また、石川琉米文化会館というのがありましてね、向こうからの指導が多くてですね。1962年辺りじゃないかね。向こうから見えて、図書の分類とか、そういったものも教わったですね。それで、図書週間で表彰受けたんですよね。表彰受けたもんだから石川琉米に通ったのかな。資料とか本の寄贈とか、図書館の運営とか。南方同胞援護会からの本の寄贈もありました。寄贈の経過は知りませんが、本を受け取ったのは、私でした。その時、南方同胞援護会は吉田先生だっ

たんですよね。あの方から、こっちはそういう面で読書週間みたいにずっと表彰受けているもんだから、公民館の方に寄贈があったわけですね。
　当時の村内では、多くの字では、文庫をもっていたんですが、独立した館をもっていたのは、波平と楚辺でしたね。その他はほとんど公民館内に書棚を置いて。楚辺の図書館には何度か行きました。どういう風に利用されているのかとか、情報交換でしたね。図書館が鉄筋コンクリートになったのは、1962年ですが、その頃から、青年会の運営というよりも、公民館の運営になりましたね。公民館の予算を取って。私が司書をしたのは、青年会のなかで役員を選出して決めたもんですから。5時まで仕事をやって、それからここに来て司書の仕事です。鍵開けてからね。

主要参考文献

- 粟国村村史編纂委員編『粟国村誌』1984年
- 安里彦紀監修『沖縄教育界のあゆみ』沖縄史料出版社、1979年
- 浅野誠著『沖縄県の教育史』思文閣出版、1991年
- 浅野誠「明治中期における小学校の就学実態の一例の検討－沖縄県西表校にみる－」琉球大学教育学部『琉球大学教育学部紀要』第26集第1部、1983年
- 字大湾誌編纂委員会編『大湾誌 和睦』読谷村字大湾郷友会、2004年
- 字経塚史編集委員会編『字経塚史』浦添市字経塚自治会、2006年
- 字誌外間編集委員会編『字誌 外間』東風平町字外間、2004年
- 字楚辺誌編集委員会編『字楚辺誌「民俗編」』字楚辺公民館、1999年
- 阿波根直誠「教育の諸問題」沖縄県『沖縄県史』第1巻、1976年
- 新垣秀吉編『波平のあゆみ』波平公民館、1969年
- 一番ケ瀬康子著『日本の保育』ドメス出版、1962年
- 糸満市立米須幼稚園『50年のあゆみ 地域における幼児教育』1997年
- うるま市具志川市史編さん委員会編『具志川市史（教育編）』第6巻、うるま市教育委員会、2006年
- 大里村当間区『戦後50年の歩み 戦前の様子』1997年
- 沖縄教職員会編『教育の実態－現場の問題点をつく－』1960年
- 沖縄教職員会編『沖縄教育－第13号－』1962年
- 沖縄教職員会編『沖縄教育－第八次教研集会研究のまとめ－』1962年
- 沖縄教職員組合『沖教組教育研究集会30年の歩み』
- 沖縄県『県史郷土関係資料 六』うるま市教育委員会図書館市史編さん係所蔵
- 沖縄県教育庁社会教育課『教育隣組の活動－PTAの地域集会活動のために－』出版年不明
- 沖縄県教育庁社会教育課『子ども会の育成』出版年不明
- 沖縄県教育委員会編『沖縄の戦後教育史』1977年
- 沖縄県教育委員会編『沖縄の戦後教育史（資料編）』1978年
- 沖縄県立図書館史料編集室編『沖縄県史料 沖縄民政府記録1 戦後2』沖縄県教育委員会、1988年
- 沖縄市教育委員会編『沖縄市学校教育百年誌』1990年
- 沖縄市・浦添市・宜野湾市・具志川市・石川市及び中頭郡老人福祉センター運営協議会『中部地区社会福祉の軌跡』第二巻・活動、1988年
- 沖縄県教育委員会編『沖縄の戦後教育史（資料編）』1978年
- 沖縄大百科事典刊行事務局『沖縄大百科事典 中巻』沖縄タイムス社、1983年
- 沖縄タイムス社編『私の戦後史 第3集』沖縄タイムス社、1980年
- 沖縄豊見城村『村勢要覧』1966～1969年版
- 沖縄幼稚園協会『会員名簿』1969年6月
- 奥共同店『創立百周年記念誌』2008年
- 兼城字誌編集委員会編『兼城字誌』字兼城、2006年

- 兼城賢松著『沖縄教師の祈りとどけ』講談社、1973年
- 嘉納英明著『戦後沖縄教育の軌跡』那覇出版社、1999年
- 嘉納英明「沖縄の字公民館幼稚園の成立過程に関する一考察－沖縄島・具志川村を中心に－」(日本子ども社会学会『子ども社会研究』第15号)
- 嘉納英明「沖縄の字公民館幼児園の設立過程－名護市の事例を中心に－」(東京・沖縄・東アジア社会教育研究会『東アジア社会教育研究』第14号)
- 嘉納英明「沖縄の教育隣組～具志川市・教育隣組の地域組織活動と「学力向上対策」に焦点をあてて～」『教育』No531、1991年1月、国土社
- 神里博武・神山美代子「昭和戦前期における沖縄の保育事業(1)」『沖縄キリスト教短期大学紀要』第26号、1997年
- 川崎自治公民館『平成二年度具志川市教育委員会指定モデル自治公民館報告書』
- 宜野座小学校創立百周年記念誌編集部編『宜野座小学校創立百周年記念誌』宜野座小学校創立百周年記念事業期成会、1989年
- 宜野座村誌編集委員会『宜野座村誌 第1巻 通史編』宜野座村役場、1991年
- 宜野座村惣慶区『惣慶誌』1978年
- 宜野座村子ども会育成連絡協議会『20年のあゆみ』1996年
- 宜保美恵子「沖縄における幼児保育の歩み」日本保育学会編著『郷土にみられる保育の歩み－保育学年報1976年版－』フレーベル館
- 金城キク「1967年度図書館照合結果報告書」(読谷村史編集室蔵)
- 具志川市誌編纂委員会『具志川市誌』具志川市役所、1970年
- 具志頭村史編集委員会編『具志頭村史第二巻通史編(歴史編・教育編・沖縄戦編)』1991年
- 具志川市教育委員会『広報社会教育 合冊版第一集』1983年
- 具志川市教育委員会『広報社会教育 合冊版第二集』1983年
- 国頭郡教育会『沖縄県国頭郡志』沖縄出版会、1919年(大正8)
- 小林文人・島袋正敏編『おきなわの社会教育－自治・文化・地域おこし－』エイデル研究所、2002年
- 小林文人「沖縄における集落(字)育英奨学活動の展開－字誌等を通しての研究覚書－」(「東アジア社会教育研究」編集委員会編『東アジア社会教育研究』第10号、2005年)
- 小林文人・野村千寿子「戦後沖縄における『教育隣組』運動－戦後沖縄社会教育史研究(その四)－」(『東京学芸大学紀要』第一部門36、1985年)
- 座喜味子ども会育成会「1990年度定期総会資料」
- 座喜味子ども会育成会「学事要覧」1986年5月10日・座喜味公民館、座喜味子ども会育成会「学事要覧」1988年5月21日・座喜味公民館
- 座喜味子ども会育成会『1991年度 定期総会』資料
- 佐藤一子著『子どもが育つ地域社会』東京大学出版会、2002年
- 下勢頭誌編集委員会編『下勢頭誌』北谷町下勢頭郷友会、2005年
- 州立ハワイ大学西塚邦雄編『琉球教育』本邦書籍株式会社、1980年
- 『昭和7年度以降 予算決算書綴 高志保区』(読谷村史編集室蔵)
- 新里民夫「1950年代における宜野座村の軍用地受け入れの諸要因と米軍との交渉過

程の特徴に関する考察」『宜野座村立博物館紀要 ガラマン9』2003年3月
- 新城平永（他）編『残波の里「宇座誌」』宇座区公民館、1974年
- 末本誠著『沖縄のシマ社会への社会教育的アプローチ－暮らしと学び空間のナラティヴ－』福村出版、2013年
- 末本誠・小林平造・上野景三「沖縄の集落公民館研究についての覚え書き」（東京・沖縄・東アジア社会教育研究会『東アジア社会教育研究』第4号、1999年
- 末本誠「琉球政府下、公民館の普及・定着過程－ムラと公民館－」（小林文人・平良研一編著『民衆と社会教育－戦後沖縄社会教育史研究－』エイデル研究所、1988年
- 末吉重人著『近世・近代沖縄の社会事業史』榕樹書林、2004年
- 戦後沖縄社会教育研究会編『沖縄社会教育史料』第2集、1978年
- 戦後八重山教育の歩み編集委員会編『戦後八重山教育の歩み』1982年
- 惣慶学習会「創立10周年記念誌」1987年8月15日
- ソ辺区民図書館「第1回公民館における図書館運営発表会」1967年、（読谷村史編集室蔵）
- 中部地区社会福祉協議会編『教育隣組のしおり』1966年
- 高志保区「昭和7年度以降 予算決算書綴」（読谷村史編集室蔵）
- 高良倉吉「王国時代の教育」（うるま市具志川市史編さん委員会編『具志川市史 第6巻 教育編』うるま市教育委員会、2006年
- 玉城村前川誌編集委員会編『玉城村字前川誌』1986年
- 知花哲雄「波平公民図書館の沿革と抱負」1964年、（読谷村史編集室蔵）
- 寺中作雄「（新漢字 寺中構想）公民教育の振興と公民館の構想」（雑誌『大日本教育』昭和21年新年号）
- 渡慶次ハル「幼稚園激動時代」（糸満市立米須幼稚園『50年のあゆみ－地域における幼児教育－』1997年
- 渡慶次ハル著『牛の歩み』1987年
- 『渡慶次の歩み』渡慶次公民館、1971年
- 渡慶次字誌編集委員会編『続 渡慶次の歩み 下巻』渡慶次公民館、2010年
- 豊見城村役所企画課『豊見城村村勢要覧』昭和50年版、1976年
- 富盛字誌編集委員会編『富盛字誌』東風平町字富盛、2004年
- 長浜真勇「出席奨励旗について」（読谷村史編集委員会編『読谷村史 第二巻 戦前新聞集成 上』1986年
- 那覇市教育委員会編『那覇市教育史－資料編－』2000年
- 那覇市教育委員会『那覇市教育史－通史編－』2002年
- 那覇市市民文化部歴史資料室編『那覇市史－戦後の社会・文化1－』資料篇第3巻2、那覇市役所、2002年
- 波平恒男「教育の普及と同化の論理」（財団法人沖縄県文化振興会史料編集室編『沖縄県史 各論編 第五巻 近代』沖縄県教育委員会、2011年、所収）
- 波平図書館「部落の歩み」1956年、（読谷村史編集室蔵）
- 波平図書館「日誌（1963年度）」（読谷村史編集室蔵）
- 西平秀毅著『伊良部教育史』1977年

- 日本キリスト教団沖縄教区編『戦さ場と廃墟の中から－戦中・戦後の沖縄に生きた人々－』金城印刷、2004年
- 橋本敏雄編著『沖縄 読谷村「自治」への挑戦－平和と福祉の地域づくり－』彩流社、2009年
- 読谷村字古堅『古堅誌』2007年
- 文教局教育研究課編『琉球史料』第九集文化編一、琉球政府文教局、1965年
- 文教局総務部調査計画課「幼児教育に関する実態調査」1970年度
- 「保姆会員名簿1962年～」「豊見城保姆の会」「豊見城保母の会1975年～1976年」「豊見城保母の会記録ノート（昭和60年度～63年度）」（豊見城市字翁長自治会所蔵）
- 堀川秀信「幼稚園教育の出発」（具志川市史編さん室『具志川市史（教育編）』2006年）
- 真境名安興著『沖縄教育史要』沖縄書籍販売社、1965年
- 益川浩一著『戦後初期公民館の実像－愛知・岐阜の初期公民館－』大学教育出版、2005年
- 宮城自治会『なあぐすく字誌』2005年
- 宮里字誌編集委員会編『宮里の沿革』名護市宮里公民館、2004年
- 宮本常一著『ふるさとの生活』講談社、1986年
- 文部省『学制百年史（記述編、資料編共）』帝国地方行政学会、1972年
- 屋良朝苗編著『沖縄教職員会16年』労働旬報社、1968年
- 与根字誌編集委員会編『与根字誌』2008年
- 読谷区教育委員会『1966年指定教育隣組実績発表（資料集）』
- 読谷村役所総務課編『村の歩み』1957年
- 読谷山小学校『創立五十周年記念誌（複製本）』1932年、読谷村史編集室蔵
- 読谷村字楚辺『記念誌』1962年
- 読谷村字波平「公民館落成式、総蹶起大会要覧」1957年、（読谷村史編集室蔵）
- 読谷村史編さん室・福地加奈子作成「渡慶次公民館図書館目録」
- 読谷村史編さん室・福地加奈子作成「渡慶次公民館図書館目録」
- 読谷村座喜味婦人会編集委員会編『読谷村座喜味婦人会75周年記念誌』1990年
- 読谷村座喜味「ざきみ文庫 建設のしおり」1992年11月28日発行
- 読谷村役所編『読谷村史』1969年
- 琉球政府文教局『琉球史料』第4集、1959年
- 琉球政府文教局研究調査課『琉球教育要覧（1955年度版）』
- 琉球政府文教局『琉球史料』第3集、1958年
- 琉球政府文教局義務教育課「幼稚園に類する幼児施設調査1963年 南部連合区教育委員会」沖縄県公文書館所蔵：コード「R00095612B」

あとがき

　1989年(平成元年)4月、私は、沖縄の小学校教師として採用された。この年から、小学校教師対象の初任者研修制度の完全実施が始まった。1年間、指導教諭の下で研修を受け、学級担任を経験した。この研修の締め括りは、「課題研究」なる報告書の提出であった。報告書は、授業実践又は地域教育調査のいずれかの領域から選択しなければならなかった。私の初任校(兼原小学校)は、本論のなかで取り上げた具志川市(現在のうるま市)内にあって、校区内は、地域活動が活発な地として知られていた。具志川市は、沖縄の地域社会教育実践を切り拓いた社会教育主事や社会教育実践の指導者－大嶺自吉さんや宮城英次さん、蔵根芳雄さん、田場盛徳さんら－を輩出した地域でもある。

　当時、兼原小学校の校区内にある字(集落)では、学事奨励会が毎年開催され、教育隣組や子ども会の活動も盛んであった。私は、地域教育調査をすることに決め、教育隣組と子ども会の活動に焦点をあてて調査を始めた。私の生まれ育ったコザ市(現在の沖縄市)の照屋では、教育隣組という地域組織は聞いたことがなく、妙に、その組織名に関心を持った。地域に直接出向き、関係者の話を聞き、また学事奨励会や教育隣組に関する文献資料を探し求めた。大嶺自吉さんから琉球政府文教局時代の地域社会教育の話を聞いたのもこの頃であり、貴重な教育隣組や子ども会関係資料の複写も頂いた。大嶺さんは、当時、教育隣組や子ども会の普及活動の最前線にいた方である。学事奨励会の会合や子ども会の催し会にも足を運んだ。字公民館の活動や地域活動に熱心に取り組んでいた元教師の方々を訪れ、聞き取り調査を続けた。こうした地域調査は実に楽しかったが、意外にも「地元、沖縄の

ことについては、ほとんど知らない」ということを思い知らされた。田場盛徳さんから、戦後の沖縄復興や地域における子どもの置かれている状況のお話を聞いたのもこの頃である。

「課題研究」をまとめて教育委員会に提出した後、国土社から発行されている『教育』に投稿した。県外ではほとんど知られていない沖縄の地域活動を報告したためであろう、原稿は、採用された（拙著「沖縄の教育隣組〜具志川市・教育隣組の地域組織活動と『学力向上対策に焦点をあてて〜』『教育』No531．国土社、1991年1月）。この論文は、基地被害から子どもを守るために集落毎に結成された教育隣組の結成過程と展開、そして1980年代における実践的な課題を析出したものであった（この内容は、本書の第2章第4節に反映されている）。雑誌論文とはいえ、初めて全国誌に掲載されたことが殊の外、嬉しく、また小林文人（当時、東京学芸大学）先生から、初めてお便りを頂戴した。手紙には、「（沖縄の）教師として教育隣組のことを取り上げたことに敬意を表します」と綴られ、お褒めの言葉に恐縮すると同時に、小林先生の沖縄への熱い眼差しを文面から感じた。学校の教師として、子どもが地域でどのような生活を送り、どのような地域活動へ参加しているのか、こうしたことに関心を持つことの大切さを学んだ時期であった。教育隣組と子ども会についてはその後も調査を続け、『月刊社会教育』に投稿し、掲載された（拙著「復帰後沖縄の教育隣組と『学力向上対策』（上・下）」（月刊『社会教育』No.429・430，1992年2月・3月、国土社）。私と沖縄の地域社会教育史との出会いは、まさしくこの初任研の「課題研究」であり、その後、那覇市教育史、具志川市史

（教育編）、西原町史の編さん事業に関わる機会がもてたことにより、少しばかりの足跡を残すことができたように思う。だが一方では、小学校教師としての授業実践（社会科教育・総合的な学習の時間）にエネルギーを注ぐことにもなり、地域調査研究を十分深めることはできなかった。

　転機が訪れたのは、2006年度（平成18）のことである。小学校の教師に就いてからも、私の関心のある教育分野やテーマについて学べる環境（博士課程）について探したが、県内大学には、ない。そこで、遠距離の沖縄からでも入学の許可を頂ける大学院博士課程を探していた所、九州大学大学院人間環境学府と出会った。しかも、琉球大学教育学部在学中にお世話になった、松田武雄先生（社会教育学）がいらっしゃるので、直接、ご相談した。私が琉大の学部2年生の時に、松田先生は、教育学科の社会教育研究室に着任され、先生のゼミにもお邪魔した。松田先生から「毎月、沖縄から九州大学まで通うことが出来れば、入学の可能性としてはある」というご助言を頂き、社会人入学試験を受験し、入学許可を頂いた。また運良く、大学院に入学したその年の10月から、名桜大学（2010年度から私立大学から公立大学法人に移管、於：名護市）の教職科目担当者として採用され、小学校の現場とは違う環境で、しかも研究時間を確保することができたことも幸いであった。毎月定期的に福岡に通うことは難しかったが、出来るだけ、九州大学に出向き、松田先生やゼミ生に論文を報告し、助言を受け、学会発表や学会投稿を繰り返した。これが4年間続いた。往路の航空代金・宿泊費用の捻出、勤務している大学の授業や行事との時

間的なやり繰りには、苦労した。多忙な松田先生にも、私の都合に合わせて、論文指導時間を調整して頂いたことも度々あった。週末の土日に論文指導をして頂いたこともあった。福岡での指導だけではなく、別件で来沖した際にも、時間を割いて頂いた。

　入学してからの2年間、九州教育学会での論文掲載（査読付）はあったものの、全国学会の学術誌の掲載は、なかなか通らなかった。学術誌に投稿したが「掲載不可」と返却され、その度に、「不可」論文を検討し直し、松田先生のコメントを頂き、学会投稿を繰り返した。博士課程3年目になって日本子ども社会学会の学会誌に「研究ノート」として掲載され、4年目にやっとの思いで「学術論文」が掲載された（「研究ノート」は、第3章第1節〜第3節、「学術論文」は、第1章に反映した）。この「学術論文」の掲載決定の通知には、正直、小躍りした。なぜなら、九州大学では、博士論文の執筆には全国学会の学術誌に掲載されることが基本的な条件になっているからである（それ以外にも条件はあるが）。全国学会誌に掲載されたことで、博士課程単位取得満期退学の手続きをした。平成21年度末の3月であった。九州大学大学院を退学後、これまでの論文を編んで博士論文の体裁に整え、提出した。大学院の単位取得満期退学後、学位を取得するまで2年間を費やした。九州大学に提出した学位請求論文のタイトルは、「沖縄の集落共同社会における教育文化的機能に関する研究」（人環博甲第257号、2012年2月29日）である。

　博士論文は、沖縄の集落共同社会における教育文化的な機能を明らかにすることを目的にしたもので、主な柱立ても既発表論文に大幅

な修正を加え、構成したものである（後掲「初出一覧」）。その際、最も難しかったのは、序章の「本研究の課題と方法」であり、先行研究の検討と位置づけ、そして具体的な課題と研究方法をまとめることであった。序章については、九州大学の先生方を交えた論文指導の場では、様々な指摘を受け、全面的に書き直した。修正した序章をもとに、再度、論文全体を構成し直した。大学の授業や業務の合間に、繰り返し、何度も論文に手を加えた。

　こうしてなんとか、博士論文を提出することができたのも、松田先生をはじめ、九州大学の博士論文の窓口として担当して頂いた岡幸江先生、副査としてご指導頂いた、新谷恭明先生、稲葉継雄先生、そして松田ゼミと岡ゼミの皆さんからの的確なご助言を頂けたことが何よりも参考になったし、今では、私の財産としてある。岡先生には、長期間、博士論文の手続きに関わる煩雑な事務に大変お世話になった。特に博士論文提出の際の準備書類については、細やかな助言を頂き感謝している。岡先生主宰の「社会教育学カフェ」は、教員も院生も自分の責任において「書いたもの」を基に報告し、対等な立場で議論するというもので、何度か、お邪魔した。「カフェ」は、岡先生の若手の社会教育研究者を育てたいとする願いが詰まった研究会である。新谷先生と稲葉先生からは、研究方法のあり方や博論全体の構成について懇切丁寧な指導を頂いた。新谷先生からは、論文指導の席で、「あなたの研究は、沖縄の子ども社会史、あるいは沖縄の地域子ども社会史について、社会教育の眼差しを向けたものではないか」とコメントを頂いた。これは、今でも心に深く残っている。稲葉先生からは、内

容や方法に関わる細かな質問（ペーパー）を頂き、これらをひとつひとつクリアしていくことが博論完成につながったとみている。また、「あなたの博論は、成功事例を中心に編んだものであるが、失敗事例もあるはずだから、これらからも学ぶべきだろう」という助言もあった。この点は、今後の課題にしたい。松田先生は、私の社会人博士課程在学中に名古屋大学へ異動となったが、博士論文を提出するまで最後までご指導頂いた。松田先生にとって、私は九州大学の院生最後の指導学生となった。

　小林文人先生を代表とする、東京・沖縄・東アジア社会教育研究会（TOAFAEC）の『東アジア社会教育研究』第14号（2009年）には、投稿の機会が与えられ、その際、沖縄県出身の山城千秋（熊本大学）さんには、随分とお世話になった。山城さんは、沖縄の青年会研究の第一人者であり、社会教育研究の先輩として多くを学ばせて頂いている。とりわけ、本研究の先行研究のひとつとして山城さんの著書からは多くを学んだ。新進気鋭の研究者、圓入 (えんにゅう) 智仁（中村学園大学短期大学部）さんには、沖縄の字公民館幼稚園を研究テーマにした科学研究費の申請書の提出方法等について、お世話になった。大学の研究者になって初めて科学研究費の申請書を書いたが、その書き方のポイントについて様々なご教示を受けた。圓入さんのご助言により、科学研究費（平成22〜24年度）を受けることができたと思うし、本研究をさらに一歩進展させることができた。岩橋法雄（当時、琉球大学）先生には、全国学会紀要投稿前の論文を何度も見て頂き、貴重なご意見を頂いた。岩橋先生からは、研究者として明確な分析視点を持つこと

の大切さを教わった。仲田陽一(現在、熊本大学シニア教授)先生は、私の修士時代の指導教官であるが、その後も私の研究活動を温かく見守って頂いている。仲田先生にも、学会紀要投稿前の原稿についてご助言を頂き、それをもとに修正し投稿した。

うるま市史編さん室の榮野川敦さんと読谷村史編集室の泉川良彦さんには、収集した貴重な資料の閲覧や活用に便宜を図って頂いた。この2つの編さん(集)室のお陰で、私の博士論文の基礎資料が揃い、研究の道筋が出来たものと思う。お二人からは、歴史研究の方法論や関連資料の所在について、そして豊かな人的ネットワークを通して様々な方を紹介して頂いた。そして何よりも、「具志川市史(教育編)」と「読谷村史」の編集作業に関わる機会を設けて頂き、地域史研究のイロハを学んだことが大きな収穫となった。榮野川さんの計らいで、平成23年度は、新うるま市立中央公民館(仮称)建設検討委員会の委員になった。委員として、うるま市や沖縄県の生涯学習・社会教育実践に関わる情報を入手できる立場になり、他の委員とこれからの生涯学習・社会教育のあり方について議論したことは、貴重な経験となった。この検討委員会の学習会の一環で、福岡、佐賀、熊本の社会教育施設の視察に行くことができたことも、大きな収穫であった。

勤務先(名桜大学)がある名護市からは、平成22年度から市社会教育委員を拝命し、市内の社会教育実践や社会教育行政に関して、様々な情報にふれる機会が増え、また関係者とのつながりも広がりつつある。社会教育実践の豊かな名護市からは、多くを学ばせて頂いている毎日である。現在、名桜大学の学生を名護市内外の小中学校に学習支

援ボランティアとして派遣しているが、この事業を通して、大学と地域の連携の在り方を考える機会にもなっている。とりわけ、平成25年度から、大学と名護市社会福祉課・教育委員会との連携事業として開設した「名護市学習支援教室ぴゅあ」は、市内の生活困窮世帯（要保護、準要保護世帯）の中学生を対象に学習支援を行っている。場所は、学内の教室である。大学と行政との連携事業は、始まったばかりであるが、子どもの貧困と学習保障等を考える実践の場であり、また、教育と福祉の問題をトータルに捉える貴重なフィールドになっている。

ところで、沖縄の地域社会教育史研究をテーマにしたこともあって、時間をみつけては、県内離島に足を運んだ。与那国島、波照間島、竹富島、石垣島、伊良部島、宮古島、南北大東島等に出向き、地域社会実践に関わっていた方の語りに耳を傾け、関係資料の収集を続けた。特に、字公民館幼稚園の時代に、保母として働いていた方の証言は貴重であり、少しばかりだが、本書の中に文字データとして残すことができた。沖縄の地域社会教育を支えてきた方々は、数多く、こうした方々の努力により地域活動が支えられ、そして展開してきたのだと、聞き取り調査を通してつくづく痛感した。シマの復興と再生にかける住民の熱い気持ちをひしひしと感じた調査旅行だった。

博士課程在学中は、研究課題の設定や研究方法について、大学院のゼミや先生方からのご指摘により、あらためて考えさせられることが多かった。今後の研究を進めていく際の貴重な財産として大切にしたいと思う。沖縄にこだわり、沖縄の子どもの地域社会史について関心を持ちつつ、遅々とした研究であるが、息の長い研究をこれからも続

けていきたい。岡先生や岡ゼミの院生から、「なぜ、沖縄を研究するのか」という質問を度々受けた。しかし、その都度、何かと誤魔化してきた感があるが、正直に言って、今でもまともな答えを準備している訳ではない。沖縄の教育を対象にした研究そのものが好きでたまらないことは当然であるが、それでは、岡先生らの質問に答えたことにならないだろう。ぼんやりとしたものであるが、沖縄を歩き、沖縄のことを考えることは、私の生活の地であるこの沖縄の教育問題について何かしらひとつの方向性を見出し、沖縄の地域教育像を描きたいという願いが根底にあるのかもしれない。

　最後になったが、琉球大学の学生時代の卒論指導の先生であり、卒業後も何かとお世話になった、島袋哲(さとし)先生は、2014年3月31日、永遠の旅についた。学生時代から数えると30年間、公私ともにお世話になった。私の学位取得を大変喜んで下さった。大学の教師にまだ就いていない頃の小学校教師の私に、那覇市教育史の執筆陣に加えて頂いたりと、様々な機会をとらえて教育研究のチャンスを頂いた。現在の私の関心は、"地域の教育"にあるが、島袋先生のご専門であった教育行政学、特に、沖縄の教育委員会制度研究に誘発されて、教育学の世界に魅了されたことは確かである。島袋先生の学恩に深謝し、ご冥福をお祈りしたい。

　なお、本書は、名桜大学総合研究所出版助成を得て、刊行するものである。

2014年晩秋　筆者

● 初出一覧

本書は、これまでに発表した論文を中心に構成し、博士論文の体裁にまとめたものである。初出を記しておきたい。

序章 本研究の課題と方法 　書き下ろし

第1章 集落における教育力の土台形成　　学事奨励会の成立と機能（前史）
- ○「近代沖縄における学事奨励会の就学及び修学機能－読谷村の事例を中心に－」
（日本子ども社会学会『子ども社会研究』第16号、平成22年7月、査読論文）
- ○「近代沖縄における風俗改良運動と学事奨励に関する一考察－北谷間切を中心として－」
（九州大学大学院人間環境学府教育システム専攻教育学コース『飛梅論集』第10号、平成22年3月、査読論文）

第2章 学事奨励会の再生と教育隣組の結成
- ○「戦後沖縄の学事奨励会と教育隣組の成立－読谷村を事例として－」
（九州大学大学院人間環境学府教育システム専攻社会教育思想論研究室『社会教育思想研究』第3号、平成19年10月）
- ○「戦後沖縄の「教育隣組」運動－具志川市の事例から－」
（九州教育学会『九州教育学会研究紀要』第19巻、平成4年6月）
- ○「沖縄子どもを守る会と「教育隣組」運動」
（九州教育学会『九州教育学会研究紀要』第20号、平成5年6月）
- ○「読谷村座喜味の婦人会と地域子育て運動－元婦人会長・松田敬子のLife History Study－」
（名桜大学総合研究所『名桜大学総合研究所紀要』第12号、平成20年2月、査読論文）

第3章 集落における子育ての共同事業　　公民館幼稚園
- ○「沖縄の字公民館幼稚園の成立過程に関する一考察－沖縄島・具志川村を中心に－」
（日本子ども社会学会『子ども社会研究』第15号、平成21年7月、査読論文）
- ○「沖縄の字公民館幼児園の成立過程に関する研究－名護市の事例を中心に－」
（九州教育学会『九州教育学会研究紀要』第37巻、平成22年8月、査読論文）
- ○「沖縄の自治会幼児園の成立過程－豊見城市の事例を中心に－」
（日本公民館学会『日本公民館学会年報』第7号、平成22年11月、査読論文）
- ○「字幼稚園の『公立化』と保母の処遇をめぐる問題」書き下ろし

第4章 集落の教育文化力の形成　　字公民館図書館・文庫の設置、学習支援の事例研究
- ○「沖縄の字公民館図書室の設立と展開－読谷村・字波平の事例を通して－」
（九州教育学会『九州教育学会研究紀要』第36巻、平成21年8月、査読論文）
- ○「沖縄の集落共同体における文庫活動－読谷村の座喜味子供文庫の設立と活動－」
（名桜大学『名桜大学紀要』第14号、平成21年6月）
- ○「沖縄のシマ社会における学習支援活動－宜野座村惣慶区の「学習会」の事例を中心として－」
（九州大学大学院人間環境学府教育システム専攻社会教育思想論研究室『社会教育思想研究』第4号、平成20年10月）

終章 研究の成果と課題 　書き下ろし

●索引

ア行

青空教室 …………………………………… 84
粟国島 ……………………………………… 37
悪布令 ……………………………………… 88
字公民館 ……………………… 6-26, 45, 70, 80-112,
　　　　　　　　　　　119, 140-154, 199, 202
字誌 ………………………………… 55, 93, 95
字事務所 ………………………… 54, 57, 80, 98
字振興会 …………………………………… 24
字高志保 ………………………… 45, 53, 145
字幼児園 ………………… 82, 95, 98, 103, 111
字幼稚園 ………………… 11, 80-112, 119-135, 201
字幼稚園保母 ………………… 121, 127, 131
阿波根 ……………………………………… 95
アメリカ世 ………………………………… 11
育英事業 ………………………………… 10, 21, 49
育英奨学 ………………… 17, 30, 43, 45, 90, 196
内間子ども会 ……………………………… 15
産飯（うぶがー） …………………………… 6
うるま新報 ………………………………… 85
Ａサイン …………………………………… 68
太田朝敷（おおたちょうふ） ……………… 34
沖縄教職員会 …………… 60, 76, 94, 123, 199
沖縄子どもを守る会 ………… 60, 188, 192
沖縄戦 ………………… 53, 80, 83, 142, 155, 172
沖縄民政府 ………………………………… 85
沖縄幼稚園協会 …………… 115, 123, 128

カ行

開化党 ……………………………………… 33
学事後援会 ………………………………… 86
学事奨励会 …………… 10, 14, 20, 30-47, 52-76,
　　　　　　　　　　　90, 144, 171, 196
学事奨励会寄付者名簿 ………………… 90
学事奨励会出納帳 ……………………… 90
学事奨励法 ………………………………… 36
学習会 ……… 46, 74, 92, 140, 167-189, 200
学習館 ………………………… 14, 141, 182
学習支援 …… 140, 169, 177, 182, 188, 200

学籍簿 ……………………………………… 32
学区取締 …………………………… 32, 52
学校教職員援護費徴収簿 ………………… 91
龕（がん） ……………………………… 6, 54
頑固党 ……………………………………… 33
かんぷー …………………………………… 33
季節託児所 ………………………… 24, 80
季節保育所 ………………………………… 80
教育勅語 …………………………… 32, 42
教育隣組 ………………… 10, 14, 23, 52-76, 141,
　　　　　　　　　　　153, 156, 174, 177, 187, 198
教育文化的営み ……………………………… 6
教育文化力 ………………… 25, 140, 185
教育法 ……………………………… 13, 88
教育力 ……… 21, 30, 120, 135, 155, 169, 198
共同 ……………… 10, 12, 18, 80, 101, 110,
　　　　　　　　　　　120, 142, 153, 167, 196
共同性 ……………… 6, 16, 25, 112, 201
共同売店 ………………………………… 6, 190
近代学校 ……………… 20, 30, 36, 41,
　　　　　　　　　　　43, 46, 52, 196
区経費割当徴収表 …………………… 91
区事務所 ……………………… 9, 109, 147
国頭郡 ……………………………… 38, 114
区費運営 …………………………………… 90
区負担金及学校援護金台帳 ……………… 91
久米国鼎会 ………………………………… 49
久米崇聖会 ………………………………… 49
軍政府副長官通知 ………………………… 85
軍政府補助金 ………… 80, 85, 88, 98, 109
血縁 ……………………………… 6, 22, 135
研究教員制度 ……………………………… 77
研修会 ………………… 71, 72, 73, 92, 184
幻灯会 ……………………………… 41, 42
公選制教育委員会制度 …………………… 13
公民館図書室 ………………… 141-154, 186, 190
公民館類似施設 …………………………… 7
公立化運動 ………… 82, 91, 110, 130

236

公立幼稚園	80-112, 119-135, 203, 207, 208, 214
子育て	6, 80, 111, 119, 135, 167-170, 196, 200
国家総動員体制	80
子ども会	16, 23, 73, 153, 157, 160-167, 176-179
子ども会育成会	10, 157-162, 187, 199
子ども文庫	25, 161

サ行

座喜味子供文庫	154, 158, 160, 162, 187
ざきみ文庫	162-167, 186
参画	8, 10, 58, 168, 177, 178
シーツ少将	67
自治会幼児園	82, 92, 98-103, 111, 112
自治公民館	8, 27, 119
児童文庫	153, 163-165
師範学校令	32
シマ社会	27, 168, 188
修学	30, 36, 42-45
就学督責規則	32
就学督促	32, 36, 38, 40, 43, 45, 46
就学前教育	20, 24, 80-83, 103, 106, 110, 111, 120, 135
就学率	32, 34, 39-42, 46, 197
集落共同社会	10, 18, 26, 87, 168, 196
集落公民館	27, 119
出席奨励会	40, 41
出席奨励旗	40, 41
小学校令	32, 40
新生活運動	62
生活保護世帯	99
青少年不良化防止運動	153, 154
青年会	10, 14, 24, 38, 45, 99, 140-159, 185, 197, 216-220
青年会図書	146, 218
生年合同祝い	10
青年図書館	146, 147, 217, 219
青年文庫	145, 146, 147, 150, 153
戦時託児所	80, 88
相互扶助	6, 8, 120
惣慶区学習会	169, 170, 181, 184, 188
壮丁教育	46, 197
楚辺公民館図書館	152

タ行

抱姉（ダッアニ）	27
高江洲文書	90, 91
地域の教育力	120, 157, 200
地域婦人会	58, 199
地域文庫活動	10
地縁	6, 8, 12, 18, 22
置県	31, 33
地方官	32
中学校令	32
帝国大学令	32
鉄の暴風	83
テマガエ	8
寺中作雄	7, 27
天皇制教学体制	32
同志会	38, 56
渡慶次尋常小学校	40
富盛字誌	95

ナ行

なかよし塾	26, 139
波平公民館	143, 147
波平公民館運営規約	150
波平青年倶楽部	144
波平青年図書館	147, 149
奈良原繁	40
日本復帰	23, 73, 82, 102, 142
認可保育所	100, 105
認可幼稚園	123
納税	6, 19, 32
農繁期託児所	24, 88, 113

ハ行

八・四制	84

237

針突(ハジキ)	33	無認可保育所	95, 105
母親と女教師の会	72	むら	7, 32, 141, 142
藩王	33	村屋	9, 45, 95, 144
筆算稽古	9	守姉(ムリアニ)	10, 27
標準語指導	92	毛氏(もうじ)	36, 49
風俗改良運動	33, 197	門中	36, 46, 49
父兄懇話会	41, 42	**ヤ行**	
富国強兵	32	八重島特飲街	68
婦人会	10, 23, 58-65, 76, 156, 160, 174, 177, 187, 197, 201	夜学会	42, 46, 197
部落公民館	27, 119, 204	大和風	33
部落費	88	屋良朝苗	58, 60, 114
文教部長	86, 113, 114	結(ゆいまーる)	6, 8, 10, 11, 17, 18, 111
文庫	25, 140-167, 185-189, 199	由美子ちゃん事件	60
兵役	32	幼児園	82, 92-112, 120, 128, 203, 204
米軍占領下	84	幼児教育	24, 81, 84, 93, 95, 123, 133, 176
米国民政府	11	幼稚園教育振興総合計画	124
保育所	9, 24, 80, 93-109, 120, 203, 205-207, 211-212	幼稚園教育振興法	103, 123, 124
保育料	91, 94, 101, 103, 106, 120, 121, 205-213	幼稚園教育振興補助金交付規則	103, 123
母姉会	38	幼稚園協会	92, 115, 123, 128-135
母子家庭	99	幼稚園教諭	95, 121, 127, 130, 134, 208, 212
戊申詔書	42	与那国町	89, 210
保母会	94, 95, 112	読谷山	39-44
保母協会	128, 129	読谷山小学校	39, 42-44
保母手当	89, 94, 112	読谷山尋常小学校	39-41
マ行		**ラ行**	
前原地区幼稚園教師会	123	琉球処分	33
眞喜屋實重(まきやじつじゅう)	43	琉球政府	14, 60, 91, 103, 121, 123, 124, 204
間切(まぎり)	9, 31, 39, 48	琉球政府中央教育委員会	123
真境名安興	49	琉球政府文教局	76, 88, 91, 199
松田道之	33	琉球藩	33
未認可幼稚園	82, 92, 103, 113, 123, 130	琉米文化会館	14, 190, 219
宮里区規約	108	梁氏呉江会(りょうじごこう)	49
宮本常一	8	六・三制	84, 85
民政府官房長	85		

● 著書紹介

嘉納英明（かのう ひであき）

略歴		
	1963年	沖縄県沖縄市（旧コザ市）生まれ
	1989年	熊本大学大学院教育学研究科修士課程修了（教育学修士）
	2010年	九州大学大学院人間環境学府博士課程単位取得満期退学
	2012年	九州大学大学院人間環境学府教育システム専攻（教育学博士）
	現在	公立大学法人 名桜大学国際学群教授 兼任 教員養成支援センター長
		沖縄県家庭教育推進計画委員会委員長
		沖縄県社会教育委員
		名護市社会教育委員
		読谷村史編集委員会委員
		うるま市公民館運営審議会委員
		琉球大学非常勤講師（教育原理）
		沖縄大学非常勤講師（教育制度論）
		沖縄大学地域研究所特別研究員

研究分野 教育政策学、子ども社会学、地域社会教育史

主要著書 『戦後沖縄教育の軌跡』那覇出版社、1999年（単著）
那覇市教育委員会『那覇市教育史－通史編』2002年（分担）
具志川市史編さん室『具志川市史（教育編）』2007年（分担）
沖縄子ども研究会編『沖縄子ども白書』ボーダーインク、2010年（分担）
西原町史編さん委員会『西原町史（通史編）』2011年（分担）、他多数

所属学会 日本子ども社会学会、日本教育政策学会、日本教育制度学会
日本社会教育学会、日本生活体験学習学会
九州教育学会（沖縄県理事、2010～2013年）
日本公民館学会（理事、2015～2016年度）

沖縄の子どもと
地域の教育力

2015年4月24日　初刷発行

著者　　嘉納英明

発行者　大塚智孝
発行所　株式会社エイデル研究所
　　　　〒102-0073
　　　　東京都千代田区九段北4-1-9
　　　　TEL. 03-3234-4641
　　　　FAX. 03-3234-4644

装幀・本文DTP
　　　　大友淳史（デザインコンビビア）

印刷・製本　中央精版印刷株式会社

© Hideaki Kano 2015
ISBN 978-4-87168-559-7　Printed in Japan
落丁・乱丁本はお取替えいたします。